李松林 编

发展之源与教学之方

学生发展的活动机制及其教学应用

教育科学出版社
·北京·

序

　　近些年来，"主体""活动""交往""建构"等范畴相继被引入教学领域，不仅丰富和拓展了教学论研究的问题空间，而且还深刻地影响着中小学课堂教学的改革与创新。从根本上讲，教学的核心任务就是要解决学生有效学习和充分发展的问题，而教学论研究的一个重要使命就是要揭示教学条件下学生学习与发展的内在机制。学生在教学条件下学习与发展的内在机制是什么？对这个问题的思考与回答，直接关涉到教学理论和教学实践的科学性水平。正是出于这样的思考，作者以他的博士后出站报告为基础，明确提出了三个基本假设：一是活动是学生在教学条件下实现有效学习和充分发展的重要机制；二是活动不仅对学生具有发展效应，而且在活动与发展之间还存在某些规律性的联系；三是活动是教学的基本实现单位，教学设计的重要任务就是活动及其过程的设计。通读全书，作者对"学生发展的活动机制及其教学应用"这一论题所做的所有探讨，都是建立在这三个基本假设之上。

　　本书借助"活动"范畴，综合运用马克思的实践论、皮亚杰的发生认识论、米德的社会认识论、苏联活动心理学、当代情境认知主义学习论，以及国内的教学认识论、活动教学论等研究成果，从主体—客体、主体—主体和主体—自身三个维度，建立了教学活动的三重结构模型，并借此集中探讨了五个问题：一是活动的本质内涵与多样化形态；二是活动的内在结构与基本属性；三是活动的发展功能及其实现机制；四是活动与发展之间的内在规律；五是课堂教学条件下活动设计的思路与方法。

　　相应地，本书紧紧抓住"活动与发展"这根主线，依次推进学生发展的活动机制及其应用研究。第一章对教学论史上几次有代表性的相关研究及其进展进行了系统的考察，梳理了它们重点关注的几个问题及其成果，归纳总结了前人在活动与发展问题上的七点基本理论认识。第二章在考察和辨析"活动"范畴的基础上，对教学活动的本质内涵和多样化类型进行了分析和归纳。第三章将教学活动看作一个动态生成的系统，分析了教学活动的基本构成及其互动关系、各个子系统及其协同关系以及基本过程及其转换关系，从中揭示了教学活动的二重属性。第四章分别从学生的认识发展、社会性发展和个性发展三个方面，揭示了教学条件下活动的发展功能及其实现机制，并从整体上概括了教学活动与学生发展之间的五条规律，即活动与发展的相互依存律、活动对发展的条件匹配律、活动对发展的交互整合律、活动与发展的相关对应律和活动对发展的双重效应律。以上这些探讨，为教师的有效教学活动设计找到了比较可靠的理论依据。第五章分别从活动目标的分析与确定、活动内容的理解与处理、活动情境的分析与创设、活动类型的分析与设计、活动过程的分析与设计以及有效教学活动的分析与评估等方面，对学生发展的活动机制进行了转化应用研究，为教师的教学活动设计实践提供了一些基本的思路与方法。

看完这本书，我有一个强烈的感受：最近国内的教学论研究在极力强调回到"原点"的研究，却又没有确立起基于"原点"的问题域；我们找到了"学习与发展"这一研究主题，却又没能对教学条件下学生学习与发展的机制问题加以深入的探讨。应当说，教学论研究目前所遇到的瓶颈就与这些有关。而本书对学生发展的活动机制及其教学应用的探讨，算是在这些方面所做出的一次很有价值的努力。可以预言，从事教学论研究的理论工作者和广大的中小学教师都会从此书中获得启发和助益。

裴娣娜

2012 年 11 月于北京

目　　录

导　论

揭开活动的秘密

"生命在于运动"，运动是物质的存在方式。同样，活动是人的存在方式，人的发展依赖于活动。近些年来的教学理论研究与教学实践探索进一步表明，"活动"既是学生发展的基本方式，也是研究学生发展问题的基本概念工具。可以说，我国课堂教学领域在近二十年来所取得的重大进展，很大程度上与"活动"范畴的引入与持续研究密切相关。在此期间，人们在活动问题的研究中先后经历了从"遗憾"到"困惑"的心路历程。首先是"活动"范畴被引入教学领域之初的遗憾。早在活动范畴被引入我国教学领域之前，皮亚杰的发生认识论、苏联的活动心理学以及我国哲学界都已经对实践、活动与人的发展问题进行了深入的探讨，其中含有大量可以引进和借鉴的相关研究成果。但令人遗憾和痛惜的是，教学论学界没有及时地跟上相关领域的研究进程，没有认识到活动在教学实践与学生发展中的重要地位，没有把活动范畴纳入教学理论的研究范围。接下来是引入活动范畴与活动观念在教学领域被逐步确立后的困惑。活动范畴在教学领域的引入，使人们认识到活动在学生发展中的基础性地位，直接的影响便是教学领域中活动观念的逐步确立。然而，不断发展的教学实践已经不满足于活动问题的研究仅仅停留于观念的水平，急需我们认真而理性地回答：教学条件下学生发展的活动机制究竟是什么？面对这个问题，我们深感困惑。因为这种困惑，教师在从活动观念向教学实践的不断转化中陷入忙乱。解除这种困惑，克服这种忙乱，唯一的出路只有走进活动的"黑箱"，去探寻活动的内部秘密。

一、在活动与发展之间的困惑

将活动范畴引入教学领域，其目的在于探索和解决教学领域中的发展问题，包括教学论学科的发展问题、教学实践的发展问题和学生自身的发展问题。但时至今日，我们仍感困惑：活动与活动范畴何以能够促进教学论学科、教学实践与学生自身这三方面的发展？产生这种困惑的症结就在于我们未能更为深入地揭示出学生在课堂教学条件下，通过活动实现发展的内在机制。

（一）借助"活动"范畴，教学论何以突破学科发展的瓶颈？

过去，我们在教学论研究中常常用马克思主义哲学认识论代替教学认识论，机械地套用"实践—认识—实践"公式，既将马克思主义哲学中的"实践"范畴放置于认识论和方法论的位置上，又放置于具体教学活动的位置上，结果是阻碍了教学活动的深入研究。加上没有及时地吸收现代认识论和现代心理学的研究成果，没有把活动范畴引入教学研究，因而没能阐明在活动基础上学生发展的实现机制，并成为制约教学论学科发展的一大瓶颈。我们认为，借助活动范畴来突破教学论学科发展的现实瓶颈，必须着力研究两个问题：一是借助活动范畴及其概念体系，深入地揭示现代教学的实践本性、认识特性、交往特质与文化属性，从而深化我们对现代教学本质、观念与特征的理解；二是基于活动理论的观点，阐明教学实践、教学活动与学生发展的关系，深入地揭示学生在实践活动的基础上通过交往实现发展的动力源泉与内在规律，从而为教师的教学活动设计提供可靠的理论依据。这是当代教学论必须研究的核心问题之一，也是我们至今知之不多，一直困惑我们的关键问题。教学论研究的突破与学科的深化发展，最终必须对这一问题进行回答，而相关学科研究所取得的新进展与教学实践所提出的新要求，为我们分析解决这一问题提供了基础与可能。

（二）作为教学的实现单位，活动如何制约教学实践的发展？

教学本身就是一种活动，而且它还是由若干活动单元组成的复杂系统。换言之，活动是教学的实现单位，任何教学都是由活动序列组成的。正因如此，教学系统被看做是学习活动的序列，并成为现代教学设计与教学实践的基本单位（杨开诚，2005）。但是，教学活动本身又是由教学行为实现的，教学行为又是由具体操作实现的，而且在教学活动、教学行为与具体操作之间还存在双向转化关系。这意味着，能否运用活动、行为与操作等概念工具，从教学实践的角度，查明教学活动的各个实现单位，阐明教学活动、教学行为及具体操作与学生发展之间的关系，揭示学生如何通过教学活动、教学行为与具体操作的相互转换而实现发展的内在机制，将在很大程度上制约教学设计理论与教学实践的深化发展。实际上，教学实践的主要任务与展开过程就是要为学生设计出适宜的学习活动。如果设计者对于学生学习活动的情境与条件、学习活动的实现单位及其相互关系并不清楚，就难以设计出好的课堂教学。应该说，如果有了活动的分析和设计方法，以及清楚了相应活动所需要的条件支持，教学设计的难度并不大，但目前这方面的研究非常欠缺。

（三）通过教学活动，学生在教学条件下实现发展的内在机制是什么？

经过一系列的相关研究，我们在活动与发展问题上获得了两点最基本的理论认识：（1）在哲学的层面上，活动是人的存在方式，也是人的发展方式；（2）在心理学的层面上，活动是学生认知发展与个性发展的基础与源泉。以此为依据，在教育学的层面上，我们揭示了活动的教育学意义："人的活动是社会及其全部价值存在与发展的本原，是人的生命以及人作为个性的发展与形成的源泉。教育学离开了活动问题就不可能解决任何一项教育、教学、发展的任务。"（瞿葆奎，1991）作为对这些研究的借鉴与深化，教学认识论从教学认识的角度，揭示了学生在教学条件下认识发生、发展的活动机制，提出了"在实践、活动基础上，通过多向交往与学生的主动参与，促进学生发展"这一基本命题，总结了教学实践与学生发展中"活动""交往"与"自我"这三个关键因素或环节，从而使我们在揭开活动的秘密方面更近了一步。所有这些认识成果，都是人们为揭示"学生在教学条件下通过活动实现发展的内在机制"所做出的不断努力，也极为深刻地改变了我国课堂教学的面貌与学生发展的状况。然而，已有的研究及其认识成果依然未能充分地向我们揭开学生通过活动实现发展的全部秘密。

二、从活动观念到活动设计的忙乱

活动是主体有目的地作用于客体的行动，是主体与客体相互作用的中介，是个体认识与个性发展的基础。学生以自己的已有经验为基础，按照一定的目的，进行抽象性活动，通过对活动过程及其结果的分析、反思，不断丰富或调节自己的已有经验，不断提高自己的活动能力，这是学生实现学习与发展的重要途径。强调教学中的活动环节，说到底是要从根本上解决学生的学习与发展问题。这就要求教师首先确立一种正确的活动观念，进而将这种观念转化为自觉的教学行为，并根据学生的需要和学科的特点为学生设计出科学、合理、全面的学习活动。实际上，随着活动观念在教师心目中的扎根，现有的课堂教学进程安排已经突破了过去的"六环节"，出现了自主、合作、探究、体验与展现等环节。但是，随着活动观念向教学实践的不断转换，教学活动的设计问题又随之产生，并从两个方面明显地表现出来：一是凭借经验、习惯、常识和情感行事的现象尤为普遍，经验模仿成为教师的基本行为模式；二是形式主义的倾向更为严重，表面上的热闹取代了教学活动的实质内容。身处其中，教师欲罢不行，行之无能，于是被迫陷入匆忙与慌乱之中。如果要更近距离地感受教师从活动观念到活动设计的这种忙乱，让我们来看一则教学案例。

（一）案例背景：一堂初中语文研讨课

2006 年 11 月的一个下午，阳光明媚，天高气爽。来自高校、研究机构、中学的近百名专家、学者和教师会聚在清华大学附中的一个学术报告厅。在这里，他们将现场观摩、研讨一堂初中语文公开课。公开课的执教者是来自北京理工大学附中的一位中学教师，学生来自于清华大学附中的初一年级，授课内容是初中一年级上册语文《端午日》一课。课文中，作者沈从文先生用了很多优美、生动的词句描写了湘西地区欢度端午日的热烈场面，展现了人们朴素、善良、和谐的民风和合作、团结、拼搏的精神。

（二）案例描述：初一语文上册《端午日》教学实录

T：你们喜欢过什么节？

S1：春节。

S2：圣诞节。

S3：国庆节。

……

T：今天让我们一起过端午节。（板书课题"端午日"，演示端午节的相关背景材料，并让学生阅读）

T：（让学生快速浏览读本内容的第一部分）有哪些句子是描写端午习俗的？（找出这些句子并阅读它们）

S：（很快找出了这些句子）

T：（出示两首儿歌）这两首儿歌集中地反映了端午日的习俗，请同学们一起诵读。

S：（大声诵读一次）

T：（介绍作者沈从文先生的相关背景材料，放映幻灯片，展示作者家乡——湘西地区的自然风光和乡土人情，然后进入课文——"端午日"）请同学们带着两个问题阅读课文：1. 这篇课文的线索是什么？2. 这篇课文描写了几个活动，或者说几个场面？

S：（学生齐读课文，老师应和，学生对问题做短暂思考）

T：这篇课文的线索是什么？

S1：热闹的场面。

S2：时间顺序。

T：这篇课文描写作者家乡欢度端午节，以庆祝活动的时间顺序为基本线索（纠正学生在阅读中没有读准确和读错了的字词），这篇课文总共叙述了几件事？进行了几种活动？主要描写了几个场面？

S1：三个场面。

S2：不对，应该是四个场面。

T：对，总共是四个场面。课文中最重要的一个场面是什么？

S：赛龙舟。

T：端午节的习俗都有哪些？

S1：放鞭炮。

S2：捉鸭子。

S3：吃饺子。

S4：赛龙舟。

……

T：你最喜欢哪个场面？为什么？

S1：赛龙舟，因为它声势浩大。

S2：捉鸭子，因为气氛热烈，还能够得到一只鸭子。

S3：捉鸭子，因为互动性强。

S4：赛龙舟，因为体现了团队精神。

……

T：很好，赛龙舟需要团队的协调与团结（放映赛龙舟的真实画面），从画面中我们能够感受到热闹的气氛和人们拼搏的劲头，现在，假如你们就在这个场面之中，请分组完成以下三个任务。（1）结合画面，自选角色，想象你在这个场景中会怎么做？交流一下自己的体会，并说明争取获胜的原因。（2）假如你是一个现场记者，请做现场报道，描述现场气氛。（3）围绕荣誉与奖品，发挥自己的想象力，请现场采访获奖人。

S：（分组讨论、交流与展示）。

……

T：从场面中我们可以看出，没有一个人感到沮丧，人们注重的是比赛本身，而不是最后的胜负；每个人都在享受节日的热闹气氛，向我们展示了他们相互合作、奋勇拼搏的内心精神，充分表现了湘西地区淳朴、善良、无私的民风。但我们知道，当时中国社会正处于急剧动荡的不安定时期。在这种社会背景下，作者偏偏描写端午日热闹、祥和、协调的气氛，能理解作者和课文的用意吗？

S1：作者追求一种理想的社会生活。

S2：人们淳朴、善良的内心精神没有受到外界的影响。

S3：作者追忆那种令人留恋的乡土生活。

S4：作者呼唤他人与他一道去追求和谐、安宁的社会生活。

T：很好。这篇课文表达了作者对和谐、安康生活的热切向往，强调人们之间的互助、合作、团结和拼搏精神，提醒人们保持淳朴、善良、无私的民风。请同学们将作者的这篇课文改造成一首小诗，作为献给作者百年诞辰的纪念品推荐给别人。

（三）案例分析：一种活动的观点

在这节研讨课中，教师先后设计了背景材料阅读、课文阅读、文本分析与理解、合作体验以及理性概括等几个主要活动。从这些活动设计的主要用意和基本思路来看，教师希望通过不同学习活动的切换，使学生了解端午日的有关民风、民俗，使学生在感知、体验端午日热烈场面的过程中去形成一种善于合作、和谐相处、勇于拼搏的内心精神。撇开文本内容和教学任务，教师在组织和设计这些活动时，在这样几个方面下了很大的功夫。（1）从头到尾，始终注意发挥学生的主观能动性，重视学生的主动参与。（2）尤其重视对活动内容中人文性的挖掘。（3）运用合作、交流、体验和表现等新的活动环节。（4）综合运用学生的感知活动、交往活动、情意活动和思维活动，并适时地对学生的活动过程和活动结果进行理性的归纳和概括。

　　同时不难发现，教师在组织和设计这些活动时，又存在几个值得商榷的地方。（1）主导活动的被遮蔽。教师在这节课中设计了丰富多样的活动，但作为语文课的重要活动，阅读在本节课中所占比例甚少，学生几乎只有一次齐读的机会。而且在其后的文本分析和文本理解过程中，教师似乎应该着力引导学生去体会、理解、玩味、驾驭课文中的优美词句，教会学生运用这些优美词句去描写场景、去表达自己的内心世界，而不只是让学生简单了解端午日的民风民俗，更不只是让学生去掌握端午日的几个热烈场面。（2）活动过程的被抽离。设计教学活动，其目的是为学生展开一个从不会到学会、再到会学的学习过程。对本课而言，教师应该围绕课文中的精彩片段和优美语言，为学生打开一个从感知、玩味到体会、理解，进而掌握、运用，最后到灵活驾驭这些语言材料的学习过程。但令人遗憾的是，学生错过了这样一种学习过程，最后所知道的只是端午日的民风习俗和作者想要表达的思想内容。（3）合作体验活动的不恰当运用。在临近结课时，教师精心设计了一次学生之间的合作、交流与体验活动，其目的是让学生体验端午日赛龙舟的热烈场面，扮演相关角色，体会交流自己的切身感受。课后人们对此提出了很多异议，比如语文教学活动的目的和任务到底是什么？究竟要让学生合作什么，体验什么，交流什么？通过合作、体验，究竟要让学生学什么？其实问题都指向一点：离开了活动的内容和任务，活动形式的新颖就失去了其全部意义。作为一个研究者，我们似乎更应该这样追问自己：教学条件下的活动究竟应该如何设计？

三、活动秘密的或隐或显

　　人在社会中存在与生活，并从事着多种多样的活动。教学本身也是一种人类活动，而且它还是由若干具体的活动单位来组成和实现。千百年来，人类孜孜不倦地探寻人的活动的秘密，其目的在于发现人自身的存在与发展规律。同样，我们为何如此关注教学中的活动与活动中的教学？其焦点也在于探寻教学条件下活动的内部秘密，发现学生通过活动实现发展的内部规律。

（一）活动与发展问题的不断探索

围绕活动与发展问题，从夸美纽斯、赫尔巴特到杜威，从行为主义、认知主义、人本主义到建构主义，从皮亚杰的发生认识论到苏联的活动心理学，从交往教学论、教学认识论到活动教学论，历代教育先哲和各家各派都对此做出了曲折而艰辛的探索。夸美纽斯与赫尔巴特两位先哲及其跟随者分别从感觉论和统觉论出发，对教学中的感知活动与意识活动进行了开创性的探索，分别设想了一套教学活动的固定程序。杜威的"经验"教学论从哲学的高度，对活动的主观与客观结构、思维活动的过程、活动教学以及教学活动的主体因素等给予了深刻的阐述，确立了以活动为核心的现代教学观念。德国的交往教学论流派以师生关系为突破口，帮助我们认识到教学活动中的主体—主体结构，即人与人之间的关系性结构，确立了主体间交往的现代教学观念。行为主义、认知主义与人本主义教学论分别以外部行为活动、内部认知活动和情感意志活动为重点，探讨了教学活动与学生行为改变、认识形成与情意发展之间的内在关系，展示了教学活动的多个侧面。皮亚杰的发生认识论从哲学认识论—发展心理学的双重分析框架，突破性地揭示了儿童认识发展的活动机制，细致入微地阐述了儿童认识发展的一般过程。苏联的活动心理学以马克思主义哲学为基础，集中探讨了活动对于意识、个性的内在关系，丰富了我们关于活动的概念、活动的属性、活动的种类与活动的结构等方面的理性认识。建构主义特别是当代的情境学习理论以知识观、学习观的变革为切入点，提出了学习与发展的活动—情境观点，建立了以活动理论为重点的整合性教学设计框架。而国内的教学认识论与活动教育（教学）论综合运用国内外关于教学活动问题的研究成果，探讨了教学认识的活动机制与活动教学的基本原理，形成了教学活动设计的基本研究框架。

（二）来自研究方法论的重重阻碍

上述这些研究成果，为我们深入揭示学生发展的活动机制提供了必要的理论基础和丰富的思想资源。面对这些研究成果，目前需要解决的问题是，如何在沟通多门学科、多种学说之间联系的基础上，实现这些学科、学说及其研究成果之间的综合性运用，以形成人们在学生发展的活动机制问题上的"重叠共识"。另一方面，作为教学研究的一大难题，学生发展的活动机制问题的研究突破，首先需要取得研究方法论上的重大突破。实际上，正是由于研究方法论上存在的诸多缺陷，要么使我们自动地远离了活动的"黑箱"，要么使我们无法真正接近活动的秘密。据笔者所见，我们在研究活动与发展问题时，往往或多或少地存在以下几种倾向：一是确定的因果解释，追求活动与发展问题上的因果结论，忽视了活动与发展之间的多种关系；二是对立的两极思维，将教与学、教师与学生、主体与客体、实践与认识、感性与理性、思辨与实证等对立起来，非此即彼；三是孤立的还原分析，将活动视为单个要素的简单相加，忽略对各个要素相互作用的整体认识；四是静止的线性研究，将活动看做一个封闭、静止的有序系统，进行静态的、线性的分析研究；五是简单的经验判断，以经验代替理性，凭借习惯、常识、情感等非理性因素进行简单的判断；六是单纯的逻辑演绎，从概念建立开始，进行主观的推延和设定。

（三）活动与发展规律的或隐或显

正因如此，我们渴望揭开活动的秘密，事实上却远离了它；我们试图把握活动，原来它却不在我们手中；我们希望窥视活动的"黑箱"部分，但它被我们悬置了起来。于是，我们不得不接受这样的事实：在活动面前，我们似乎觉得是那么的熟悉，同时又感到是如此的陌生。我们知道活动涉及多种要素、多重关系、多个向度，却不了解这些要素、关系、向度之间的互动作用；我们知道活动具有多种发展功能，却不能说出这些功能的产生、形成和作用过程；我们知道活动是学生发展的重要机制，却不明白活动对于学生发展的作用机制与实现机制。一句话，人们已经尽可能地发现了物质世界的运动与变化规律，却未能完全揭示出学生的活动与发展规律。

四、活动秘密的再次探寻

鉴于以上分析，本书将在借鉴、反省近代以来国内外相关研究成果的基础上，围绕"活动与发展"这一主题，对学生发展的活动机制及其在教学设计中的应用问题进行专题性的研究。或许我们永远都无法真正把握活动的全部秘密，而只能是不断地接近它，因而我们的研究也至多是走近活动"黑箱"的又一次探寻而已。

（一）建立跨学科的综合性理论分析框架

任何研究总是需要某些为人们"相信"的学科、学说来证明它的合理性，总是需要某些前提性的理论、原理来充当它的最后庇护所，总是需要某些理论资源来帮助它分析解决问题。这就涉及研究的学科视野和理论基础问题。在发生学意义上，学科视野和理论基础为研究提供了思想上的先导和理论上的依据；在具体的研究过程中，学科视野和理论基础则帮助我们确立研究的基点和分析解决问题。

探讨"活动与发展"问题研究的学科视野和理论基础，当前需要我们解决好两个问题。一是"多"与"精"的问题。作为一种复杂的社会人文现象，教学中的活动是一个包含多种要素、多重过程与多种属性的不规则领域，其中很多问题的分析需要依靠多门学科的参与。这决定了"活动与发展"问题的研究需要吸收多门学科和多种学说的研究成果。另外，无论多么复杂，教学中的活动又总是存在一些最为基础的领域，实践中也需要我们为它确定某种特定的边界和范围。即是说，"活动与发展"问题的研究应当拥有最为基本的理论资源，应当吸纳众多学科、学说中的基础性学科，吸收众多学科、学说的精华部分。关于活动与发展问题的已有研究成果也为这项工作提供了可能。二是"多元"与"综合"的问题。最近几年，活动与发展问题的研究突破了过去单纯依靠哲学和心理学的学科视野，广泛吸收现代哲学、现代社会学、现代心理学和文化人类学等相关学科的研究成果，极大地丰富了活动与发展问题研究的理论资源。以此为基础，我们需要通过"实践""认识""活动""交往""主体""价值"等关键范畴，沟通这些学科之间的联系，实现这些学科及其研究成果之间的综合性运用。正如著名伦理学家约翰·罗尔斯所言："在民主社会里，任何一种理性完备的学说都不能成为社会统一的基础，这就需要寻找各种学说都认同的共同观念，使各种学说达成重叠共识。"（约翰·罗尔斯，2000）

根据最近二十多年来国内已有的研究成果和教学活动设计已有的经验，"活动与发展"问题的研究需要综合运用以下几个方面的理论资源作为自己最基本的理论基础：（1）马克思关于人的全面发展理论、人的独立性发展三阶段理论和以实践为基础的历史认识论；（2）皮亚杰的发生认识论、苏联的活动心理学、米德的社会认识论和当代建构主义学习论；（3）现代哲学、现代社会学、现代心理学和教学认识论关于主体、活动与交往的基本认识成果。

（二）聚焦于学生发展的活动机制问题

"活动与发展"问题的关键是揭示活动的发展功能及其实现机制。因此，综合运用多门学科的理论资源对"活动与发展"问题进行研究，关键是从分析活动的系统结构入手，研究活动的发展功能及其形成机制，揭示学生发展的活动机制及其内在规律，进而寻求教学条件下有效活动设计的基本思路与实施策略。有鉴于此，"活动与发展"问题的研究将集中围绕如下几个具体问题展开：一是活动与发展问题的已有研究及其认识成果；二是活动的本质内涵与多样化形态；三是活动的要素、结构与属性；四是教学条件下学生发展的活动机制及其规律；五是教学条件下活动设计的思路与方法。

根据我们的研究任务与研究问题，本书将大致沿着下面的基本研究思路，依次推进"活动与发展"问题的综合性研究。首先系统地考察教学论史上关于活动与发展问题的已有研究及其认识成果，从中归纳总结它们的研究问题与基本观点，吸收借鉴它们的经验与教训，寻求对本研究有重大价值的思想理论资源。以此为基础，本书进一步运用结构—功能的分析方法，综合运用关于活动与发展问题的相关认识成果，深入探讨活动的本质内涵与多样化类型、活动的要素、结构与属性、活动的发展功能及其形成机制等问题，从而揭示教学条件下学生发展的活动机制及其规律。最后，本书将把活动与发展问题的理论认识成果应用于实践，着重探讨课堂教学中的有效活动设计问题，包括活动目标的设计、活动内容的设计、活动情境的设计、活动过程的设计、活动类型的设计、活动策略及方法的设计等。

（三） 寻求研究方法上的某些突破

"活动与发展"问题的研究能否在理论与实践上取得某些突破，能否拓展和深化我们对学生发展的活动机制问题的认识，关键取决于恰当的方法论原则和具体方法的运用。笔者认为，探讨学生发展的活动机制及其应用问题，首先就要克服前面我们所指出的六种方法论倾向，即确定的因果解释、对立的两极思维、孤立的还原分析、静止的线性研究、简单的经验判断以及单纯的逻辑演绎。这是我们探讨活动与发展问题的方法论前提。

第一，以马克思主义的人学方法论原则为指导，以学生的发展作为研究的基本立足点。活动的问题说到底是人的问题，是人的发展问题。从终极的价值意义上讲，一切教学活动都是通过人、为了人，而对人自身的发展。因此，对活动的理论分析与应用设计，都必须以学生的发展作为理论上的立足点和实践上的根基。在这方面，马克思关于人的全面发展的完整内涵、内在根据和实现机制的分析，关于人的独立性发展的三阶段理论，关于人类实践活动与交往活动的论述，都为我们分析活动的内在结构、发展功能及其实现机制，提供了坚实的理论基础和方法论前提。

第二，以系统整体的观念为基础，确立整合性的思维方式。活动是一个复杂的生成性系统，它不是所有孤立、静止的要素、属性、方面的简单组合，其中所涉及的多种关系既不是两极的对立，也不是必然的因果，而是多种要素、属性、方面、关系纵横交错，彼此交互，共同作用于学生的发展。借用复杂科学的术语来说，活动尤其是教学中的活动在很多方面是

"非线性"的、"混沌无序"的，因而也是"测不准"的。因此，关于学生发展的活动机制及其应用问题的研究，需要确立起一种系统整体的观念，求助于一种整合性的理论思维方式。

第三，综合运用活动理论的基本概念、基本命题和分析方法，深化活动与发展问题的研究。从某种意义上讲，教学就是科学、合理地为学生组织、设计和展开学习活动的过程，学生的知识习得、能力形成与情意发展都是在活动中，并通过活动而实现的。这就要求我们必须综合运用活动理论的已有研究成果，运用当代活动理论研究者基本达成共识的一些分析框架和基本观点，作为我们研究活动与发展问题的理论依据和分析思路。值得注意的是，活动理论已经发展成为"一个研究不同形式人类活动的哲学和跨学科理论框架"（戴维·H.乔纳森　等，2002）[98]。

第四，综合运用文献考察法、结构—功能分析法、课堂观察法和案例研究法等多种研究方法，沟通历史研究、理论研究与实践研究的联系。关于活动与发展这一问题，历史上曾经给我们留下了大量宝贵的思想资源，理论上还有很多尚需深入研究的课题，而实践中包含有大量鲜活的事实经验。实际上，对于活动与发展问题的研究，不仅在理论上不深入，而且在实践上也不到位。那么，我们既不能脱离现实经验，也不能脱离历史经验，既不能只关注实践经验，又不能只关注理论逻辑，而应当既从经验中汲取灵感，又从理论中寻找逻辑。

第一章

活动与发展问题的已有研究及其认识成果

自从捷克教育家夸美纽斯撰写《大教学论》和创立班级授课制以来，历代教育先哲们都以不同的形式，从不同的侧面，直接或间接地对教学中的活动与发展问题进行了陈述和阐释，教学理论的主题、话语、概念、范式和理论框架都与这个问题密切相关。为了进一步深化活动与发展问题的研究，首先需要我们对教学论史上关于活动与发展问题的已有研究进行全面、系统的分析和总结，以便从中挖掘历史积淀下来的宝贵思想财富。

一、几项有代表性的研究及其进展

追溯三百多年来教学论关于活动与发展问题的研究历程，我们可以大致地勾勒出历史上的五次重大进展，包括"自然主义"教学论与"观念"教学论的奠基性探索，"经验"教学论与交往教学论的独特贡献，行为主义、认知主义与人本主义的三强鼎立，发生认识论、活动心理学与情境学习理论的历史性突破以及教学认识论与活动教学论的本土化建构。

（一）"自然主义"教学论与"观念"教学论的奠基性探索

教学理论公认有两个源头：一是夸美纽斯源头，一是赫尔巴特源头。

与此相应，两位教育先哲及跟随者所创立的"自然主义"教学论和"观念"教学论，不仅使教学论成为了一门独立的教育学学科，而且也对教学中的活动与发展问题进行了奠基性的探索，因而也是我们研究活动与发展问题的重要源头。

1. 活动居于首要地位

夸美纽斯认为，教学要使学生躬行实践，实际从事认识、探究和改造事物的活动。正是在实践活动中，"我们同时形成了我们自己，也形成了我们的材料"（1984）[164-165]。他说："师傅并不用理论去耽搁他们的徒弟，而是从早就叫他们去做实际工作。"（1984）[164-165] 在他看来，活动在教学中居于首要地位，"凡是应当做的都必须从实践去学习"（1984）[164]。卢梭认为，儿童具有活动的基本冲动，活动是儿童的天性，儿童在活动中产生了对世界的好奇心，不仅发现了世界，也认识了自我，因而他特别倡导活动教学。卢梭指出："在任何事情上，你们的教育都应该是行动多于口训，因为孩子们是容易忘记他们自己说的和别人对他们说的话的，但是对他们所做的和别人替他们做的事情，就不容易忘记了。"（1978）[107]

2. "适应自然"

深受十六七世纪经验主义感觉论哲学和自然哲学的影响，夸美纽斯、卢梭、裴斯泰洛齐都将"适应自然"作为创新学校的主导原则，认为教学应适应人类的自然本性，应遵循自然界与教学本身的客观规律。根据他们的论述，"适应自然"包含着丰富的含义和用意，也是组织和设计教学活动的基本依据。（1）教学应适应儿童的自然发展，适合儿童的天性、年龄和能力。夸美纽斯指出："无论什么事情，除非不仅是青年人的年龄与心理的力量所许可，而且真是他们所要求的，便都不应该教他们。"（1984）[15]（2）教学要服从事物"普遍的秩序"，遵循教学本身的客观规律。在他们看来，人的各种活动包括教学活动都应该遵循这些自然的、普遍的"秩序"和规律。（3）教学应尊重儿童的个别差异，适应儿童的个体需求。卢梭曾经说过："每一个人的心灵都有它自己的形式，必须按它的形式去指导他；必须通过它这种形式而不能通过其他的形式去教育，才能使你对他

花费的苦心取得成效。"（1978）[90]

3. 感知活动先行

夸美纽斯认为，感觉中没有过的东西，在理智中也不会有，因为"知识的开端永远必须来自感官"（1984）[156]，教学不应从事物的语言说明开始，而应从事物的观察开始。他说："我们由此可以为教师们找到一条金科玉律。在可能的范围以内，一切事情都应该尽量地放到感官跟前"，"务使一切事物都通过实际观察与感官知觉去学得"（1984）[156-157]。由此出发，他主张教学的直观性原则，提出了"感觉—记忆—理解—判断"的教学程序。裴斯泰洛齐则认为，"直观是一切认识的绝对基础"（佐藤正夫，1996），主张从直观出发，去形成概念和掌握知识。裴斯泰洛齐还将直观区分为"被动的直观"与"能动的直观"，主张从"被动的直观"开始，借助"能动的直观"，进而形成理性的认识。

4. 依循意识活动的心理顺序

裴斯泰洛齐认为，只有找到一个所有教学手段的共同的心理根源，才可能发现通过自然法则本身决定人类发展的形式，而"教学的原则，必须从人类心智发展的永恒不变的原始形式得来"（张华，2000）。赫尔巴特进一步指出："教育者的首要科学，虽然不是全部科学，是心理学，人类活动的全部可能性的概要，均在心理学中从因到果地陈述了。"（张焕庭，1979）[98] 在他看来，学生在形成观念体系的过程中，存在两种基本的心理活动：一个是钻研（专心），一个是理解（审思）。这两种心理活动又分别是在观念活动的静态与动态中实现的，与之相适应的学生的心理状态是注意、期待、探究和行动。据此，赫尔巴特设想了一套学生意识活动的心理图式：依据统觉原理，教学中应把新的知识与学生原有的知识结合起来，通过统觉过程把新知识纳入原有的知识体系中，才可以进入学生的意识领域，从而为学生所理解。（裴娣娜，2005）[13] 以此为基础，他确立了"感知新教材—新旧知识联系—知识的系统化—知识的应用"的教学形式阶段论。

5. 兴趣乃是第一原理

夸美纽斯指出："凡是强迫孩子们去学习功课的人，他们便是给了孩子们很大的伤害，因为，知识的获得在于求知的志愿，这是不能强迫的。"（1984）[248] 因而他主张教学应尊重儿童的学习兴趣，鼓励儿童的自发学习。卢梭特别强调："真正自由的人只想他能够得到的东西，只做他喜欢做的事情，这就是我的第一基本原理。只要把这个原理应用于儿童，就可源源得出各种教育原理。"（1978）[80-81] 卢梭因而非常重视实物教学，因为它可以唤起儿童的需要，可以培养儿童的学习兴趣，认为最好的教学方法都是为了"把儿童向学的愿望引起"（田慧生　等，2000）[19]。赫尔巴特则认为，兴趣乃是儿童意识活动的"内在动力"，是一种心灵的"内现的力量"，它能产生"专心的活动"，是传授新知识、形成新观念的基本条件。在他看来，整个教学进程就是兴趣的产生和发展的过程，因而创造和发展学生的兴趣本身就是教学的重要任务。

6. 多方面活动

赫尔巴特认为，教学应引起、创造和发展学生"多方面的兴趣"，并将"多方面的兴趣"作为教育的直接目的。而多方面的兴趣又有赖于学习多种学科，通过学习各种不同的学科才能形成学生各种各样的活跃的观念，进而激发学生的多方面兴趣。在他看来，"兴趣意味着自我活动。兴趣是多方面的，因此，要求多方面活动"（张焕庭，1979）[296]。对此，赫尔巴特专门强调了兴趣的"全面性"，主张兴趣要指向多种对象和经验，防止狭隘性，其实就是要通过人的内心自由和自我活动去实现人的各种能力的和谐发展。他将人的兴趣分为"经验的兴趣""思辨的兴趣""审美的兴趣""同情的兴趣""社会的兴趣"和"宗教的兴趣"，并据此设计了相应的课程活动系统。

7. 活动需要规范

夸美纽斯一方面强调了教学活动应遵循儿童的"自然秩序"，另一方面也指出，人类是一种理性动物，所以在行动之前应当听从理性的领导。他说："在行动之先孩子们的行为方式是不很能够这么审慎与理性的，所以，我们应当使孩子习于根据理性去行动，不要受冲动的指挥。"（夸美纽斯，1984）[165] 在他看来，儿童的思想与行为需要及时的预防，而预防的办法有两种：一是让儿童学会自我克制，二是要求儿童勤勉。而赫尔巴特甚至认为，儿童生来就有一种"盲目充当的种子"，"处处驱使他的不驯服的烈性"（张焕庭，1979）[257]，以致经常"扰乱成人的计划，也把儿童的未来人格置于危险之中"。他特别强调："如果不坚强而温和地抓住管理的缰绳，任何功课的教学都是不可能的。"（张焕庭，1979）[257]

（二）"经验"教学论与交往教学论的独特贡献

杜威以实用主义经验论、民主主义和机能心理学为理论基础，在批判继承夸美纽斯、卢梭、裴斯泰洛齐、福禄培尔和赫尔巴特教育思想的基础上，对教学与活动、活动与发展、活动与知识以及思维活动与活动教学等问题进行了系统的探讨。德国的交往教学论流派则从师生关系的角度，剖析了教学活动的社会性构成与教学中的交往活动。

1. 以儿童的生长、发展为目的

杜威对传统教育喜欢从"上面"或"外面"对儿童施行强迫教育，无视儿童"内部"的本能和倾向等弊端给予了尖锐的抨击，认为传统"学校的重心是在儿童之外，在教师，在教科书以及在其他你所高兴的任何地方，唯独不在儿童即时的本能和活动之中"（赵祥麟　等，1981）[158]。针对这种弊端，杜威从机能心理学出发，认为教育的本质和作用是促进儿童本能的生长。他明确提出："儿童是起点，儿童是中心，而且是目的，儿童的发展，儿童的生长，就是理想的所在。只有儿童提供了标准。"（赵祥麟　等，1981）[158] 在《民主主义与教育》中，他更为明确地指出："教育即是生长，除它自身以外，并没有别的目的，我们如要度量学校教育的价值，要看它能否创造继续不断的生长欲望，能否供给方法，使这种欲望得以生长。"（杜威，1935）[62] 杜威以儿童的生长、发展作为教育的根本目的，其重要意图在于反对外在因素对儿童发展的压制，在于要求教育尊重儿童的本能、倾向和"与生俱来的能力"。尤其需要注意的是，杜威所理解的"生长"，不仅指儿童在本能、倾向方面的发展，而且也包括儿童的社会性发展。在他看来，儿童的生长、发展是主体与环境、内部条件与外部条件交互作用的持续不断的社会化过程，因而绝非放任儿童自流、率性发展。他说："如果你放任这种兴趣，让儿童漫无目的地去做，那就没有生长，而生长不是出于偶然。"（杜威，1994）[40]

2. 与生活相契合

杜威认为，儿童的生长、发展总是在生活过程中展开的，或者说生活就是生长、发展的社会性表现。他说："生活即是发展；发展，生长，即是生活。"（1935）[58] 又说："没有教育即不能生活。所以我们可以说：教育即是生活。"（1935）[58] 在他看来，教育必须与儿童眼前的生活融合为一，教儿童学会适应眼前的生活环境，这是教育本质的一个侧面。但是，杜威所主张的并不是将教育与各式各样的生活相混同，而主要关注的是正规的学校教育与生活环境的契合关系。首先，学校生活应与儿童自己的生活相契合，满足儿童自己的需要和兴趣，使校园成为儿童的乐园而不是囚笼和监牢。其次，学校生活应与学校以外的社会生活相契合，使校园适应现代社会变化的趋势并成为推动社会发展的重要力量。很明显，杜威想做的是要使学校生活成为儿童生活和社会生活的契合点，从而使教育既符合儿童需要也合乎社会需要。为此，杜威主张把活动引入学校课程教学，认为活动性课程、活动性学习与活动性教学不仅有益于加强学校与社会的联系，而且还能满足儿童的本能与兴趣，使得儿童在活动中、在学习中、在学校生活中就能得到满足和乐趣，学习不再是苦差而是乐事（吴式颖，1999）。而就教学中的活动而言，它是指"复演社会生活中进行的某种工作或与之平行的活动方式"（杜威，1994）[92]，是着眼于儿童的发展，对社会生活进行分析、归纳和提炼而获得的活动方式。

3. 通过主动活动获得经验

杜威从他的实用主义经验论出发，将教育的本质看做经验的改造或重新组织，认为发展是儿童在先天本能与冲动的基础上，通过与环境的交互作用而不断增加经验的过程。他说："教师是在经验中、由于经验和为着经验的一种发展过程。"（杜威，1991）[256] 让儿童在主体与客体、主观与客观的交互作用中获取经验，就必须通过儿童的主动活动，因为将人与环境、主体与客体、主观与客观联系起来的中介只能是活动。对此，杜威进一步从经验的角度，阐述了知识与活动的关系："知"依赖于神经系统的活动，而神经系统的活动就是运动器官的刺激与反应活动，从此意义上讲，活动是"知"这种认识心理活动的物质基础。从个体与环境的关系上看，"知"本身就是个人参与社会生活的一种活动；再从思想与行动的关系看，"知"为"行"所必需，"行"是"知"的方法和验证（田慧生等，2000）[26]。因此，在经验、过程的意义上，知识与活动是直接统一的。由于知识与活动、经验与发展是直接统一的，杜威强调让儿童通过主动活动去获得经验，并倡导"从做中学"的教学原则。在他看来，传统教学仅仅以学习前人知识、课堂系统讲授和教师主导作用作为教学活动的中心，而唯独不考虑真正的中心——"儿童本身的社会活动"。根据儿童的本能和需要，杜威还将教学中的活动分为语言和社交活动、研究和探索活动、创造活动、艺术活动四类。

4. 以儿童思维活动的过程为依据

杜威认为，儿童的活动和经验，都包含着某种思维，"没有某种思维的因素便不可能产生有意义的经验"（Dewey，1980）[151]。那么，通过儿童主动活动实现经验改造的教学，就必然重视某种思维品质和思维能力的培养。在这里，杜威强调儿童的"反省思维"。从"反省思维"的过程来看，它包括五个相互联系的要素：问题、观察、假设、推理、检验。以"反省思维"活动的一般过程为依据，就形成了问题解决教学的一般步骤：（1）学生要有一个真实的经验的情境——要有一个对活动本身感兴趣的连续的活动；（2）在这个情境内部产生一个真实的问题，作为思维的刺激物；（3）要占有知识资料，从事必要的观察，对付这个问题；（4）必须负责一步一步地展开他所想出的解决问题的方法；（5）要有机会通过应用来检验他的想法，使这些想法意义明确，并且让他自己去发现它们是否有效（赵祥麟　等，1981）[191]。杜威认为，为了培养学生的"反省思维"能力，教学步骤必须以儿童"反省思维"活动的一般过程作为依据，同时指出这五个教学步骤又不是固定不变的，而且这五个步骤中的每个步骤还可以进一步展开。

5. 在社会性交往中合作、交流

倡导儿童的主动活动和"从做中学",教师在教学过程中也就不再具有某种专断性的作用。与此同时,杜威开始注意到教学活动的社会性构成,认为教育包含心理过程与社会过程两个并列并重的方面,并主张将"民主主义"作为一种师生联合生活的方式,一种共同交流经验的方式。据此,杜威提倡建立学习的"共同体"和"公共性"来克服教学中的个人主义。德国的交往教学论则更为明确地将教学过程视为师生之间的一种交往过程,并为教学中的交往活动提出了11条公理:人不能不进行交往;任何交往都是在一定关系中进行的;处在交往关系中的人,总是以一定的角色出现的;处在交往关系中的人,都是以经济的态度来对待交往的;任何交往都处在一定的场合中;在任何交往中,参加者都可期待通过交往有所收获;任何交往伙伴不是平等的,就是有地位差别的;任何交往都始终离不开一定的内容;一切交往都是可以控制的;所有交往都可能受到干扰;所有交往都被参加者作为工具,或者达到自身的目的来对待。以此为基础,交往教学论认为教学中的交往活动必须遵循两条基本原则:一是合理交往原则,主张师生之间的合作、平等、民主;二是相互依赖原则,强调为学生创造一个目标相互依赖、资料相互依赖、角色相互依赖与奖励相互依赖的交往环境。

(三) 行为主义、认知主义与人本主义的三强鼎立

行为主义教学论强调人的外部行为活动,试图通过教学行为的研究找到学习者行为的本质及其发展变化规律。认知主义教学论强调人的认知活动,主张通过内部认知过程的研究,发现儿童认知发展的内部规律。人本主义教学论则强调人的情意活动,希望通过儿童的情意学习,促进学生完整人格的形成。这样,行为主义、认知主义与人本主义在教学活动的问题上似乎各执一端,并形成20世纪中后期教学论领域三强鼎立的理论格局。然而,如果将它们放置在一个立体的框架中加以考察,一幅完整的教学活动图景就将呈现在我们的面前。

1. 活动为发展开路

长期以来，传统教学理论要么将教学活动作为儿童走向成熟的工具性模式，要么将教学活动与学生发展完全割裂开来，而行为主义者又将由刺激—反应—强化所引起的行为改变过程等同于学生的发展过程，因而都没有注意到教学活动与学生发展的不一致及复杂的相互依存性。对于此，认知主义教学论与人本主义教学论作出了更为合理的回答。赞可夫在继承维果茨基"最近发展区"理论遗产的基础上，区分了教学活动过程与学生发展过程。他指出："教学不仅应当为掌握知识和技巧服务，而且应当促进学生的发展。"（杜殿坤，1993）教学与发展的实质性联系就在于"教学应当走在发展的前面并为发展开路"。以此为依据，赞可夫确立了揭示教学活动与学生发展之间因果关系的实验课题，主张通过整体的教学活动来促进学生身心的"一般发展"。几乎在同一时期，布鲁纳主张通过改造原有的教学内容与教学方法来促进学生的智力发展，瓦根舍因等人则主要揭示通过范例教学来促进学生主动性、独立性发展的一般教学原则。而人本主义教学论批评认知主义教学论过分强调人的认知发展的严重倾向，认为教学活动是认知与情感的整体统一，因而特别重视通过"自由学习"与"自由气氛"来促进学习者的情意发展。

2. 活动包含多种成分

行为主义者认为，人的认识的内部过程体系是由一定的外部作用体系所决定的，由于系统的外部刺激—反应—强化的关系效应才产生了一个协调的内部认识过程体系。因此，行为主义强调教学活动中的外部行为部分，注重学生外部行为的塑造与改变，而将学生认识活动的内部过程作为一个"黑箱"搁置起来。针对行为主义的这种"明箱"操作，认知主义反其道而行之，力图揭示出人的认知发展的内部秘密与一般规律，因而自然地强调教学中的内部认识活动，注重学生的认知发展。行为主义与认知主义两大流派在理论旨趣上的严重分歧导致了它们在教学活动与学生发展问题上的两极对立。特别是 20 世纪五六十年代以来，认知主义几乎垄断了整个教学领域，它以牺牲学生的完整心灵为代价，将认知从人的完整个性中剥离出来加以训练和培养。人本主义将此视为人类教育史上的一大悲剧，因而强调认知和情感在教学活动与学生发展中的同等重要性。在今天看来，三大流派之间的纷争似乎毫无意义，却又帮助我们认识到了教学活动的多种成分。这就是，教学活动包括物质的与精神的两个方面，由外部物质活动与内部心理活动组成。外部物质活动又包括实物的感知活动、实际的操作活动与感性的实践活动，而内部心理活动又包括认知、情感与意志三个方面。

3. 活动涉及多重过程

从行为主义的角度，教学活动是通过刺激—反应—强化相倚关系的建立，有效地控制教学行为和完善学习行为的过程。在认知主义看来，教学活动是通过认知结构的改组与完善，促进学生认知发展的过程。而人本主义强调，教学活动也是师生之间进行情感交流的过程。如此看来，教学活动同时涉及学生的行为过程、认知过程与情感交流过程。更重要的是，教学活动还是内部活动与外部活动、感性认识与理性认识、内部诱因与外部条件相互转化、交叉作用的过程，学生的发展正是这种相互转化、交叉作用的结果。赞可夫明确指出，儿童的"一般发展"是外因和内因相互作用的结果。他坚信"科学认识需要抽象。但是抽象不是什么独立自在的东西。由于由抽象上升到具体的结果而重建了整体，但这已经不是最初被认识的那种整体，而是借助抽象认识了它的实质及其所特有的本质联系和关系的整体。但是，在这种情况下，却恢复了被研究的客体的'直接的生命力'"（赞可夫，1985）。由此，赞可夫认定在教学认识过程中，学生的感性认识与理性认识是有机地交织在一起的，经验与理论处在相互作用之中，不能片面地强调某一方面。

4. 多方面的活动促进学生的多方面发展

行为主义强调学习者的外部行为活动，其目的是促进学习者外部行为的改变和完善。认知主义强调学习者的内部认识活动，其目的是促进学习者认知能力的发展。而人本主义强调学习者的情意活动，其目的是重视学习者的情意发展。综合分析行为主义、认知主义和人本主义的相关论述，教学活动的组织设计应当体现出整体性的特点，其关键是通过多方面的活动促进学生的多方面发展。赞可夫从整体性的观念出发，提出观察活动、思维活动与实际操作活动作为研究儿童发展进程的三条线索，强调在儿童发展问题上研究学生各种需要的重要性。他认为实验教学在教学法上的最大特点是克服片面的唯理智主义以及与之密切联系的形式主义。他说："对我们的实验教学法，以及对整个实验教学论体系来说，首要的一个观点就是学生生活的观点。"而所谓学生的生活，是指学生整体的心理、情绪、精神的生活，是指"组织学生的学习活动时要把学生心理活动的各个方面都吸引到这一活动中来"（田慧生　等，2000）[26]。人本主义的代表人物罗杰斯则说："我多么渴望完整的人能出现，他们的行为既表现为情感的方式，也表现为认知的方式。"（钟启泉　等，1993）[242-243] 在他看来，传统的课程教学模式忽视了学生作为整体的人的本性以及个性潜能的不断实现的基本事实，因而主张课程内容与教学活动应建立在学生的需要、生长的自然模式和个性特征的基础之上，应体现出思维、情感和行为之间的相互渗透和相互作用，应与学生的生长过程有机地联系起来。

（四）发生认识论、活动心理学与情境学习理论的历史性突破

皮亚杰从生物学、心理学出发，进而从认识论的高度，具体深入地研究了认识与活动的关系，提出了发生认识论，揭示了个体认识发生发展的内在机制；苏联心理学界将马克思主义中的"实践"范畴引入心理学研究，试图揭示意识在活动中形成的具体规律；当代情境学习理论从活动—情境的观点，揭示了学习得以发生的根本机制，从而实现了教学活动与学生发展问题研究的历史性突破。

1. 活动是认识发生发展的内在机制

在皮亚杰之前，人们在人的认识的发生问题上坚持有两种相互对立的观点：一是"经验论"，认为人的认识起因于外在于主体之外的客体本身；二是"唯理论"，认为人的认识起源于一个有自我意识的主体。但皮亚杰认为，心理发生学分析的初步结果，似乎是与上述这些假定相矛盾的

（1981）[21]。他指出，"认识既不是起因于一个有自我意识的主体，也不是起因于业已形成的（从主体的角度来看）、会把自己烙印在主体之上的客体"（1981）[21]，而是"起因于主客体之间的相互作用，这种作用发生在主体和客体之间的中途，因而同时既包含着主体又包含着客体"（1981）[21]。而主体与客体之间唯一可能的联结点就是活动。皮亚杰认为，认识的发展就是要在活动基础上形成主体的认知结构，认知结构是儿童在自己的活动中逐步建构起来的。这种建构过程包括同化、顺应、平衡和自我调节等几个环节。

当面对一个新的刺激情境时，如果主体能够利用已有的认知结构把刺激整合到自己的认知结构中，这就是同化，也只有通过同化，主体才能对新刺激做出反应。而当主体不能利用原有认知结构接受或解释新刺激时，其认知结构由于刺激的影响而发生改变，这就是顺应。单纯强调同化作用会导致"自我中心化"，而单纯的顺应作用却又会使主体流于模仿，失去创造性。因而同化与顺应之间需要达到合适的比例，这就是平衡。而自我调节就是主体为了实现这种平衡所做的一系列努力的内在机制和动力（王策三，2002）[212]。在皮亚杰看来，人的认识发展就是个体通过同化和顺应日益复杂的环境而达到平衡的过程，个体也正是在同化与顺应、平衡与不平衡的交替中不断建构和完善其认知结构，实现认识的发展。以此为依据，皮亚杰将人的认识发展区分为四个阶段：感知运动阶段、前运算阶段、具体运算阶段与形式运算阶段。

2. 活动是意识、个性形成的真正基础

关于个性的形成，列昂捷夫明确指出："个性的真正基础乃是主体的活动整体的特殊结构，这种结构是在主体同世界之间的关系在一定发展阶段上产生的。"在他之前，传统的内省心理学只强调意识，否定客观行为和活动的研究，强调通过自我观察了解个体的内心世界，而行为主义心理学又只强调人的外部环境和客观行为。在他看来，要解释个性的形成，就必须同时分析主体的外部环境与内部心理，分析主体的活动整体。他说："个性是由客观情境所造成的，但是要通过它的活动整体，后者实现着它同世界的关系。这种活动整体的特点，也就形成那种决定着个性类型的东

西。"（1980）[125] 在他看来，那种简单罗列个性特点的做法是不可能确定任何"个性结构"的，"个性结构"唯有在活动的系统中才能获得自己的规定性（田慧生　等，2000）[50]。因此，"个性在任何方面都不是先于人的活动而存在的；个性也和人的意识一样，产生于活动"（列昂捷夫，1980）[51]。正是在主体活动中引起的多种转化，导致了人的个性的形成。

3. 人的心理发展是人与周围环境的人在交往过程中内化人类文化成果的结果

苏联心理学家维果茨基从历史唯物主义的观点出发，创立了人的心理的"文化历史发展理论"，认为人的心理是高级的、间接的、社会历史的，而人的心理发展的实质就是人以心理符号为中介，与其周围环境的人交往过程中内化人类文化成果的结果。在这里，维果茨基区分了两种心理机能（陈琦，2002）：一种是作为动物进化结果的低级心理机能，这是个体早期以直接的方式与外界相互作用时表现出来的特征；另一种是作为历史文化发展结果的高级心理机能，即以符号系统为中介的心理机能。与此相应，维果茨基将人的工具区分为两个层次：一种是石刀、斧头、机器的物质工具，它们指向外部，引起客体的变化；另一种是符号、词、语言的精神工具，它们指向内部，影响人的心理结构和行为。维果茨基指出，动物的心理机能之所以永远停留在低级水平，恰恰是因为动物没有也不可能使用这种精神工具，而人因为有这种精神工具，他们才形成了与动物不同的高级心理机能。在他看来，物质工具是人的外部活动的中介与手段，精神工具是人的内部活动的中介与手段。人的高级心理活动起初是作为以物质工具为中介的外部活动形式而形成的，而后才转化为以精神工具为中介的内部活动，具有内部活动的形式，这就是内化。而人的高级心理机能就是在外部的物质活动与内部的心理活动相互转化的过程中才得以形成。

不难看出，在人的心理发展问题上，维果茨基着重强调了三点：（1）高级心理机能的发展起源于社会文化历史的发展，并受社会文化历史发展的制约；（2）个体在与周围环境的人交往过程中通过掌握语言、符号、概念系统，从而在低级心理机能的基础上逐渐形成高级心理机能；（3）高级心理活动的最初形式是外部的物质活动，而高级心理活动形成的机制就是外部物质活动向内部心理活动的不断转化。

4. 个体通过实践活动与情境的互动是学习得以发生的根本机制

学习的认知主义认为，学习的实质就是获得符号性的表征或结构、并应用于这些表征或结构的过程（Gardner，1985）。按照认知主义的观点，思维、学习与发展等都是发生于个体内部的过程，物理与社会环境仅是外部的影响因素，而学习活动更多的是通过个体的心理活动，将外在于个体的知识经验转化为自己的经验。显然，认知主义希望从学习者的内部去找到学习发生的根本机制。

当代情境学习理论由于受到认知科学、生态心理学、人类学以及社会学等学科的共同影响，针对认知主义所造成的学校教学"抽象化""去情境化"等弊端，主张将个体、个体的心理、社会以及环境等置于学习的整体系统中加以考察，认为学习不可能脱离具体的情境而产生，情境是整个学习中的重要而有意义的组成部分。从情境学习理论的角度来看，学习结果的产生既非个体或环境某个单一方面决定的，也非个体对外部客观世界的被动反映。个体的学习活动实际上是个体主动参与实践活动，与环境保持动态的适应，而不是以某种认知表征来准确地匹配客观事物的过程（姚梅林，2003）。因此，情境学习理论坚持认为，学习的实质是个体参与实践，与他人、环境等相互作用的过程，是形成参与实践活动的能力、提高社会化水平的过程（Lave et al.，1991）。总之，个体参与实践活动，与情境互动既是意义建构的根本途径，又是学习得以发生的根本机制，个体的心理活动与物理环境和社会环境是相互作用的、不可分割的。

5. 学习活动是一个由多种要素、单位及其转换关系所构成的层级性系统

列昂捷夫将心理学上的活动划分为外部的实践活动与内部的心理活动两类，接着又对活动本身进行了划分。他认为，尽管活动多种多样，但无论何种活动，首先是要满足主体的某种需要，并为主体的某种动机所驱使，因而活动首先与动机相联系。其次是行为，活动由各种行为构成，行为服从自觉目的过程，因而行为与目的相关联。最后是操作，主体的行为必须依赖各种实际的操作，操作是实现行为目的的方式，直接取决于条

件。因此，活动、行为、操作这些基本单位和与它们相应的动机（需要）、目的、条件构成了活动的一般结构。列昂捷夫认为，活动由行为组成，行为由操作实现，活动、行为与操作三者共同构成了活动的层级性结构，而且在活动与行为、操作之间还存在内部的相互转换关系。因而对活动的分析，不仅要分析活动的一般构成要素，而且还要分析活动的内部转化过程。

以此为基础，达维多夫对学习活动进行了专门、系统的研究，强调学习活动实质上是一种学生有步骤地掌握理论知识的认识活动。他进而研究了学习活动的要素及其结构，将学习活动的结构划分为五个要素：活动的需要、动机、任务、行为与操作。达维多夫认为，学习活动是根据人们已经获得的精神文化产品的阐述方式展开的，并通过完成相应的行为、操作来实现（田慧生　等，2000）[66-67]。在他看来，学习行为最初表现为以展开的方式作用于外部呈现的客体的对象行为，然后从外部展开的行为过渡到口头表达方面的行为，最后转变为在内部以压缩方式完成的智力活动。

（五）教学认识论与活动教育（教学）论的本土化建构

在活动与发展问题上，我国几代学者将哲学、心理学，特别是活动理论的研究成果创造性地运用于教学领域，深入细致地揭示了教学认识的发生发展机制，剖析了教学活动与学生发展的内在关系，并在很多方面提出了具有本土特色的观点和命题。

1. 教学活动主要是一种实践基础上的认识活动

教学认识论坚持从马克思主义认识论角度来观察和把握教学活动的本质，认为教学活动本质上是一种特殊的认识活动（王策三，2002）[14]。教学认识论认为，教学作为文化传承过程，个体如何掌握人类总体文明成果问题，主要是一个认识过程，即主体对客体的能动反应过程。尽管教学还涉及实践活动、交往活动和情意活动等多方面的活动，还承担着发展学生能力和品德等多方面的任务，但这些活动和任务都是在掌握文化知识的基础上和过程中来实现的。

另一方面，教学认识论又坚持了辩证唯物主义认识论思想的基本观点，丝毫没有否定和忽视实践在学生认识活动中的重要作用。根据辩证唯物主义认识论的观点，实践是学生认识的基础，是学生认识发展的重要机制。实践是学生认识的来源，是学生认识发展的动力。实践是学生认识的最终目的，是检验学生认识正确与否的唯一标准。当然，学生在教学条件下的实践主要是一种经过教师加工、改造之后的简约化实践。

认识对实践具有反作用。正确的认识，科学理论对实践具有巨大的指导作用，指导人们正确认识和改造世界。这一原理要求我们坚持实践第一的观点。重视科学理论的指导作用。坚持理论和实践相结合的观点。反对教条主义，反对思想僵化。

教学认识论依据教学活动的这些侧面，认为教学活动体现着认识活动的基本规律和特征，因而坚持将教学活动主要视为一种认识活动。时至今日，教学认识论继承了教育心理学的成果又克服了认知心理学的片面性，把哲学认识论运用于教学领域又克服了一般认识代替教学认识的片面性，从而在教学活动的本质问题上提供了迄今最为合理的解释。

2. 教学认识的实现机制是建构完整、全面的学生主体活动

在教学认识论看来，学生掌握人类文化知识的过程，主要是一个由感受、感知、感悟、记忆、思维、想象、体验、评价、欣赏、理解、问题解决等多种智力活动和情感活动组成的过程，是人脑能动反应客观世界（主要是精神文化）的过程；学生原有的知识和能力基础，学生的主体能动性发挥的程度，对活动的顺利进行具有重要的影响；教学内容的性质、数量和质量，教学手段的多寡及其适用性，也直接影响着教学活动的进展及其质量效益。这一过程是主体能动反应世界改造自身的过程，它的结果主要表现为概念和原理的习得、行为方式的养成、道德和审美价值观念的获得、心理和身体机能的提升等方面，以观念性成果为主，集中表现在学生主体变化发展上（裴娣娜，2005）[291-292]。

教学认识论认为，教学活动与其他人类活动的不同之处正是有意识、有组织、有计划地促进外部活动的内化和内部活动的外化，教学活动就是学生主体外部活动与内部活动的双向转化过程。学生主体外部活动的内化过程遵循一般内化过程的运行规律：通过对实物的操作进行具体动作思维，同时运用言语来表述，进而脱离直观，借助表象进行思维，最后在此基础上进行符号操作，从而实现知识的内化。

3. 教学交往是教学认识活动得以进行的重要机制

一般的认识活动是由"主体—客体"之间相互作用形成"二体结构"，而教学认识则是在主客体之间"嵌入"一个起主导作用的中介——教师，形成"学生（主体）—课程教材（客体）—教师（领导）"相互作用的"三体结构"（王策三，2002）[3]。据此，教学认识论认为，教学交往是教学认识活动的运行机制之一，也是教学认识活动与其他认识活动相区分的重要标志。正是有了教学交往，学生个体就不必重走人类总认识曾经走过的漫长曲折的道路，而能走上认识的捷径，因而可能在最短的时间内以最经济的手段内化人类已有的认识成果。在这里，教学认识论强调了教学认识活动的社会性构成，指出教学交往不仅有利于提高教学认识的水平，而且有利于提升儿童的日常生活意义。

很长一段时期以来，人们在一定程度上将教学中的认识过程与交往过程割裂开来，强调教学的心理过程却忽视了教学的社会过程，没有认识到师生交往在教学认识和学生发展中的重要作用。而教学认识论和活动教学论不仅重视交往活动的作用，并且把交往活动本身纳入教学认识活动，使之成为一个统一的有机活动过程（宋宁娜，1996）。具体说来，就是在教学认识过程中引进科学认识活动个体探索与群体交流相结合的方式，使学生在比较他人意见过程中确立客观的权威，破除自我中心心态，培养不固执己见和集思广益的民主态度，从而使培养途径与培养目标最大限度地得到统一。

4. 教学活动对发展的作用取决于主体、客体两方面的因素

活动是人实现发展的内在根据和关键性因素，但活动本身与人的发展之间并不构成必然的因果关系。即使是有目的、有组织、有计划的教学活动，也会因为活动内容和活动方法的不当而造成对学生发展的阻碍。即是说，教学活动对学生发展的功能作用取决于活动主体与活动客体两个方面的因素。国内"活动教学与中小学生素质发展实验研究"的结果表明：活动对人的发展的影响程度取决于以下变量：活动主体因素和活动客体因素。具体说来，活动主体因素包括主体的身心发展水平、主体对活动的自主参与程度、主体的自我效能感等；活动客体因素包括活动的适切度、活动有无成效、活动方式的选择、活动对象和范围的确定以及活动条件的提供等（裴娣娜，2005）[307]。这些因素的相互作用共同对学生的发展进程产生影响。因此，通过构建完整、全面的学生主体活动来实现学生主体的发展，必须首先研究教学活动与学生发展之间的复杂关系，分析教学活动影响学生发展的各种内外因素，了解这些因素对学生发展的相互作用机制。

二、几个主要的研究问题及其成果

归纳起来，教学论史上关于活动与发展问题的所有研究，主要围绕以下几个问题展开：（1）活动的概念与内涵；（2）活动的要素、结构与属性；（3）活动的类型、形式及其相互关系；（4）活动的过程与机制；（5）活动的组织与设计。

（一）活动的本质与内涵

活动与发展的问题，不仅关系到学生发展的活动机制问题，而且涉及关于教学活动本质的认识问题。因此，教学论史上关于活动与发展问题的探讨，首先反映在人们对教学活动的本质、内涵问题上的争论。

1. 历史上的三次大争论

教学活动的本质是什么，内涵怎样？关于这个问题，历史上曾经出现过三次大的争论，即形式主义与实质主义之争、行为主义与认知主义之争、科学主义与人本主义之争。

形式主义以经验论和官能心理学为依据，认为教学的目的主要是训练和完善人的先天官能，教学活动的本质是促进人的内在官能不断显现、成长和完善的过程。与形式主义的主张相对立，实质主义以唯理论和观念心理学为依据，认为教学的目的在于使学生获得知识、技能，而教学活动的本质是不断扩展人的认识观念，充实人的心智的过程。行为主义从刺激—反应—强化的相倚关系出发，坚持用人的外部行为即刺激—反应的联结去认识教学活动，将教学活动看做若干刺激—反应联结的组合。而认知主义指责行为主义将复杂的教学活动过程当成一个"明箱"来操作，强调从人的内部心理去理解教学活动，坚持用信息加工和知识建构的观点去把握教学活动的内部过程。在科学主义看来，教学活动主要是一种理性的认识活动，其目的是要培养学生的理性思维能力。人本主义批评科学主义将理性从人的完整个性中剥离出来进行训练的做法，强调人的非理性部分，因而认为教学活动是一种情意活动。

总的来看，由于人们往往用一种主客二元对立的思维方式去看待教学活动，也就必然产生相互排斥，甚至严重对立的观点。现在看来，要科学地把握教学活动的本质内涵，关键是拒斥和拆除这种非此即彼的思维方式，而杜威和皮亚杰就是从主体与客体的相互关系中，帮助我们把握住了活动（包括教学活动）的真正内涵。

2. 杜威和皮亚杰的创见

从杜威的诸多著述来看，他主要从三个方面的关系来分析教学活动的本质问题。一是主体与客体的关系。杜威综合了康德经验概念的阐释与黑格尔的实践哲学方法论，首次指出活动不存在某种实体形式，它乃是一种关系性的存在方式，其实质是主体与客体（环境）的相互作用，并认为教学活动即经验的不断生长。经验从何而来？只能是主体与客体的相互作用，这就是活动；二是主动与被动的关系。杜威指出，活动既有主观的内容，也有客观的内容，是主观与客观的统一。因此，活动包含主动与被动两个方面。活动的主动方面即体验，是为获得某种结果而进行的尝试行为。活动的被动方面即经受，是接受或承受体验的结果。在他看来，没有只有主动方面的活动，也没有只有被动方面的活动。主动方面与被动方面的结合才构成活动；三是"知识"与"行动"的关系。"行动"是杜威知识观的核心概念。杜威认为，"行动"是"知识"的基础，"知识"本身就是一种"行动"。在杜威那里，"知识"与"行动"是先天地联结在一起的。

与杜威的观点一脉相承，皮亚杰认为，主体要与客体发生某种作用，进而产生某种认识，就必须借助某种中介。而将主体与客体联结起来的中介，只能是活动。即是说，活动的重要功能是充当主体与客体之间的中介，而主体与客体之间相互作用的过程就是活动。与杜威相比，皮亚杰的活动范畴是一个宽泛得多的概念，它既包括外部的物质活动，也包括内部的心理活动，甚至还包括人的本能活动。正是借助这个"活动"范畴，皮亚杰深入细致地揭示了个体认识发生、发展的内在机制。

3. 苏联活动心理学的观点

传统的内省心理学只强调人的意识，否定人的外部行为。而行为主义心理学又只强调人的外部行为，否定人的内部心理。苏联心理学以辩证唯物主义哲学为基础，强调人的意识与行为的统一，试图在这一指导思想下，重新解释心理学中的活动概念。列昂捷夫借助维果茨基的"中介结构理论"，认为在人的心理的水平上，活动是以心理反应为中介的生活单位……换句话说，活动不是反应，也不是反应的总和，而是具有自己的结构、自己的内部转变和转化、自己的发展的系统（1980）[51]。在他看来，活动"表现为在其中实现着'主体—客体'这两极之间的相互转变过程"。"在活动中发生着客体向它的主观形态，向映像的转变；同时在活动中也实现着活动向它的客观结果、向它的产品的转变。"（列昂捷夫，1980）[51] 在这里，列昂捷夫实际上指出了活动的双重转化过程，即主体的客体化与客体的主体化，而活动就是主体与客体的相互转化。在列昂捷夫之后，达维多夫系统地研究了学习活动。他指出，学习活动是小学生的主导活动，其实质是一种认识活动，是一种有步骤地掌握理论知识的过程。以此为基础，达维多夫还专门研究了学习活动的要素、结构及其内部过程。

4. 教学认识论与活动教学论的阐释

关于教学活动本质问题的争论，国内最近20多年来主要是以对教学认识论的论证完善与批驳否定为主线而展开的，并形成了认识说、实践认识说、实践说、交往说等观点。教学认识论以彻底的哲学认识论为基础，认为教学活动的本质是一种特殊的认识活动。这种认识活动的特殊性在于，有教师教、以间接经验为主、以改造学生主观世界为宗旨、较一般认识活动更为全面和高效。教学认识论认为，将教学活动看做一种特殊的认识活动，丝毫不会排斥教学中的实践活动、情意活动、交往活动……因为实践是认识的基础和源泉，认识和交往是一个问题的两个方面，而认识活动同时包含认知、情感和意志等方面。

　　活动教学论则在反思传统的"教学活动"概念的基础上，认为活动教学意义上的活动，主要指学校教育教学过程中学生自主参与的，以学生学习兴趣和内在需要为基础，以主动探索、变革、改造活动对象为特征，以实现学生主体能力综合发展为目的的主体实践活动（田慧生　等，2000）[78]。在活动教学论看来，传统意义上的"教学活动"概念，实际上指的是被动的活动和片面的活动，因而主要从活动的主动性与全面性去把握教学活动的内涵。

（二）活动的要素、结构与属性

　　作为教学的实现单位，活动本身就是一个包含多种互动要素的系统，而且具有层级性结构。活动理论正是在分析活动的要素、结构与属性的基础之上，揭示了活动在人的发展方面所具有的功能与价值。概括起来，人们在教学活动的要素、结构与属性这个问题上的认识成果主要有以下几个方面。

1. 活动是一个具有多种要素、多种成分的立体结构

　　活动理论将活动作为一个系统来分析，认为人的活动不仅表现为完成外部的实践活动，而且也进行着内部的心理活动。活动不是对对象的简单反映，而是由动机、目的联结的活动，是行为和操作的完整体系。列昂捷夫认为，完整的活动是由活动、行为、操作以及与它们相联系的需要、动机、目的、条件组成。"第一，个别的（独特的）活动——以激发它们的动机为标准；第二，行为——服从于自觉的目的的过程；第三，操作——

它直接取决于达到具体目的的条件。"（1980）[74]

在列昂捷夫的基础上，达维多夫具体研究了学生掌握理论知识的学习活动结构，认为学习活动的结构包括五个要素：需要、动机、任务、动作和操作。休金娜也运用列昂捷夫的活动结构理论，研究了教学中旨在激发学生认识兴趣的教师指导的活动结构，认为这种活动结构包括目的的制定、内容的呈现、活动的程序、结构的评价等要素。教学活动不仅具有多种要素，而且还包含多种成分。苏联学者列德涅夫就认为，活动具有六个稳定的方面或者说是六种具体的活动类型：认识方面、价值——定向方面、改造——工艺方面、交往方面、体力方面以及审美方面。在他看来，任何活动从纵向上，都可以划分为诸如再现式活动、批判式活动、探究式活动、创造式活动等若干层次（列德涅夫，1984）[73-78]。因此，完整的活动首先是一个具有多种要素、多种成分的立体结构。

2. 活动是一个具有主体—主体关系与主体—客体关系的双重结构

杜威、皮亚杰等人从主体与客体的相互关系中去把握活动的本质，这在认识论上是一大进步。它不仅有效地克服了主体与客体之间的两极对立，而且突出了人在活动中的主体性。在活动的结构问题上，则帮助我们理解了教学活动的主体—客体结构。另一方面，当教学主体（教师和学生）在作用于教学客体形成主体—客体关系的同时，它又要受到其他教学主体与教学客体结成的主体—客体关系的制约。换句话说，当教学主体在主体—客体关系中对教学主体进行认识和改造活动的同时，就产生了以教学客体为中介的主体—主体关系以及在这种关系中所进行的交往活动。

在历史上，维果茨基较早地注意到活动的社会性构成以及活动中的交往关系。在他看来，人的高级心理机能只能是在人与周围人的交往过程中得以形成，而且还受到社会文化历史发展的深层制约。德国的交往教学论流派则以教学中的师生关系为课题，为我们集中阐述了教学中的交往问题。最近二十多年来，我国学者以马克思主义的交往实践观为基础，深入地揭示了教育教学中的交往关系与交往活动。所有这些研究表明：教学活动不仅具有主体—客体关系的结构，而且具有主体—主体关系的结构。教学活动是由主体—客体、主体—主体结构所构成的双重结构。正因如此，教学活动不仅包括教学主体对教学客体的认识活动、实践活动，而且包括教学主体以教学客体为中介的交往活动。

3. 活动是一个具有内部转变及相互转化的发展的系统

尽管活动理论中的各种学说在分析活动结构时所使用的术语不尽相同，但几乎都注意到了完整的活动包括活动、行为、操作等层级单位以及外部活动、内部活动等过程。活动与行为、操作之间究竟是一种什么样的关系？外部活动与内部活动又如何相互作用？列昂捷夫明确指出，它们之间相互转变、相互转化，共同作用于人的认识与发展。他认为，活动由行为构成，行为由具体操作实现。在活动与行为之间、行为与操作之间，存在相互转化的关系。分析活动的实现单位，就是要查明各个单位之间的内部转化关系。

关于外部活动与内部活动的关系，活动理论一致认为，活动的主要过程乃是外部物质活动内化为内部的心理活动的过程，同时，内部的心理活动也向相反方面外化为外部的物质活动形式。这里的关键概念是内化。在活动理论那里，内化指的是一种过渡，是外部的实际动作，经受了特殊的概括化、言语化、简缩化而转变为内部的观念的动作的过程。用皮亚杰的术语说，就是"从感觉运动方面向思维"的过渡。在列昂捷夫看来，外部活动的内化与内部活动的外化之所以可能，是因为它们具有相同的结构。加里培林则非常细致地研究了外部物质化活动有目的、有步骤地内化为内部的智慧活动的各个连续阶段及其条件。因此，教学活动并非单个行为的简单组合，而是一个具有内部转变及相互转化的发展的系统。

4. 活动是一个具有多种属性、多种意义的生成性系统

从人类关于活动问题的研究历程可以发现，"活动"概念先后吸收了哲学、心理学、社会学、教育学等多门学科的研究成果，它既不同于哲学意义上的活动，也不同于心理学意义上的活动，更不是传统教育学所理解的活动，而是具有自己的质的规定性。综合分析各家在活动问题上的观点，活动的最基本的属性乃是它的对象性与建构性。

列昂捷夫认为，活动在其本质上是一种对象性活动，活动的最基本的

特性是它的对象性。即是说，任何活动都指向一定的对象，没有对象的活动是没有意义的。活动的对象包括实存的对象和映像的对象。因而活动的对象性蕴含着两个方面的意义：（1）对象是独立存在的，它使主体的活动服从于它并改造主体的活动本身；（2）对象是物体的映像，是物体特性的心理反应的产物，而只有主体的活动才能完成这种反映，不可能有其他途径（王策三，2002）[214]。关于活动的建构性，皮亚杰说："客体首先是通过主体的活动才被认识，因此客体本身一定是被主体建构的。"（1985）[93] 他进一步地指出："（物理经验和数学—逻辑经验），这些认识都同样是不断建构的产物。"（皮亚杰，1981）[6] 无独有偶，活动心理学几乎都将活动视为一种主体指向活动对象的合目的性的主动建构过程，认为建构性是活动的本质特征。除了活动的对象性、建构性两个共性以外，我国学者认为教学活动还具有目的性、整体性、阶段性、典型性、能动性、实践性、开放性与发展性等特征（王策三，2002）[225-226]。

（三）活动的类型、形式及其相互关系

人类活动具有多种形式。马克思将人类的实践活动区分为三种基本的形式，即制造物质生活资料的实践活动、创立和改造社会关系的实践活动以及创造精神文化的实践活动。同样，教学活动也具有多种类型和表现形式，而且各种类型和形式之间还存在一定的相互关系。关于教学活动的类型、形式及其相互关系，历史上大致有四种基本观点。

1. 主导活动说

这种观点强调教学活动中的某种形式，并将这种活动形式作为教学的主导活动，希望通过某种主导的活动形式去重点发展学生的某个方面。在历史上，夸美纽斯、赫尔巴特、行为主义、认知主义、人本主义以及苏联的达维多夫等大致持这种观点。

夸美纽斯认为教学是要教会学生感知，因而强调教学活动首先从学生的感知活动开始，并将感知活动作为教学的主导活动。赫尔巴特认为，教学就是给儿童提供适合的观念，并通过一定的方法，使这些观念相互联

系，形成"思想之环"——观念体系。他因此注重学生的内部意识活动，并设想了一套意识活动的运动图式。行为主义不承认人的意识的存在，认为人的各种心理学现象只是行为的组成因素，因而只注重教学中的外部行为活动。认知主义不同意行为主义过于强调外部环境、行为在儿童心理发展中具有重要作用的观点，认为儿童的心理发展是儿童主动对知识、信息进行表征、加工、转换的内部过程，因而十分强调儿童的内部认知活动，注重儿童认知能力的培养。在人本主义看来，完整的人格是认知与情感的统一，完整的教学是认知过程与情感过程的统一，因而十分强调教学中的情意活动，注重学习者自己的直觉与体验。而达维多夫将具有整体结构的主动活动类型作为划分儿童心理发展分期的依据，认为每种类型的主导活动对特定阶段人的心理发展起着主导性的作用。而对小学生而言，学习活动乃是他们的主导活动。

2. 完整活动说

完整活动说认为，作为一个系统，主体活动应该是完整的，这种完整体现在活动的要素、活动的结构和活动的过程三个方面。皮亚杰、维果茨基、列昂捷夫等人以及国内的教学认识论、活动教学论都坚持这种观点。

根据他们的著述，完整的活动在要素上应当包括活动主体、活动对象、与活动相联系的需要、动机、构成活动的行为、实现行为的操作以及与它们相关联的目的和条件等要素。在结构上，完整的活动应当包含两个方面，即外部物质活动与内部心理活动。在过程上，完整的过程包括多种相互转变、相互转化的环节。一是活动与行为、操作之间的内部转化，即活动与行为相互转化，行为与操作相互转化。二是外部活动与内部活动的相互转化，先是外部活动的内化，接着是内部活动的外化。运用到教学领域，可以说全面、完整的学生主体活动也是由学生主体的外部活动、内部活动、外部活动的内化与内部活动的外化构成。因而教学建构的应该是全面的、完整的学生主体活动（王策三，2002）[214]。

3. 总体活动说

总体活动说认为，人类活动的总体结构包含"主体—客体"与

"主体—主体"的双重结构，由此出发，总体活动说将教学活动从总体上区分为五类：一是以主体变革客体为主的改造或创造活动；二是以主体反映客体为主的认识活动；三是以主体占有客体满足主体需要的欣赏审美活动；四是以主体检测客体为主的评价活动；五是主体与主体之间的交往活动。

这五种活动在人的发展中共同发挥着作用，但每一类活动对人的发展又各有侧重。其中，以主体变革客体为主的改造或创造活动侧重于发展人的实践动手能力和创新能力；以主体反映客体为主的认识活动侧重于发展人的认识能力；以主体占有客体满足主体需要的欣赏审美活动侧重于发展人的审美能力；以主体检测客体为主的评价活动侧重于发展人的是非判断能力；而主体与主体之间的交往活动侧重于发展人的社会交际能力。与此相应，总体活动说认为，教学活动的模式可以区分为以观念把握为主、以技能操作为主、以情感发展为主、以问题解决为主、以群体互动为主等几种类型。

4. 层次活动说

层次活动说认为，活动是一个具有多种类型、多种层次的立体系统，因而主张从不同水平、不同层次去理解教学活动的类型与形式。根据人的思维介入的程度，活动可以分为感性活动与理性活动。根据人的主动参与的程度，活动可以分为主动活动与被动活动。根据活动中主体对客体的作用程度，活动又可以分为感知活动、操作活动、认识活动与实践活动。

杜威则根据活动的不同层次，在芝加哥大学实验学校设计并实践了三种不同水平的活动：第一种水平的活动是为学前儿童设计的，包括各种感觉器官的练习和身体协调发展的练习；第二种水平的活动是让儿童在周围环境中运用现有的材料和工具，去进行实验、建造和创造；第三种水平的活动是儿童发展新的观念，产生新的想法并付诸实行。在杜威看来，第三种水平的活动已经使儿童从简单的冲动发展成为细心的观察、周密的思考、有计划的行动并能预见行动的结果。在我国，人们习惯上根据教学活动的水平，将教学活动分为记忆水平、理解水平、探究水平与创造水平四个层次。上述这些主张都坚持层次活动说这种观点去理解教学活动的类型与形式及其相互关系。

（四）活动的过程与机制

活动与发展的内在关系如何？活动是如何作用于学生的发展的？或者说，学生发展的活动机制到底如何？活动的内在过程究竟怎样？这些问题构成了活动与发展问题研究的核心内容，也成为教学论史上各家各派探讨的重点。在这些问题上所坚持的基本观点，也在很大程度上决定了各家各派的理论特色。关于活动的过程与机制问题，我们在前面的文献分析中已经有所涉及。在这里，我们进一步地对历史上有代表性的几种观点、学说进行简要的归纳、总结。

1. 夸美纽斯的感觉论

夸美纽斯生于前牛顿时期，深受英国唯物主义者弗朗西斯·培根经验主义感觉论哲学和自然哲学的影响。以此为基础，夸美纽斯坚持认为，感觉是一切认识的前提和基础，感觉对认识具有绝对的决定性作用。人的认识过程包括三个阶段：第一个阶段是用最初的、直观的或经验主义的认识形式来反映客体；第二个阶段是认识客体形成的各种原因，从而归纳、论证科学原理；第三个阶段是认识怎样运用所获得的知识去达到实践的目的（裴娣娜，2005）[371]。自然地，夸美纽斯认为教学活动的过程应该遵循从感知到理解，从理解到记忆，从记忆再到运用的过程，并将教学活动分为提问、讲解、练习等几个阶段。

2. 赫尔巴特的统觉论

赫尔巴特从其观念心理学出发，认为人的意识（心灵）实际上是由观念构成的，是观念间的联合。而"统觉"就是观念间实现联合的重要机制。"统觉"是指新观念为已经存在于意识中的旧观念所同化或吸收的过程。通过统觉过程，个别的观念就可以逐渐融合为观念体系。为了更好地说明统觉过程，赫尔巴特提出了一套意识活动的运动图式，即将新观念与旧观念联系起来，通过统觉将新观念纳入原有的观念体系之中，从而进入学生的意识领域，并为学生所理解。据此，赫尔巴特将教学活动的过程分为明了、联合、系统与方法四个阶段，并提出了"感知旧教材—新旧知识联系—知识的系统化—知识的应用"逐步推进的教学活动程序，在世界教育史上产生了深远的影响。

3. 杜威的"反省思维"五步说

为了实践"从做中学"的教学原则和"主动作业"的课程形态，杜威创立了以"反省思维"过程为依据的问题解决教学法。杜威认为，反省思维的一般过程包括五个环节：问题—观察—假设—推理—检验。运用到教学领域，杜威提出了问题解决教学的一般程序，即创设一个真实的情境——从情境内部产生一个真实的问题——进行必要的观察并提出问题解决的假设——收集资料并进行理性的分析——通过应用检验或修正假设。杜威认为，运用"反省思维"的五个环节组织和设计教学活动，有利于学生"反省思维"能力的培养。

4. 行为主义的刺激—反应—强化说

行为主义的代表人物斯金纳认为，学习过程就是操作性条件反射过程，人的一切行为几乎都是操作性条件反射和积极强化的结果，因而任何行为也都是能够加以设计、塑造和改变的，而教育教学就是塑造人的行为（吴式颖，2003）。根据这一学习原理，斯金纳坚持以"刺激—反应—强化"为线索去理解教学过程，并设计了一种相倚组织的教学活动过程。按照他的观点，对学习者与其学习相互作用的一种适当的陈述，始终必须具体说明三件事：反应发生之前的刺激；反应本身；强化。刺激、反应、强化之间的相互关系就是"强化相倚关系"。根据这种"强化相倚关系"，教学活动中应采用两种方法去控制学生的学习行为：一是提供适当的刺激，促使学生产生适当的反应和行为；二是提供适当的强化，使正确的反应和行为在长时间内保持在一定的强度水平上。

5. 认知主义的信息加工论

认知主义强调儿童认知发展的研究不是专注于不同的发展阶段，而是专注于儿童是如何表征、加工及转换信息的，认为对儿童认知发展的内在机制的精细分析，是了解儿童认知活动的关键。其中，斯腾伯格提出了智力结构三成分理论。他认为，组成儿童认知结构的有三个成分：元成分、操作成分与知识获得成分。元成分的作用是制订计划、选择策略及监控具体的过程。操作成分的作用是执行具体的加工过程，它具有编码、联系和反应三种职能。知识获得成分的作用是选取问题情境中的有关信息，忽略无关信息，并将新信息与记忆库中所储存知识相联系，包括信息的获得、提取和转换三个环节。在他看来，儿童的认知发展正是这三种成分反复相互激活的结果。

而凯斯将个体的心理能量分成储存空间和操作空间。储存空间指的是用以储存信息的空间范围和所储存的信息容量。操作空间指的是在进行具体的认知操作时所需的空间。凯斯认为，随着个体的储存空间的逐渐增大和操作空间的逐渐缩小，儿童对信息加工的能力便获得了提高。在他看来，与信息加工有关的心理空间的变化乃是构成儿童认知发展的机制之一。按照认知主义的信息加工理论，儿童在教学活动基础上的认知发展，就是认知结构不断被改组、改造和完善的结果。

6. 维果茨基的内化学说

维果茨基是认识发展的内化学说的最早提出者之一。他多次指出，在社会和教学的制约下，学习者的心理活动首先是属于外部的、人与人的相互作用，以后才内化为自身的内部活动，并且随着外部活动与内部活动相互联系的发展，形成了他的高级心理机能。在他看来，在儿童将外部活动内化为内部心理活动的过程中，语言符号起着非常重要的作用。儿童早年还不能使用语言这种精神工具来组织自己的心理活动，因而此时的心理活动还是"直接的和不随意的、低级的、自然的"。当儿童掌握了语言符号这个工具，才能转化为"间接的和随意的、高级的、社会历史的"心理机能。维果茨基认为，语言符号不仅为儿童表达思想和提出问题提供了可能性，也为儿童在与周围人的交往活动中进行学习提供了可能性，而且语言符号本身还直接促进了其高级心理机能的发展。在他以后，苏联的活动心理学家们又进一步丰富、发展了他的内化学说。根据内化学说，教学活动的目的就是激起和推动学生一系列内部的发展，通过教学活动使学生将人类的总体经验内化为自身的财富。

7. 皮亚杰的同化—顺应—平衡论

皮亚杰认为，儿童认识的发展是通过活动所获得的对客体的适应而实现的。适应的本质在于主体取得自身与环境之间的平衡，达到平衡的具体途径乃是同化和顺应。通过不断的同化、顺应，使儿童与环境之间不断出现平衡—不平衡—平衡，就是儿童认识发展的内在机制。皮亚杰以及后来的皮亚杰学派的学者们以同化、顺应、平衡等概念为基础，对儿童通过活动实现认识发展的机制又进行了具体的探讨。在他们看来，同化过程是认识在头脑中的一个量变过程，因而它并没有改变认知结构本身。顺应是认识在头脑中的一个质变过程，因为认识使认知结构本身发生了变化。而平衡是个体保持认知结构处于一种稳定状态的内在倾向性。当某种作用于儿童的信息不能与其现有的认知结构相匹配时，就会引起一种不平衡的状态，其内部感受是一种不协调、不满足感。此时的儿童就会努力地克服这种消极感受，以恢复旧的平衡或建立新的平衡。儿童就是在这种不平衡中不断寻求平衡的过程中，实现了认识的发展。

8. 艾利康宁、达维多夫的主导活动发展阶段说

艾利康宁、达维多夫发展了维果茨基和列昂捷夫的儿童心理发展理论，根据儿童各年龄阶段主导活动的特点提出了他们的儿童发展阶段理论。艾利康宁认为，儿童发展的各个阶段是从两个方面来说的：一方面，在各阶段中主要掌握任务、动机和人与人关系的准则，并在此基础上发展个性的动机—需要圈；另一方面，在各个阶段中主要掌握社会通行的各种行为方式，并在此基础上发展智力、认识能力和操作能力。据此，他们将儿童的心理发展按其相应的主导活动类型划分为六个阶段：婴儿期（0—1岁）——直接的情绪性交往类型；先学前期（1—3岁）——物体操作活动类型；学前期（3—7岁）——游戏活动类型；学龄初期（7—11岁）——学习活动类型；学龄中期（11—15岁）——社会公益活动系统中的交往活动类型；学龄晚期（15—17岁）——学习职业活动类型。他们认为，在儿童心理发展的每一个阶段，都有一种相应的特殊活动类型，这

就是主导活动。儿童从一个阶段到另一个阶段的转变，意味着儿童发展出了新的活动动机，将掌握新的活动形式。而新的活动动机和活动形式的出现，就意味着儿童的心理获得了新的发展。

9. 加里培林的智力活动五阶段理论

加里培林以维果茨基和列昂捷夫的观点为基础，深入研究了心理活动如何从外部物质活动经过概括化、简缩化转化为内部意识活动的一般过程。他认为，"智力活动是外部的、物质活动的反映"，"是外部物质活动转化到反映水平——转化到知觉、表象和概念水平的结果"。加里培林认为这种转化过程经历了五个阶段：活动的定向基础阶段、物质活动或物质化活动阶段、有声言语阶段、无声的"外部"言语阶段以及内部言语阶段。根据加里培林智力活动五阶段理论，儿童的智力发展最初是以外部的物质活动或物质化活动形式存在的，以后经过语言符号的中介作用，逐步转化为内部的心理活动形式。这与维果茨基、皮亚杰、列昂捷夫等人关于人的心理发展的观点是一致的。

（五）活动的组织与设计

关于活动的组织与设计，教学论史上的各家各派并没有将它作为一个专门问题明确地提出来加以讨论。但是，对活动与学生发展问题所有方面的理论研究，最后都是为了解决教学活动的组织与设计问题。实际上，只要我们对各家各派关于活动的诸多论述稍加分析，它们在教学活动的组织与设计问题上的观点与主张，便自然地呈现在我们的面前。概括起来，各家各派关于教学活动的组织与设计，主要提出了以下几点宝贵的意见。

1. 以发展为重心

活动对于教学和人之所以如此重要，在于它构成了教学得以发生的基础，在于它形成了人实现发展的内在机制。在此意义上说，教学活动的组织与设计，其根本目的是为了解决教学条件下学生的发展问题，是为了创造各种条件，促进学生最大发展。因而学生有没有发展，在多大程度上发展，就成为衡量和判断教学活动好坏的根本标准，也是教学活动的组织与设计必须遵循的第一原则。

2. 遵循身心发展的一般规律与年龄特点

教学活动不仅有其自身的客观规律，而且它还应遵循学生身心发展的一般规律与年龄特点。这是千百年来人们在教学活动的组织与设计中所取得的基本共识。在教育史上，夸美纽斯的"自然适应性"原则、赫尔巴特关于人的意识活动过程的假设、杜威关于"反省思维"活动过程的阐述、艾利康宁和达维多夫关于儿童的主导活动发展阶段学说以及加里培林关于智力活动按阶段形成的理论等，都一再提醒我们：教学活动的组织与设计，必须遵循学生身心发展的一般规律与年龄特点。

3. 在"最近发展区"下功夫

"最近发展区"概念的提出，是维果茨基在教学活动组织与设计问题上的一大创见。维果茨基认为，儿童的认识发展有两种水平：一种是现有水平，即儿童当前所达到的认识发展状态；一种是在现有状态的基础上，经过帮助或努力所能达到的一种新的发展状态。在这两种水平状态之间存在差异，这个差异地带就是"最近发展区"。最理想的教学活动，应该在"最近发展区"下功夫，既要高于儿童原有的认识水平，又是儿童经过帮助或努力所能达到的。

4. 注重学生的主动活动

学生通过教学活动实现发展，其根本动力存在于学生自身。就教学活动而言，主动性乃是其本质特征。没有学生主体对客体的主动活动，就不可能产生任何反应或认识。正因如此，夸美纽斯强调尊重儿童的需要和兴趣；卢梭甚至将兴趣作为教学的第一原理；赫尔巴特重视学生的"自我活动"，并将发展学生的"多方面兴趣"作为教学的直接目的；杜威强调儿童内在的本能与倾向，倡导儿童的"主动作业"，赞可夫注重学生的内部诱因，等等，他们都强调儿童在活动中实现发展的内在主动性。

5. 设计完整、全面的主体活动

人的完整的、全面的发展，需要完整的、全面的活动。为学生组织和设计完整的、全面的主体活动，不仅要求活动的类型、形式要具有完整性和全面性，而且活动的结构和活动的过程也要具有完整性和全面性。在历史上，赫尔巴特关于"多方面的活动"思想、发生认识论与活动心理学关于活动的整体结构以及外部活动与内部活动相互作用的理论、赞可夫对教学活动的整体性与研究学生多方面需要的强调、教学认识论与活动教学论关于活动的完整性与全面性的集中阐述，都分别从活动的类型、形式、结构、过程等方面，都为我们做了深入的分析与说明。

6. 突出主导活动

列昂捷夫认为，在儿童成长的每一时期，都有一种相应的主导活动类型。维果茨基认为儿童发展转变期的实质在于前一年龄期的主导活动形式发生了变化。以此为基础，艾利康宁和达维多夫提出了儿童主导活动发展阶段理论，认为儿童的主导活动在儿童发展中起着主导性的作用。而教学认识论明确指出，教学活动主要是一种认识活动。他们实际上都认为在教学活动设计时，必须突出主导活动在学生发展中的重要作用。

7. 强调深层的理性思维活动

艾利康宁和达维多夫系统考察了近代以来人类认识由知性向理性阶段发展的历史，认为以往人们强调的是在关于事物感性材料的基础上进行比较、归纳和初步的抽象活动，达到的只是对事物外部性状的感性认识和知性知识，而没有达到对事物间内在联系的理性认识，因而没有能培养起学生的理性思维能力。他们因而强调教学中学生深层的理性思维活动，强调对学生理性思维能力的培养。

8. 与生活、情境相联系

教学来源于生活，它本身就是学生的一种生活方式。另一方面，教学具有一定的情境脉络，脱离情境的教学是毫无意义的。在这个方面，杜威关于学校与社会、教学与生活关系的论述，赞可夫关于高级心理发展的历史文化理论，当代情境学习理论关于学习的活动—情境观点，其共同点在于加强教学活动与生活、情境的联系。

9. 打开学习过程

活动首先是一种过程的存在。从学习理论的角度，教学活动的组织和设计就是为学生展开完整的学习过程，使学生从感性认识到知性认识再到理性认识，从外部活动到外部活动的内化再到内部活动的外化，从不知到知，从不会到会。在此意义上，教学活动设计的成功与否，就是要看是否为学生打开了这样一种学习过程，是否使教学活动成为一个学生不断发展的逐步递进过程。

10. 需要规范

作为一种有目的、有组织、有计划的活动，教学活动无论何时都需要一定的规范。在这个问题上，夸美纽斯关于课堂纪律、及时预防的思想，赫尔巴特关于管理、训育的看法，杜威关于学习的"公共性"的观点，交往教学论关于教学中合理交往的公理与原则，等等，都从不同角度，强调了教学活动的合规范性。

三、几点基本的理论认识及其启示

到此为止，我们可以从前面的分析、研究中，提炼、概括出前人在教学活动与学生发展问题上始终坚持的几个基本理论假设。这些基本理论假设，暗含在他们关于活动、发展以及活动的发展机制等问题的基本观点里面。借助这些基本的假设和观点，我们可以从中获取若干有价值的理论启示。

（一）活动的本质在于主体与环境的相互作用

活动既不是由主体单方面发动的，也不是由环境单方面给予的，而是主体与环境两个方面的相互作用。就其本质而言，活动乃是主体与环境的相互作用过程。主体在与环境的相互作用中，既认识和改造着环境，又认识和改造着自身。就环境而言，它包括客体、其他主体以及主体自身。活动包括两个基本的过程：一是主体对环境的作用，二是环境对主体的反作用。主体要与客体发生作用，必须通过一定的中介，这个中介就是活动。同时，活动本身也需要借助一定的中介或工具，这种中介或工具有两种：一是物质工具，即实物性工具；二是精神工具，即语言、符号、概念等。在教学活动中，这种环境主要指教材、其他主体和主体自身，这种过程包括学生主体对教材客体的认识、实践过程以及教材客体对学生主体的影响和作用过程，这种工具主要指语言、符号、概念等精神工具。

（二）活动是一个包含多种要素、关系、过程和功能的立体系统

活动是由主体、客体、目的、行为、操作、需要、动机、条件等多种要素构成的，而且具有层级性结构。其中，主体、客体和目的是活动的三个基本要素。活动由行为构成，行为由具体操作实现。需要、动机与活动相关；目的与行为相关，而条件与实际操作相关。

活动系统中包含着多重关系：一是主体与客体的主体—客体关系，二是主体与主体的主体—主体关系，三是主体与自身的主体—自身关系。活动系统中包含多种单向作用以及双向转换的过程。单向作用过程包括外部活动与内部活动。双向转换过程包括外部活动的内化与内部活动的外化、活动与行为的相互转化、行为与操作的相互转化、需要、动机、目的、条件之间的相互转化以及感性认识与理性认识的相互转化等过程。

活动的多种要素、多重关系和多种过程，决定了活动的多种功能。从哲学的角度看，人的发展包括人的类特性发展、社会性发展与个性发展。在人的类特性、社会性、个性三个方面的发展中，又同时包含认知发展、情感发展和技能发展三个方面的内容。而活动对人的发展功能，会从这些方面全方位地表现出来，而不只是表现于认识，甚至认知的方面。理想的教学活动设计，应该是努力激活多种要素，展开多重关系，打开多种过程，实现多种功能。

（三）人的发展起源于人的活动

人是现实关系的人。人是在一定的社会关系中存在与发展的。同样，人的活动本身也是在一定关系中展开的，而且它还为人的发展建立了各种关系，如主体与客体的关系、主体与主体的关系以及主体与自身的关系，从而为人的发展创造出了多种可能性。人的发展既不能被环境自然地给予，也不能从逻辑上加以主观的设定，而总是与一定的社会历史条件所关联。这种社会历史条件最基本的就是人所从事的现实活动。通过人的现实活动，人不仅创造了一个属于人的现实世界，同时也创造了人自身，促成了人自身的发展。因此，活动是人的认识发展乃至个性发展的实现机制。人的主观能动性是人的发展的内部动力。随着人的活动的不断深入，人的需要、动机、兴趣等内容将变得越来越丰富，人在开展自己的活动、施展自己的才能、发挥自己的力量时也将越来越出于人的内在的需要和主观的能动性。因为人的内在的主观能动性，人得以不断发展。

（四）人的发展是人与环境之间不断地从平衡到不平衡再到平衡的运动过程

在活动中，人接收着各种外界信息的刺激。当人不能完全或者部分接收这些信息时，就会产生一种不平衡的状态。由于人具有先天的维持平衡的内在倾向性，人会努力地克服这种不平衡，这种努力的动力机制是自我调节，而同化和顺应是自我调节的具体途径。

人只需对外界信息略作调整或根本不需要进行任何调整，就可将此纳入已有的内部结构之中，从而回到原有的平衡状态中去，这就是通过同化而达到的平衡。人必须调整或改变自己的内部结构，才能对外界信息进行正确的反应，从而达到与外界信息的平衡。这就是通过顺应而达到的新的平衡。人的发展的实质是人通过活动获得与外部环境的平衡。人与外部环境的每一次新的平衡的出现，表明了人的发展又前进了一步。人的发展的过程就是人与外部环境之间不断地从平衡到不平衡再到平衡的运动过程。

教学活动的组织与设计，起初的目的就是给学生提供各种信息的刺激，由此引起学生与外部信息的不平衡的状态，进而通过各种教学途径，使学生同化或顺应这些外部信息，从而达到学生与这些信息的新的平衡。由此，教学活动应当体现出学生从不平衡到平衡，再到不平衡的心理运动过程。

（五）人的发展是人在外部活动与内部活动的双重转化过程中实现的

外部的物质活动是人的活动的最初形式，也是人的发展的最初形式。通过外部的物质活动，人感知、玩味、操作着对象，并获得对象性状的直接的感性认识，从而获得最初的心理形式。内部的心理活动是人的活动的高级形式，也是人的发展的高级形式。通过内部的心理活动，人表征、加工、转化着对象，并获得对象间内在联系的理性认识，从而获得高级的心理形式。人的完整的活动包括外部的物质活动与内部的心理活动两个方面。正是通过外部物质活动的内化和内部活动的外化，人的发展实现了认知与情感、感性与理性、认识与实践的统一。

单纯注重学生的外部活动，就会使教学停留于一个感性或知性的认识水平，使学生的发展限于初级的发展形势。过分强调学生的内部活动，就会使教学过于抽象、枯燥，不利于学生的感性发展和实践能力的培养。理想的教学活动，应该在物质和语言两种水平上，同时打开外部活动的内化与内部活动的外化两个过程。

（六）人的发展是人在与其他人的交往过程中内化人类经验的结果

自然界的发展遵循一定的自然规律。同样，人的发展受一定的社会历史文化发展规律的制约。在社会历史文化发展的过程中，人改变着自己的观念和行为，并使其天生的素质和机能发生着变化，形成和创造出新的观念和行为方式。在此意义上，人的发展乃是个体将人类创造的历史经验加以掌握的产物。

人的发展，特别是人的高级心理机能的发展，不是人自身所固有的，而是个体掌握人类发明的语言符号，在与周围人的交往过程中实现的。即是说，语言符号和以语言符号为中介的交往，乃是人的发展的重要条件。人的发展，特别是人的高级心理机能的发展，不是单纯的外部活动所能达到的，而是个体将这种外部活动不断加以内化的结果。因此，教学活动的组织和设计，就是要使学生主要借助语言、符号、概念等精神工具，在与教师和其他学生的交往过程中，掌握和内化人类总体经验。其中，交往和内化是两个关键环节。

（七）人的活动与人的发展之间存在某种相关对应性

人是一种完整的存在。人的活动具有整体性。在完整的、全面的活动中，人得到完整的、全面的发展。反之，人要实现全面的、完整的发展，就必须通过全面的、完整的活动。人在不同年龄阶段的发展具有某种主导性的活动形式。这种主导活动在人的发展中起着主导性的作用。对中小学生来说，学习活动乃是他们的主导活动，并对他们的发展起着主导性的作用。人在不同年龄阶段具有发展上的阶段性特征，这种阶段性特征主要是通过人的活动形式以及活动的需要形式、动机形式表现出来的。活动的不同阶段，代表着人的发展的不同阶段，人的不同发展阶段是按活动的阶段而形成的。

要实现学生全面的、完整的发展，首先需要为学生组织和设计全面的、完整的活动。其次，需要根据教学内容、学生实际和教学目标，为学生组织和设计一种主导性的活动，分清主导活动与非主导活动的区别。最后，教学活动的进程需要体现出某种阶段性与层次性。

第二章

活动的本质内涵与多样化类型

要从根本上揭示出学生发展的活动机制，首先需要从学理上澄清和辨明"活动"概念的本质内涵。在本章中，我们将从三个方面对"活动"概念进行研究：（1）首先对"活动"范畴进行系统的考察，从中把握住"活动"范畴的本质规定性，这是我们理解"教学活动"的前提；（2）以此为基础，分析教学中的活动较之于一般活动及其他活动的特殊规定性，从而给出我们对"教学活动"的理解；（3）对活动的多样化类型进行分析和归纳，从而更为深入地理解"教学活动"的本质内涵及其表现形式。

一、活动范畴的基本规定

"活动"包含"活化"（activation）和"行动"（action）两层含义，目前已经成为哲学、心理学、社会学和生理学等学科中的一个基本范畴。在这里，我们将在系统考察哲学史上的"活动"范畴，分析几种有代表性的"活动"定义，以及辨析"活动与实践""活动与交往""活动、行为与操作"几对范畴的基础上，从一般的意义上揭示出"活动"范畴的规定性。

（一）活动范畴的哲学史考察

从原始宗教产生的前哲学到马克思主义哲学，人类对"活动"范畴的关注大致经历了五个阶段，它们分别是：前哲学时期的"万物有灵论"与"物活论"、古代早期自然哲学的"自然活动"观、古希腊哲学对"人的活动"的关注、近代认识论哲学对"人的认识活动"的讨论、德国古典哲学的"纯粹创造活动"观以及马克思主义哲学对"感性的实践活动"的著述。

1. 前哲学："万物有灵论"与"物活论"

在原始宗教产生的前哲学时期，原始人就开始了解释自身活动的努力。在原始人的眼中，人是灵魂与肉体的结合体，灵魂是活的，肉体是死的。原始人认为，人为了存在和活动，其首要的条件是确保灵魂在人体之内，因而"人的活动被解释为灵魂存在于体内"（费雷泽，1987），如果灵魂离开肉体，人就不能存在与活动。

在原始人看来，不仅人是有灵魂的，而且自然万物都是有灵魂的，因而都是活动的。这样，原始人不仅用活动指称人的存在，而且也用活动指称自然万物的存在，并形成了"万物有灵论"和"物活论"观念。但是，原始人又是从人的自身活动出发，用活动观念来观照自然万物的，在他们眼中的活动实质上仅指人的活动，仅指人的存在方式。

2. 古代早期自然哲学：自然活动

古代早期自然哲学的核心问题是万物的始基问题，因而自然哲学家们常常从万物的始基去解释人的活动。他们将万物的始基归结为物质性实体，同时认为人的灵魂也是一种特殊的物质而已，例如"赫拉克利特的'灵魂'，本质上就是火"，"芝特的'灵魂'，实际上就是有感觉的气"（叶秀山，1982）。这些早期自然哲学家认为，不仅人的肉体，而且人的灵魂都是物质的东西，而人的活动也是物质性活动，即自然活动。这就是古代早期自然哲学的自然活动观。按照这种自然活动观，人的活动在原则上与自然万物的运动没有两样，都是物质性实体的存在方式。

3. 古希腊哲学：人的活动

与早期自然哲学家不同，古希腊哲学家认为自然万物的始基、存在与活动，只能通过人才能得到解释，并且揭示了人的活动较之自然活动的优越性。

普罗泰哥拉认为，自然万物的始基不在人之外，而在人之中，"人是万物的尺度"。在他看来，人是感性的存在物，人的感觉都是真实的，因而通过人的感觉才能知道自然万物的存在与活动。因此，他将活动理解为人的感觉，认为感觉是人的本质活动，而人的感觉活动是自然万物的尺度。显然，普罗泰哥拉的历史功绩在于他将人类对活动问题的讨论从自然引向人，突出了人的活动在万物活动中的重要性。

受普罗泰哥拉的影响，苏格拉底认为自然万物的始基不是物质实体，而是精神实体即灵魂。在他看来，灵魂既无起始又无终结，是永恒的精神实体，同时灵魂又自己活动而不受动于外力，因而灵魂是万物运动的根本。在这里，苏格拉底区分了自动与运动，"一切无灵魂的东西由外力而动，但是灵魂者则自动，因为这是灵魂的本性"，"自动者必为运动之起始（始基、本原）"（叶秀山，1986），这就为研究人的活动奠定了新的基础。按照苏格拉底的理解，由于自动是灵魂的本性，那么自知就是人的本性，人的本质活动就是自我认识和自我意识，而人就是反思的动物，"认识你自己"也就是人的活动的重要任务。

亚里士多德批判性地总结了前人的哲学，将活动确立为一个哲学范畴，首次对活动的含义给予了明确的说明，并对人的各种活动进行了哲学分类。他认为，活动是潜能实现的过程，"看与见，想与想到……后一类的过程我名之为实现，前一类为活动"（亚里士多德，1983）[179]。他将人的活动分为三种：（1）人的感性物质活动；（2）以外物为对象的感觉、意见、回忆、理解等认识活动；（3）以自身为对象的理性活动（亚里士多德，1983）[247]。借助对活动范畴的分析，亚里士多德将人定义为"人是理性的动物"。

相对于早期自然哲学，古希腊哲学将对人的活动的哲学研究向前大大地推进了一步,具体表现为从研究自然活动发展到研究人的感性活动,从研究人的感性活动发展到研究人的理性活动。相应地,在人的问题上,古希腊哲学也从把人当做自然存在发展到将人当做感性存在,进而将人作为一种理性存在。

4. 近代认识论哲学:人的认识活动

近代的认识论哲学坚持从尺度的意义上理解人的活动,人的认识活动被规定为万物存在的尺度,因而对人的认识活动给予了极大的关注。

笛卡儿认为"我思故我在",贝克莱坚持"存在就是被感知",虽然前者是唯理论的,后者是经验论的,但相同的基本点是:哲学研究的重点应是活动(我思或感知),而不是存在(我在或存在)。在他们看来,无论是"我在"还是"存在",都只能通过人的"我知"或"感知"才能得到显现。"我思"或"感知"如何,"我在"或"存在"显现也就如何。换句话说,活动如何,存在就如何,因而活动是存在的存在尺度。在这里,他们实际上赋予人的认识活动以本体论地位,将人的认识活动作为万物存在的尺度。

其后,休谟将习惯理解为人的活动的最终原因,并将习惯确立为活动的人性原则。他试图为人的活动提供一个人性原则,也做出了认识活动本身的首次努力,但他并没有对活动本身的结构、过程做出太多的探讨。

康德不赞成笛卡儿和贝克莱的看法,认为认识活动不是万物存在的尺度,而是知识存在的尺度。在他看来,认识作为活动,有复杂而完整的结构。大致说来,认识就是由现象、先天形式(时空直接形式、概念范畴)、统觉(自我意识)组成的结构。认识活动是人的统觉运用若干先天形式,去综合整理联结感性内容并使之成为一个有机整体的过程。在这里,康德指出了认识活动的两个要点:一是认识活动的可能性的根据在于必须有一个先验的认识结构即先天形式,二是认识活动的能动性在于统觉即自我意识。按照康德的理解,认识活动不仅受到对象的限制,而且主要受先天形式的制约。因此,认识活动是一种他律性活动,而道德活动才是一种自律性活动。

显然,康德试图研究人的活动本身,但他并没有对活动做出一般性研究，甚至也没有将认识活动与道德活动统一起来。相反，康德使他律性的认识活动与自律性的道德活动对立了起来，并形成了人的活动的二律背反。但是，康德的研究又对德国古典哲学的活动研究起了先导的作用。

5. 德国古典哲学：人的"纯粹创造活动"

在康德之后，费希特、谢林、黑格尔等德国古典哲学家试图对活动进行一般性研究，解决康德哲学中活动的二律背反问题，并形成了统一的活动观——"纯粹创造活动"。

费希特认为，康德所指的活动是有对象限制的，是不彻底的。在他看来，自我的原初活动既无时间条件，也无对象限制，因而是纯粹的自我创造活动。自我通过活动设定自身，同时又通过活动设定非我为对象。非我的活动是自我的让渡。自我将活动让渡给非我只是为了通过非我规定自己，实质上就是自我规定自己。因此，自我的活动不仅是创造活动，而且也是自由活动。这样，费希特自然地将活动的意义界定为：创造和自由。

与费希特相似，谢林认为自我是纯粹的创造活动，活动在客观上表现为永恒的生成，主观上表现为无限的创造，因而活动就是历史的创造过程。但是，谢林又比费希特更为唯心。首先，在费希特看来，活动还必须依附自我，而谢林认为，活动不仅没有对象，而且没有主体，自我就是活动，活动就是自我；其次，费希特认为，自我一旦活动，就会受到自己活动的限制，而谢林认为，活动只有发展到自我意识时才能受到限制。

黑格尔批判了谢林的"绝对统一"。他认为，人的活动是绝对理念自我实现的一个环节，人的活动是自我创造和自我对象化。在活动中，人把自己的本质力量对象化，然后再扬弃对象，使对象化的本质回到自身。在这里，黑格尔将活动理解为人的自我创造和自我实现过程，因而抓住了活动的本质。但是，黑格尔又对活动做了抽象的理解，他将人抽象为自我意识，进而将人的活动只是认作人的精神活动和自我意识活动，而没有看到人的活动的现实客观性和丰富多样性。

6. 马克思主义哲学：感性的实践活动

通过以上考察，我们不难发现，古代、近代尤其是德国古典哲学家对活动范畴的哲学研究，高扬了人的能动性、创造性和自由性，突出了人在活动中的目的性意义。尽管大多数近代认识论哲学家对活动做出了唯心主义的理解，没有从根本上理解真正的感性活动和实践，但又为马克思创立辩证、科学的活动观，提供了理论来源和前提，同时为现代哲学对活动范畴的综合研究提供了极其丰富的思想材料。

马克思正是在批判继承以前哲学的活动研究基础上，提出了辩证科学的活动观。他把人的活动"当做人的感性活动，当做实践去理解"（中央编译局，1992）[16-18]，赋予人的活动以现实客观性、自觉能动性和社会历史性等特质；他将人的活动理解为人的社会存在方式，理解为人的感性的、能动的社会实践；他将人的活动理解为一种对象化活动，理解为人与对象之间能动而现实的双向对象化过程。在马克思看来，活动的初始形式是实际的感性活动，而物质生产活动是最基本的实践活动，只有在此基础上，才能生成其他各种活动形式，包括人的内部意识、思想活动、社会生活中的文化和艺术活动，等等（田慧生 等，2000）[66-67]。

（二）活动范畴的几种理解

关于"活动"范畴的定义，历史上大致形成了四种有代表性的观点和见解。

1. 皮亚杰的系统研究

关于活动范畴，皮亚杰没有下过明确的定义，有关论述大多散落在他的各种著述中。但是，我们仍然可以从最基本的几个方面去理解他的活动范畴。

活动的本质——主体与客体之间的相互作用。皮亚杰认为，人要认识客体，首先需要通过一定的中介将主体与客体联结起来。这个中介就是活动。或者说，活动就是主体与客体之间的相互作用。在这里，皮亚杰是从主体与客体的相互作用来把握活动的本质的，这种相互作用包括主体对客体的改造和客体对主体的改造。正是在主体与客体相互作用的活动中，人的认识才得以发生和发展。

活动的两个方面——主体的机能活动和外部活动。综合地看，皮亚杰对活动范畴的研究主要集中于两个方面：一是认识的起源，包括经验来自活动的理论和平衡是认识运动的内在机制的理论；二是主体与客体的关系，涉及主体认识结构和功能，发展过程中认识结构演进的内在机制以及主体能动性等问题。相应地，皮亚杰的活动范畴也可以概括为两个基本的方面：一是主体的机能活动，包括有意活动和无意活动，包括主体改造客体的同化活动和客体改造主体的顺应活动；二是主体的外部活动，包括主体对物体的碰、扔、推、擦等活动，主体从中获得关于物体特性的知识，同时包括相加性的动作协调以及自身活动方式的知识。

活动的三个研究角度——生物学、心理学和哲学。在发生认识论中，皮亚杰分别从生物学、心理学和哲学三个角度对活动范畴进行了综合研究，这也是他没有对活动给予明确界定的重要原因。关于活动的生物学基础，皮亚杰认为，动作图式最初是反射或本能图式，它们大部分是通过遗传获得的，与生物机体有着非常直接的联系。在他看来，儿童的最初认识正是起源于像"抓握""吸吮"这样的本能动作。因此，只有对活动进行生物发生学的探讨，才能说明生物主体向认识主体的转化。关于活动的心理学机制，皮亚杰从心理学的角度确立了以活动为起点的发生认识论，从而突破了哲学认识论的局限。在他看来，心理学意义上的活动包含两个层次：一是感知运动的活动。他以儿童实验说明儿童对知觉记忆的获得是同儿童的活动图式结合在一起的，从而突破了行为主义将知觉单纯看做外部刺激的产物；二是思维运算的活动。人的思维能力的大幅度跃迁，与外部活动的内化到形成活动技能有着直接的关系，即外部活动的内化过程就是观念和思维逐步加强的过程。这一观点突破了理性认识来源于感性认识，而感性认识来源于实践的传统观念。关于活动的一般哲学意义，皮亚杰的活动范畴强调认识起源于主客体相互作用的活动，强调活动是人的认识产生的基础，这与马克思主义的实践范畴十分接近。但是，皮亚杰的活动范畴侧重的是认识的个体发生，而马克思主义的实践范畴侧重的是社会群体的认识形成。另外，皮亚杰的活动范畴包括有意识的活动和无意识的活动，马克思主义的实践范畴则是社会主体在一定条件下运用工具有意识地改造客体的物质活动。

通过对皮亚杰活动范畴的分析和理解，我们发现：皮亚杰的活动范畴比较宽泛，并带有很强的生物学倾向；他对活动的社会机制重视不够，因而也很难揭示出个体认识的社会建构过程。同时，皮亚杰作为现代认知心理学的杰出代表，他又不可避免地忽视了非智力因素在认识活动中的重要作用。但是，皮亚杰对活动范畴的研究又为我们提供了很多重要的启示：活动是一个需要从生物学、心理学、社会学和哲学等多个角度加以综合把握的范畴；活动的本质在于主体与客体之间的相互作用和双向转化；活动的两种基本形式是主体的外部活动与内部活动。

2. 鲁宾斯坦的细致描述

作为活动理论的先驱，鲁宾斯坦（S. L. Rubinstein）认为，人的心理是在活动中形成的，因而需要从活动的基本形态，比如劳动、学习、游戏，来研究活动现象；活动是受客观因素所制约的，但不是直接的制约，而是借助活动的目标、动机等内部因素作为媒介的。在此基础上，鲁宾斯坦归纳了活动范畴的四个特征。（1）活动总是由主体实现的。与其说是动物或机械，不如说是由人类来实现活动的。或者更为简单地说，活动是由共同体的活动所提供的主体来实现的。（2）活动是主体与客体的交互作用。与其说活动是必然的、纯粹的、象征性的、架空的，不如说活动是基于客观的内容之上的。（3）活动总是具有创造性的。（4）活动是独立的。共同体的活动是承认这种独立性的（钟启泉，2005）。

与皮亚杰一样，鲁宾斯坦承认活动是人的认识发生和心理发展的基础和源泉，认为活动的本质是主体与客体的交互作用。稍微不同的是，鲁宾斯坦已经注意到活动的社会层面，开始从活动的共同体中去理解个体认识的社会机制。然而，他同样将活动定义为主体与客体之间的交互作用，而将主体与主体的交往活动，以及主体与自身的自我意识活动排除在外，实质上强调的是活动的主体性方面，抛弃的则是活动的社会性方面和个性方面。

3. 列昂捷夫的全面阐述

列昂捷夫认为，活动，尤其是外部的实践活动是人与客观世界之间的中介物，活动应是认识心理反应和认识意识问题的关键一环。他说："心理是活动的特殊形式，是物质生活和外部物质活动的结果和派生物，后者（外部活动）在社会历史发展的进程中转变为内部活动、意识活动；因此活动的结构和活动的内化就成为心理学研究的中心任务。"（赵慧军，1997）

按照鲁宾斯坦的观点，心理学的研究对象应包括实践活动，但只限于活动中的感知和思维等，以及以主体内部心理过程、状态为形式的那些特殊内容。而列昂捷夫则不仅将实践对象的活动视为心理反应的条件及心理反应的表现，而且将活动理解成一个有着内部运动（矛盾、分解、转换）规律的过程，而"这些矛盾、分解、转换产生着成为活动本身运动和发展的一个必不可少的因素——心理"（1980）[8]。借助马克思的实践范畴和维果茨基的"中介结构理论"，列昂捷夫认为，活动不是刺激—反应，也不是刺激—反应的总和，而是具有自己的结构、自己的内部转变和转化、自己的发展的系统（1980）[51]；活动不是对对象的简单反映，而是由动机、目的、条件、行为、操作所构成的完整体系。

在这里，列昂捷夫实际上从结构和过程两个方面对活动范畴进行了解释，认为外部物质活动与内部心理活动是活动的两种基本形式，外部活动的内化与内部活动的外化是活动的主要过程。不仅如此，外部物质活动包含着内部的思维动作和操作，内部心理活动也包括了外部的动作和操作。所有这些，都帮助我们更为深入地认识和理解活动的本质、结构和过程。同时我们也要看到，列昂捷夫主要是从心理学的角度，从人的意识、个性形成的方面，去解释活动范畴，对活动的社会性构成却重视得不够。

4.《苏维埃心理学词典》的经典表述

关于活动范畴，最具有代表性的表述当属《苏维埃心理学词典》（1987）对活动概念的界定："活动：主体与周遭世界之间的交互作用的动力系统，在这种交互作用的过程中对客体的心理表象得以表征与具体化。借助心理表象的中介，主体与客体世界的关系得以实现。"（钟启泉，2005）从活动范畴的这一界定中我们可以清楚地看到三点。（1）活动是人与周围世界之间的交互作用过程，这里的周围世界包括客观世界、社会世界与主观世界。或者说，活动的对象包括客体、主体的人和主体自身，相应地，活动既包括主体对客体的改造与认识活动，又包括主体与主体之间的交往活动，还包括主体对自身的意识或反思活动。（2）活动包含着多种相互作用和相互转化的过程。在这种过程中，不仅客体得以认识和改造，而且主体的认识、社会性和个性也得以发展。（3）活动是一个在多种关系中展开的动力系统。在这种系统中，人的各种关系得以展开，人的认识、社会性和个性也由此获得了发展的可能性。应该说，《苏维埃心理学词典》的这一表述为我们把握活动范畴提供了较为全面的思想资源。

（三）活动范畴的辨析

直到今天，哲学界和心理学界尚没有一个公认的"活动"定义。而在实际的使用中，人们又常常将活动与实践、活动与交往、活动、行为与操作等范畴混淆起来。为此，我们就目前的认识水平，对这些范畴之间的联系与区别，做些简单的分析。

1. 活动与实践

实践、活动与交往是三个紧密相连、但却不是一个层次的范畴。要从根本上把握住活动范畴，首先就要弄清实践、活动与交往三者之间的联系与区别。

实践作为一种社会现象，早就引起了哲学家的注意。古希腊哲学家苏格拉底曾说过："只要一息尚存，我永不停止哲学的实践。"（杨耕　等，2000）亚里士多德认为，"实践是包括了完成目的在内的活动"（杨耕等，2000）。在欧洲哲学史上，康德正式将"实践"概念引入哲学中，并提出了"理论理性"和"实践理性"的概念。在他看来，实践理性具有行动的能力和功能。具体地说，实践理性通过规范人的意志而支配人的道德活动，进而使人达到自由。可见，康德的"实践"没有脱离伦理实践的范围。

费尔巴哈把"实践"和"生活"联系起来，提出了一些富有启发性的见解，如"理论所不能解决的那些疑难，实践会给你解决"（杨耕　等，

2000)。他把生活、实践看做理论的来源，从而反映了唯物论本质。但是，他却把实践仅仅看做吃喝、享用对象等活动，没有真正理解人的实践活动。

黑格尔提出了"实践理念"的概念，并把它作为达到和实现"绝对理念"的一个必经的环节，认为理论理念的任务是消除主观性的片面性，即接受存在的世界，使真实有效的客观性作为思想的内容；而实践理念高于理论理念，它的任务在于扬弃客观世界的片面性，按照主观的内在本性去规定并改造客观世界的事物和现象。在这里，黑格尔不仅指出了理论活动与实践活动的区别，而且揭示了实践活动的创造性特征。但是，黑格尔所理解的实践在根本上又是抽象的理论活动，现实的实践活动只是这种抽象理论活动的"样式"。

马克思在综合、批判前人实践学说之后建立了辩证科学的实践观，认为实践是人有目的地改造和探索现实世界的一切社会性客观物质活动。在他看来，实践是人类根本的社会存在方式；实践本身具有客观实在性，它首先是一种"感性活动""感性的人的活动"；实践是认识的来源和归宿，它不仅包括人的客观的物质实践活动，还包括人的精神实践活动；人类的实践创造了和创造着自然界的外部世界和人的内部世界。更为明确地说，实践是处在一定社会关系中的人与对象之间能动而现实的双向对象化过程。

比较而言，我们可以从以下几个方面来理解实践与活动的区别与联系。（1）活动是个一般性的概念，而实践是个特殊性的概念，二者是一般与特殊的关系。活动包括人的一切不同活动形式，既包括可直接观察到的外部物质活动，又包括不能直接观察到的内部活动和精神活动。而实践是指主体的人以一定的工具为中介，有目的有意识地改造客体的客观物质活动，因而具有客观现实性和可观察性。（2）活动与实践的本质内涵既有联系又有明显的区别。从认识论角度看，活动的本质在于主体与对象之间的相互作用，这里的对象包括客体、其他主体和主体自身。与活动相同，实践的本质在于主体与客体之间的相互作用，它专指主体改造客体的物质活动。（3）活动范畴涵盖实践范畴，实践是活动范畴的核心部分。活动范畴比实践范畴大得多，并且是实践范畴的渊源和自然延伸（王策三，

2002）[208]。但是，实践一般处于活动范畴的中心位置，是活动范畴的核心部分。正因如此，人们常常将这部分活动叫作实践活动。（4）活动范畴与实践范畴在解决人类发展问题中的功能和作用略有不同。借助实践范畴，马克思揭开了人类认识的发生、发展之谜，从宏观上揭示出了人类总体认识的发生、发展机制。而皮亚杰和活动理论的先驱们借助活动范畴，从更为微观的角度，揭示了个体认识、社会性和个性发展的内在机制。

2. 活动与交往

关于活动与交往两个范畴，我们可以借助马克思的有关著述去理解它们。

马克思认为，人类的任何一种实践活动都必然发生主体与客体之间的自然关系和主体与主体之间的社会关系。他在《德意志意识形态》中写道："人类活动的一个方面——人们对自然的作用。另一方面，是人对人的作用……"（中央编译局，1960）[41] 他又说："生产……表现为双重关系：一方面是自然的作用关系，另一方面是社会关系。"什么是"社会关系"，"人对人的作用"呢？"社会关系的含义是指许多个人的合作"（中央编译局，1960）[33]，合作就是交往；"人对人的作用"就是指许多个人合作中的相互作用，亦即相互交往。此外，马克思还在《雇佣劳动与资本》中指出："人们在生产中不仅仅同自然界发生关系。他们如果不以一定的方式结合起来共同活动和相互交换其活动，便不能进行生产。为了进行生产，人们便发生一定的联系和关系；只有在这些社会联系和社会关系的范围内，才会有他们对自然界的关系，才会有生产。"（中央编译局，1960）[486] 通过马克思的其他著述，我们还可以了解到：人与自然之间的作用关系又是人与人之间交往关系的前提和基础。或者说，主体改造客体的客观物质活动是主体与主体展开交往活动的基础。

由此，我们可以揭示出活动范畴与交往范畴的大致关系。（1）活动是一定交往关系中的活动，交往则是活动中必然发生的一个方面。活动是在一定的交往关系中得以展开的，反过来，活动又现实地展开和丰富着这些交往关系。活动不仅包含着主体对客体的认识和改造方面，同时包含着主体与主体之间的交往和合作方面。（2）如果说活动包括主体对客体的认识活动和实践活动、主体与主体之间的交往活动以及主体对自身的自我意识活动等多种活动形式，那么，交往活动则是一种必不可少的活动形式。（3）如果说主体与客体的自然关系是主体间交往关系的基础和前提，那么，主体对客体的认识活动与实践活动则是主体与主体之间进行交往活动的前提和基础。然而，交往活动又是认识活动、实践活动得以进行的必要条件。

3. 活动、行为与操作

活动、行为与操作是活动理论中的三个基本概念。在活动理论的视野中，活动是一个由需要、动机、目的、达到目的的条件以及与这些成分相关的活动、行为、操作等组成的一个层级系统。那么，活动、行为与操作之间的关系究竟如何呢？

根据活动理论的相关论述和我们前期的研究，我们可以对活动、行为与操作三个概念之间的关系做出如下几点说明。

（1）活动是指主体为着某种目的而采取的行动，它与主体的需要和动机有关；行为是主体基于特定的欲求，为了实现特定的目标，并选择各种各样的手段去实现目标的活动，它与主体的目的有关；而操作是指主体的行为方式，也就是工具的使用方式，它与实现目的所需要的条件有关。在这里，行为包含了活动的所有基本要素，并拥有活动的全部特性：由一定动机产生，以一定的目的为导向，并指向一定的客体；此外，行为又包含着实现行为的整套的操作；最后，行为与活动一样也是由主体完成的，是具体个性的积极性表现。

（2）活动是人类生活的基本实现单位，行为则是活动的基本实现单位，而操作又是行为的基本实现单位。此外，一种行为可以实现不同的活动，而同一形式的活动可以由不同的行为来实现；同样，一种操作可以实现不同的行为，而同一形式的行为又可以由不同的操作来实现。在此意义上可以说，活动就是一个由各种行为、操作构成的层级性结构。

（3）活动与行为、行为与操作之间存在内部的相互转化关系。活动与行为之间可以相互转化，同样，行为与操作之间也可以实现相互转化。正是活动、行为与操作之间的相互转化，活动才不仅使人作为主体和个体而存在，而且也形成着人本身，丰富和发展着人的主体性和个性。

（四）活动范畴的基本规定

综合人类对活动的基本认识成果和前面的分析结果，我们可以从两个方面来把握"活动"范畴的基本规定性：活动是人的社会存在方式；活动是人与对象之间能动而现实的双向对象化过程。

1. 活动是人的社会存在方式

人是通过活动存在和发展的。在活动中，人不断实现着自己的生活，创造着自己，形成着自己。人建构自己的活动，在活动中人不断地展开自己，使自己的本质力量对象化，从而确保自己，直观自己，达到自我认同。换句话说，活动如何，人就如何，活动是人存在的界限。活动的独特性和个体性又表明每个人的独特存在和个性存在；活动的超越性表明人的生活和个性的改变、形成和发展的方向性。社会中生活的具体个人之所以互相区别，每个人都是有别于其他人的个性存在，恰恰是由个人的独特活动造成的。那么，不论是从普遍性还是从个性存在的角度看，活动都是人的存在方式。

人是活动的主体。但人作为活动的主体，不单纯是肉体的自然性主体，在本质上是社会性主体。在活动中，人不是以纯粹自然的和刻板单一的形式出现，相反，人要在接受社会的塑造和训练中，在参与社会的各种对象性关系中，获取和占有社会所提供的各种资料和手段，如经验、知识、技能、工具、方法等，从而使人发展出多种多样的本质力量，进而能够从事各种各样的活动。因此，虽然个人的活动可以采取与他人合作进行和自己单独进行两种方式，但无论哪种方式，个人的活动都不能脱离社会，因为不仅活动的前提条件是由社会产生的，而且人及其对象都是由社会产生的，都具有社会历史性。离开了社会，不仅个人无法作为人而存在，而且个人也不能作为人来建构自己的活动。更为重要的是，个人的活动总是发生在一定的社会关系之中，总是实现着一定的社会关系。在社会关系系统之外，任何活动都将不再以人的活动的形式存在，因而也不再是人的活动了。正因如此，活动是人的社会存在方式。

2. 活动是人与对象之间能动而现实的双向对象化过程

活动是人与对象之间相互作用的运动。在这种相互作用中，一方面是人通过物质和能量的输出改变着对象，另一方面是对象的某些方面延伸、融入、内化到人的生命结构之中，从而改变着人。换句话说，主体对象化（主体客体化）和客体非对象化（客体主体化）是人类活动的两个基本方面。它们互为前提、互为媒介。而活动就是人与对象之间能动而现实的双向对象化过程。主体对象化是指人通过活动使自己的目的、理想、知识、技能、能力等本质力量转化为对象物，即主体的本质力量积淀、凝聚和物化在对象之中。在这个过程中，对象按照主体的要求和需要发生了结构和形式上的变化，形成了以前所没有的种种对象物；客体非对象化是指客体从客观对象的存在形式转化为主体生命结构的因素或主体本质力量的因素，即客体失去对象化的形式，转而变成主体结构的一部分。在这个过程中，主体将客体的某些方面作为直接的生活资料加以消费，或者将活动工具作为自己身体器官的延伸包括在自身的生命活动之中。

通过活动的这种双向对象化运动，主体通过外部物质活动玩弄、改造和变革客体，从而暴露客体的性质，并经过知觉途径获得感性经验和直接经验。同时，主体作用于客体的外部物质活动又通过非知觉途径内化于思维之中，形成主体的认识结构。主体的认识结构对客体的刺激起同化作用，包括选择、过滤、组合等，而客体的刺激又推动着主体认识结构的不断变化，即主体认识结构的不断改组和重建。正是这种双向对象化运动，构成了活动的基本过程，同时发展着人的主体性和个性。

二、"教学活动"概念的本质内涵

什么是教学活动？这是研究教学活动与学生发展问题必须弄清的第一个问题。在弄清"活动"范畴的基本规定性之后，我们将在分析教学活动概念的几种日常理解和学术理解的基础上，对教学活动概念的本质内涵给予说明。

（一）教学活动概念的日常理解

"教学活动"是教学论中经常使用然而定义又很不规范的概念，这一方面是由于人们总是在不同层次，从不同角度和不同取向上理解的结果，另一方面则是人们在日常生活中形成了关于教学活动概念的各种不同的日常理解。关于"教学活动"概念的日常理解，大致有四种比较典型的看法。

1. 教学活动即教学实践活动

持这种看法的人将教学活动理解为狭义的教学实践活动，即学生在教师指导下运用一定的物质手段，有意识有目的地作用并改造教学客体，从而获得认识发展的感性物质活动。这首先是因为实践活动一般处于活动范畴的中心位置，而且活动概念涵盖实践，有一部分是二者通用的，故人们习惯性地将其称为实践活动。其次，这与人们不能正确地区分活动与实践两个范畴有关。前面我们已经指出，活动是个一般性概念，它既包括感性的实践活动，又包括理性的认识活动。显然，实践活动只是教学活动的一部分，只是教学活动中比较特殊的那一部分。最后，最近几年国内关于教学与生活关系的争论，以及新课程改革方案对自主、合作、探究等实践环节的强调，又强化了人们的这种认识和理解。将教学活动理解为教学实践活动，有利于加强教学活动中的实践环节，有利于培养学生的实际操作能力。但是，如果将教学活动等同于教学实践活动，就会在一定程度上割裂教学认识与教学实践之间的辩证关系，忽视学生的认识活动和理性思维，不利于学生对基础知识的系统掌握和理性思维能力的形成。

2. 教学活动即预期的教学行为总和

即把教学活动理解为可以观察到的、可以预期和控制的教学行为。这种看法使教学活动能够按照人们的预期进行，从而增强了教学活动的可预见性和可操作性，但它的缺陷也是比较明显的。首先，片面注重教学活动的预期结果和可操作性，必然会削弱教学活动对学生发展的整体效应；使用预设的教学目标去规定生动活泼的教学活动，又必然会限制教师、学生的自主性和创造性。更为重要的是，实际的教学活动结果绝不是我们可以完全预期的。相反，教学活动会在展开的过程中产生大量有益的非预期的结果。例如，学生通过教学活动，在情感、意志、态度、心灵、价值观和创造性等方面或许都会产生我们难以预期的变化，而且这些变化往往又是非常重要的。其次，将教学活动理解为外显的、可以观察的行为，必然会忽视学生在知识建构和意义形成中的内部变化过程。完整、有效的教学活动，不仅需要学生在行为上的表层参与，而且更需要学生在思维上的深层参与。而学生积极的思维参与和复杂的内部认识过程，又往往是我们无法预期和观察得到的。

3. 教学活动即相对独立的活动单元

持这种看法的人认为，活动是实现教学的基本单位，教学是由若干相对独立的活动单元组成。这种看法在国内较为普遍。受到苏联凯洛夫教学论体系中"六环节"教学进程的影响，人们常常认为，教学就是由组织、导入、讲授、理解和练习、巩固和应用以及布置家庭作业等几个环节组成，相应地，教学活动也可以分成这样几个相对独立的活动片段或活动单元。在实际的教学设计和教学实施过程中，教师一般也会设计几个相对独立的教学活动单元，并大致按照这几个活动单元的先后序列展开教学。将教学活动理解为相对独立的活动单元，注重教学活动的计划性和规范性，能够帮助教学活动沿着既定的方向有计划地进行，能够使教学活动进程体现出比较清晰的线索和脉络，从而方便教师对教学活动的控制和管理。但是，它又会削弱教师在教学活动的完整性、层次性和阶段性等问题上的思考能力，也不利于教师对主导性教学活动的设计与实施。另外，实际的教学活动进程并不是与先前的教学活动单元安排完全一致，很多教学活动是在循环反复的过程中进行的。

4. 教学活动即师生互动

即把教学活动理解为师生之间以语言为媒介而进行的对话与交流、沟通和协商。在教学活动中,学生建构知识的核心环节在于师生互动。互动本身是一个师生以课程知识为中介进行对话和交流的过程,其中也包含着师生之间的各种矛盾和冲突。这意味着,师生互动不仅体现了各种内外因素对学生知识建构的制约性,也体现了学生知识建构的自主性。在此意义上,教学活动也是师生之间通过不断的对话与交流、沟通与协商而探究课程知识的互动过程。相对而言,师生交往既表现在认识上,又表现在伦理和情感上,是师生之间多层次的综合交往关系,而师生互动主要表现在课程知识的建构方面。如果说师生交往是教学互动的表现形式,那么,师生互动则是教学交往的实质内容,因为师生互动是学生知识建构的关键环节,决定了学生建构知识的广度和深度。将教学活动理解为师生互动,集中地体现了教学活动的双边性,也反映了学生知识建构的核心环节,有利于教师从教与学、教师与学生的双向关系中,去思考、设计和实施教学活动。但是,教学活动中的互动,不仅表现于师生和生生之间的互动,也表现于学生与课程知识的互动,还表现于学生与自身的互动。因此,单纯从师生互动方面去理解教学活动,并不能说明教学活动的全部内容。

(二) 教学活动本质的学术理解

最近二十年,国内教学论学界在教学活动本质问题的讨论中大致形成了五种有代表性的观点。分析各种观点的基本主张和方法论特征,可以帮助我们更为清晰地把握教学活动的本质内涵。

1. 特殊认识活动说

在关于教学活动本质的各种观点中,特殊认识活动说是影响最大同时争议最多的一种学说。这种学说从马克思主义哲学的"认识"范畴出发,在区分一般认识和教学认识的基础上,认为教学活动主要是在实践基础上相对独立的特殊认识活动(王本陆,2001)。它强调教学活动从本质上说是学生独特的个体认识活动,即在教师领导下学生通过认识选择加工后的人类文明精华成果从而获得身心发展的活动,认为教学认识活动既遵循认识活动的一般规律,同时又有自身独特个性和特殊规律,主要表现在它是在教师领导下的学生个体认识，是以间接经验为主的认识，是具有发展价值和以发展为宗旨的认识。此外，特殊认识活动说所指的认识活动既包含认知过程，同时又远远超出认知过程，它有系统全面的心理机制，更有具体复杂的社会机制。

教学活动既包括感性的实践活动和理性的认识活动，又包括内部的情意活动和师生之间的交往活动。其中，认识活动无疑是教学活动的主体部分，通过教学认识活动促进学生的认识发展无疑是教学活动的主要任务。特殊认识活动说抓住了教学活动的主体部分，把握住了教学活动的基本特性，并试图综合运用哲学认识论、心理学和社会学的研究成果，从认识活动的双向对象化运动过程中，揭示了教学认识活动基础上学生认识发展的实现机制。但是，由于人们的片面理解和特殊认识活动说在理论上的缺陷，又使它在实践中暴露出了一些不足。首先，特殊认识活动说强调教学中的认识活动，这本身并没有错，而问题在于它把实践活动、交往活动以及情意活动仅仅看做是认识活动的派生物，是为学生的认识发展服务的，这在一定程度上忽视了学生的社会性发展和个性发展；其次，特殊认识活动说比较深入地揭示了学生个体认识发展的机制，却对学生社会性发展和个性发展的机制关注得不够。而在学生的认识发展方面，它揭示了学生认识发展的心理机制，却对学生个体认识发展的社会建构机制重视得不够。

2. 认识—发展说

认识—发展说认为，教学活动不仅是一个认识过程，而且也是一个促进学生身心全面发展的过程。其中较为典型的表述是："在教学过程中，学生对客观世界的认识，由不知发展到知，由知之不确切不完全发展到比较确切比较完全；同时，他们的体力、智力和情感、意志、思想品德等也得到发展。所以，教学过程实质上是教师指导下的学生个体的认识过程和发展过程。"（瞿葆奎，1992）

这种观点不仅强调了教学中的主导性活动——认识活动，同时注意到了其他活动在教学中的重要性，不仅强调了学生通过认识活动而实现的认识发展，而且也关注学生在体力、情感、意志和思想品德等方面的发展状况，因而是一种比较折中的观点。但是，此理论前提是首先承认学生的认识活动和认识发展较之其他方面的优先性，所谓的学生全面发展是建立在学生的认识活动和认识发展基础之上的，因而它使用了"同时"二字。大量的实践证明，单纯的认识活动和认识发展并不能完成学生全面发展的任务，学生的全面发展需要设计相对全面的教学活动。另外，认识—发展说将"认识"和"发展"两个不是并列关系的范畴并列起来，容易让人在教学中的认识活动和学生发展之间错误地画上等号。实际上，发展是一个较为宽泛的范畴，它不仅包括认识发展，而且包括社会性发展和个性发展。

3. 认识—实践说

认识—实践说的主要理论基础是马克思主义认识论。马克思主义认识论包括认识和实践两个基本方面。其中，认识是在实践基础上主体与客体相互作用的过程，实践是认识的基础、来源和归宿。按照马克思主义认识论的观点，认识过程是一个辩证运动过程，认识的获得往往需要通过从实践到认识再到实践的不断循环；实践是检验认识成果的最终标准。"据此，我们可以说，教学过程是学生在教师的指导下，对人类已有知识经验的认识活动和改造主观世界、形成和谐发展个性的实践活动的统一过程。"（李秉德，1991）与特殊认识活动说一样，认识—实践说也论及了教学活动的特殊性。

教学活动是教学主体和教学对象之间的相互作用过程，它包括外部物质活动与内部认识活动两个基本方面，包含外部物质活动的内化和内部认识活动的外化两个基本环节。认识—实践说肯定了这一点。同时，认识—实践说从认识和实践两个方面去概括教学活动的本质，又有利于加强教学过程中的实践环节。然而，认识—实践说几乎是马克思主义认识论在教学活动中的直接翻版。相对于特殊认识活动说，它并没有取得多少实质性的突破。近些年来的教学论研究已经证明：如果简单地用马克思主义哲学认识论代替教学认识论，机械地套用"实践—认识—实践"公式；既将马克思主义哲学认识论中的"实践"范畴放置于方法论和认识论的位置上，又放置于具体教学活动的位置上，结果是影响了教学活动的深入研究（李松林，2005）。

4. 交往活动说

在关于教学活动本质的讨论中，交往活动说是近年来备受关注的一种学说。交往是人的存在和发展方式，人总是在一定的交往关系中存在和发展。同时，人的任何一种活动都包含着两个基本的向度：一是主体对客体的作用关系，二是主体对主体的作用关系。后者就是合作关系，是交往关系。换句话说，活动始终是关系中的活动，是交往中的活动。离开了交往和交往关系，不仅人的活动无法存在和发展，就连人自身的存在和发展也成为问题。狼孩的故事很好地说明了这一点。正是在这个意义上，交往活动说认为教学活动就是师生之间以课程为中介的多向合作、交流和交往过程。

实际上，作为人类重要的社会活动，教学活动中大量地存在教师与学生、学生与学生之间的交往，存在多种多样的交往形式。没有教师与学生、学生与学生之间的多样化交往，教学活动就无法发生。因此，交往不仅是教学活动的前提和基础，而且是学生发展的必需条件。如果说认识活动直接地发展了学生的认识，那么，交往活动就为学生的认识发展提供了必要的条件和动力。更重要的是，教学中的交往活动直接为学生的社会性发展开辟了一条现实的道路。或者说，交往是学生社会性发展的内在机制。但是，交往活动说简单地使用交往活动来代替丰富多彩的教学活动，问题也就随之而来。按照马克思的观点，主体对客体的作用关系始终是主体对主体的交往关系的基础。换句话说，在教学活动中，学生对教学客体的认识和实践才是教学交往的真正基础。此外，如果说借助交往范畴，我们可以比较深入地揭示出学生社会性发展的机制和学生认识发展的社会机制，那么，学生认识发展的心理机制和个性发展的活动机制在这里就无法完全暴露出来。

5. 多重本质说

多重本质说认为，教学活动既不是单一的认识过程，也不是单一的发展过程，而是一个多层次、多方面、多形式、多序列和多矛盾的复杂过程。持这种观点的学者主张采用系统论的观点，从整体性和全过程上对教学活动的各个侧面进行客观的、系统的、全面的、综合的分析研究。例如，"从哲学认识论来分析，教学过程是一种特殊的认知过程；从心理学分析，教学过程是学生以认知为基础的全面的心理活动过程和以能力为核心的个性心理统一培养、塑造和发展的过程；从社会学、伦理学来分析，教学过程还是对学生进行思想品德教育，丰富学生精神生活，促使个体社会化的教育过程……"（瞿葆奎，1988）

教学活动是一种包含多重过程和多种意义的复杂现象。多重本质说试图从多个学科角度，从多个侧面去分析揭示教学活动的本质特征，帮助我们认识到了教学活动的复杂性和丰富性，可以避免我们在教学活动本质问题上的认识片面性。但是，按照多重本质说的方法论原则，我们可以永无止境地罗列教学活动本质的各个方面，到头来教学活动的本质还是一个悬而未决的问题。其次，多重本质说试图从多个学科视角去分析和揭示教学活动的本质，但并不能保证这些分析和揭示的结果就是教学活动的本质。同时，如何将这些分析和揭示的结果有效地整合起来，从而在总体上抽象教学活动的本质，也是多重本质说没有解决好的问题。

（三）教学活动概念的本质内涵

至此，我们可以明确地提出我们对"教学活动"概念本质内涵的基本理解：教学活动是教学的基本实现单位，是教学主体在一定教学关系中借助语言、物质等中介性工具，与教学对象之间能动而现实的相互作用过程。关于这一界定，我们做出以下几点说明。

1. 教学活动总是由教学主体发起，并由教学主体承担和实施的

这里的教学主体就是教师和学生。同时，教学活动总是指向一定的对象，即教学对象。这里的教学对象主要包括作为客体的课程、作为主体的其他人（教师和学生）以及作为主体的自身（教师自我和学生自我）。联结教学主体与教学对象的中介，或者说，教学主体与教学对象之间的相互作用，就是教学活动。显然，将教学主体与教学对象联结起来，或者说，使教学主体与教学对象之间发生相互作用，一般又必须借助一定的中介性

工具。这些中介性工具主要包括两类：一类是语言符号；另一类是物质性工具，如教具和多媒体技术。

2. 教学活动总是在一定教学关系中发生、发展的

与教学主体与教学对象的主要构成相对应，这些教学关系主要包括三种：（1）主体（教师或学生）与课程的关系，即主体—客体关系；（2）主体与其他主体的关系，即主体—主体关系；（3）主体与自身的关系，即主体—自身关系。在这三种教学关系中，相应地发生三种基本的相互作用过程：主体与课程的相互改造、主体与其他主体的相互交往以及主体与自身的自我意识。自然地，教学活动存在三种最基本的方式：一是教学主体对教学客体的认识活动和实践活动；二是教学主体与其他教学主体的交往活动；三是教学主体对自身的自我意识和自我评价活动。

3. 教学活动总是教学主体与教学对象之间的双向作用过程

教学活动是教学主体与教学对象之间的双向对象化过程，即教学主体的对象化和教学对象的非对象化。通过教学活动，不仅教学对象的结构和形式会发生变化，同时，教学主体本身的结构和形式也会得到改造。在这种双向作用和相互转化的过程中，学生的认识、社会性和个性得以发生、发展。这正是教学活动的奥秘和本质之所在。

4. 作为实现教学的基本单位，教学活动总是具有一定的目的性

作为一种目的性存在，教学活动不仅总是受制于一定的社会历史条件，因而具有鲜明的社会历史性，重要的是，它需要教学主体发挥自身的自觉能动性和自主创造性。从这个意义上说，教学活动不仅是现实的，而且也是能动的。

三、教学活动的多样化类型

从本质上说，教学中的活动是教学主体与教学对象之间的相互作用过程。但是，由于范围、领域、对象、目标、形式等方面的不同，教学活动具有多种多样的表现形态，并呈现出层次和水平上的差异性特征。全面地分析和把握教学活动的多样化类型和差异性特征，有利于我们更为深入地理解教学活动本质的丰富内涵。下面，我们将以北京市文汇中学周霄雪老师的一节物理课堂教学为例，具体分析教学活动的多样化类型和差异性特征（如表 1 所示）。

表 1　教学活动的多样化类型

领域	客观世界	实践活动	认识活动	审美活动	评价活动
	社会世界	师生交往活动		生生交往活动	
	主观世界	自我意识、自我反思与自我评价活动			
对象	教学客体	实践活动	认识活动	审美活动	评价活动
	教学主体	师生交往活动		生生交往活动	
	主体自身	教师的自我活动		学生的自我活动	
目标	三大领域	认知类活动	技能类活动		情意类活动
	三种取向	行为类活动	生成性活动		表现性活动
	三个维度	知识—技能类活动	过程—方法类活动	情感—态度—价值观类活动	
构成	外部活动	感知活动	操作活动		言语活动
	内部活动	认知活动	情感活动		意志活动
形式	个体		个体活动		
	小组		小组活动		
	群体		群体活动		
层次	对客体的作用程度	感知活动	操作活动	认识活动	创造活动
	思维介入的程度	感性活动	知性活动		理性活动
	活动的总体水平	记忆型活动	理解型活动	探究型活动	创造型活动

《声音的产生和传播》

（北京市基础教育课程教材改革实验工作领导小组，2005）[285-288]

——教学活动的多样化类型

[教学目标]

（一）知识与技能

1. 知道声音是由物体振动产生的。

2. 知道声音传播需要介质，声音在不同介质中传播的速度不同，知道声音在空气中的传播速度。

3. 通过网上学习培养学生获取信息、处理信息的能力，运用现代技术的操作能力。

（二）过程与方法

1. 通过网上的观察与演示实验相结合，通过网上学习与学生动手实验相结合，使学生获得各种体验，激发学生的学习热情。

2. 通过网上的观察与演示实验相结合，通过网上学习与学生动手实验相结合，培养学生观察和实验的能力，得到声音是如何产生，声音是如何传播的正确结论。

3. 通过网上论坛专栏使课堂教学得到延续，使学生的学习得到延续。

（三）情感、态度与价值观

给学生最大限度的主动学习的精神自由，给学生自主选择学习素材的权利，给学生充分表达意见的权利，重视他们与众不同的疑问和想法，在课堂上形成一种师生平等、合作、和谐的气氛，形成一种优化的学习环境，使每个学生积极主动地参与教学活动，促使他们动脑、动手和动口。

[教学过程]

上课之前，教师将本节课的学习内容、学习目标、学习用的基本素材等内容挂在学生熟悉的网页上。

在这个网页的界面上开设了声音的产生、声音的传播、声音的应用、思考与练习、课堂小结、网上论坛等菜单。每一个菜单下都有与本节学习内容有关，而又大大超出教材内容的学习素材。

如在声音的产生菜单下，有海浪的涛声、火车、汽车、轮船的鸣笛声、婴儿的哭声、乐队的演奏声，有扬声器的发声、鼓面的发声、琴弦的发声、学生唱歌时的发声、声叉的发声等生动的视频、声频素材。

因为是初二年级的学生，对于网络环境下的学习活动，教师要进行有效的指导，因此在每个菜单下都有学生熟悉的提示语，通过提示语使学生受到启发，为完成本节课的学习任务，为提高学习技能和学习能力，让学生进行有针对性的观察、思考、分析和判断。

教学活动单元一：学习声音的产生

教师提出明确的研究问题，研究声音的产生。

开始上课，教师通过一些视频为学生创造声音的环境。在这种氛围中，学生开始了对声音现象的研究。

学生点击声音的产生菜单，可以获得强烈的声音感觉，获得声源方面的学习素材。

在网络环境下，学生要进行有意义的学习，教师要进行适当的指导。在这个菜单中有这样的提示语：你熟悉这些发声的物体吗？你能观察出它们是怎样发出声音的吗？这些发声的物体共同特点是什么？

学生通过进一步观察，可以发现发声的物体都在振动。由此引导学生得到：一切正在发声的物体都在振动。振动停止，物体也就不再发声了。

通过在网上学习，学生获得了"声音的产生"的有关知识。

教学活动单元二：学习声音的传播

教师继续向学生提出学习任务，声音是如何传播的呢？

在声音的传播菜单下：有声控灯、同学间的交流等声音在气体中传播的例子；有敲击鱼缸鱼吃食、水下鲸鱼间的联络、水上芭蕾等声音在液体中传播的例子；有通过敲击钢轨的传声、有学生通过电话的传声，有大夫通过听诊器的传声等声音在固体中传播等视频、声频素材，有模拟声音在空气中传播过程的课件。

学生点击这个菜单，可以获得声音在各种物质中传播的丰富实例，为学生认识声音可以在气体、液体、固体里传播奠定了基础，同时开阔了学生的视野，丰富了学生的认知背景。

这个菜单中有这样的提示语：你能说出你的同学、水下的鱼、花样游泳运动员、大夫等是通过什么物体或物质听到声音的吗？

通过学生的观察、思考、分析和判断，学生可以说出声音是通过气体、液体和固体等物质传播的。

教学活动单元三：体验声音在介质中传播

在声音的传播菜单下还有这样的提示语：你想实际体验一下声音的传播吗？你想验证一下你总结的结论吗？请你动手做一做。在设计本节课的时候，如何使学生获得直接体验，保持物理学科的教学特色，教师做了认真的考虑和安排。教室里放置了一些可供学生亲手操作的实验器材。操作这些实验器材，学生可以探究和验证声音在各种物质中传播的结论。

学生通过小组形式的动手实验，获得亲身体验，验证自己得出的结论，获得了成功感。

这种实验的方式改变了教师动手做实验，学生观察实验的教学模式；改变了学生看教材上的实验步骤然后动手做规定性的实验的教学模式；改变了学生仅仅是看实验的教学模式。

这种教学设计在物理学科教学中，在网络环境下的教学中是一种新的尝试和实践。

教学活动单元四：学习声音的应用

教师继续向学生提出学习任务，了解声音的应用。

学生点击声音应用的菜单，可以看到声音在实际生活、生产、科技中应用的例子，如声音在医学上应用的例子，声音在军事上应用的例子，等等。

通过点击菜单，丰富了学生对声音现象的认识，使理论联系实际得到落实，进一步扩大了学生的视野。

在这个菜单里有这样的提示语：你能理解声音在这些方面的应用吗？你能对其中的一些应用声音的例子做出解释吗？请试试看。

通过观看这些例子，使学生看到物理知识在生活、生产和社会各个方面中的广泛应用，而这些物理知识的形成又是来自于生活，来自于社会。

学生通过对声音现象的解释，加深了对所学概念的理解，同时能够有效地记忆所学的内容。

教学活动单元五：课堂小结

在课堂小结的菜单下，有这样的提示语：通过网络环境下的学习活动，你获得了哪些关于声音方面的知识？你得出了哪些重要的结论？能小结一下吗？

在这个菜单下，教师将本节课学习的重点内容和重要的结论等，都以学生熟悉的方式放在了上面。

学生浏览后，与自己形成的结论和小结进行对比，进行反思，从而培养学生的总结概括能力。

教学活动单元六：思考与练习

在思考与练习的菜单下，有这样的提示语：你可以选择一些题目做一做，可以将你做的结果放在网上论坛上面。

在这个菜单里有一些可供学生思考的问题，有一些让学生动手练习的题目，这些题目学生可以进行选择，学习基础不同的学生可做不同难度的题目。

通过思考与练习中的问题解决，培养学生分析问题和解决问题的实际能力。

教学活动单元七：网上论坛

网上论坛的菜单是课堂教学的延续和延伸。

在这个菜单下有这样的提示语：本节课的学习有困惑你的问题吗？如果有，请提出来，我们可以一同解决。这节课你的最大收获是什么？能说出来和同学们共享吗？你对某个问题有自己的见解吗？可以将你对这个问题的见解和同学们一起交流。你有不同于网上所列举的例子吗？让我们共同分享。

在这个菜单下，学生可以敞开自己的心扉，谈论自己各个方面的体会和想法，与老师、同学进行多向的交流。

（一）教学活动的不同领域与多种对象

教学活动的领域是教学活动的范围和边界。一般而言，教学活动涉及客观世界、社会世界与主观世界三大领域。在客观世界领域，教学活动主要是指教学主体对客观世界的实践活动、认识活动、审美活动和评价活动，反映的是学生主体对外部客观世界的认识能力和支配能力。社会世界领域的教学活动主要包括师生之间、生生之间的交往活动，反映的是学生主体与其他主体的交往、合作关系。主观世界领域的教学活动是教学主体对自身的意识、认识、评价与反思，反映的是学生主体对自身的反思与调节能力。比较而言，客观世界领域的教学活动是最为基础的教学活动，社会世界领域的教学活动是其他领域教学活动得以展开的重要条件，而主观世界领域的教学活动则是其他教学活动的重要成果。这三类教学活动虽然各有其存在的领域和功能，但三者之间又是相互融合，彼此耦合的，共同构成了完整的教学活动世界。在《声音的产生和传播》这节课中，学习声音的产生、学习声音的传播、学习声音的应用、思考与练习等活动单元主要属于客观世界领域的教学活动；让学生通过小组动手实验、进行网上论坛则属于社会世界领域的教学活动；通过网上观察与演示实验、网上学习与动手实验相结合的方式，使学生获得各种体验，激发学生的学习动机，让学生自主选择动手练习题目以及让学生总结自己学习成果等做法，都可视为主观世界领域的教学活动。

根据教学活动所指向的不同对象，它又可以分为以教学客体为对象的教学活动、以其他主体为对象的教学活动和以主体自身为对象的教学活动。这里的教学客体可以概括为两类：一类是以实物存在的客观事物和客观环境，一类是以心理映像或符号存在的心理表象、观念、情感、知识体系、学科结构等（田慧生　等，2000）[79]。以教学客体为对象的教学活动又可以区分为四种形式：以学生反映教学客体为主的认识活动、以学生变革教学客体为主的改造或实践活动、以学生占有教学客体满足自身需要为主的欣赏审美活动和以学生检测教学客体为主的评价活动；以其他主体为对象的教学活动就是主体与主体之间的交往活动，主要包括教师和学生、学生与学生之间的交往活动；以主体自身为对象的教学活动就是主体对自身的意识、反思和评价活动。

在《声音的产生和传播》这节课中，教师根据本节课的教学需要，分别设计了认识活动、实践活动、体验审美和检测评价四种活动形式。其中，学习声音的产生、学习声音的传播、声音的应用和课堂小结四个活动单元主要是以学生反映教学内容为主的认识活动；体验声音在介质中传播、思考与练习两个活动单元是以学生变革教学内容为主的改造或实践活动；体验声音在介质中传播、学习声音的应用两个活动单元可以说是以学生占有教学内容满足自身需要为主的欣赏审美活动；而体验声音在介质中传播和网上论坛两个活动单元又是以学生检测教学内容为主的评价活动。在以其他主体为对象的教学活动方面，教师分别在两个活动单元设计了教师与学生、学生与学生之间的交往活动。一是学生体验声音在介质中传播的时候，教师让学生通过小组形式的动手实验，让学生探究、体验和验证声音在各种物质中传播的有关结论。二是网上论坛活动单元，教师让学生就本节课的学习成果和学习心得充分发表自己的意见，并与教师和其他学生进行多向的交流、对话。在以主体自身为对象的教学活动方面，教师让学生自主选择动手练习题目，鼓励学生谈论自己的学习收获等，都是学生以自身为对象的自我意识、自我反思与自我评价活动。

（二）教学活动的多维目标与组织形式

在很多情况下，教学活动与它的目标之间并不是一一对应的关系。也就是说，一种教学目标可以由不同的教学活动来完成，而相同的教学活动又往往可以完成不同的教学目标。但无论如何，目标是教学活动的一个重要维度。同时，大多数的教学活动都将直接指向一个主导性的目标。根据其主导性目标的不同，教学活动又呈现出不同的主导性活动形式。

关于教学活动的主导性目标和主导性活动的不同表现形式，我们可以从三个视角去理解。（1）目标的三个领域与三类教学活动。根据布鲁姆的教学目标分类学，教学活动的主导性目标一般指向三个基本领域，即认知领域、情感领域和动作技能领域。其中，认知领域的活动目标按照由简单到复杂、由低级到高级的顺序可以分为"知识""领会""应用""分析""综合"和"评价"六个层次，情感领域的活动目标按照其发展水平可以分为"接受""反应""价值判断""组织"和"价值观念的个性化"五个层次，动作技能的活动目标按照其精确性和熟练程度又可以分为"反射动作""基本动作""知觉能力""体能""技巧动作"和"有意的沟通"六个层次。

（2）目标的三种取向与三类教学活动。一般而言，教学活动的目标取向可以归纳为三种，即行为目标取向、生成性目标取向和表现性目标取向。其中，行为目标是以具体的、可操作的外部行为形式来陈述的教学活动目标，它表明的是在教学活动结束之后学生身上所发生的行为变化；生成性目标是在实际的教学活动中，随着教学活动的展开而自然生成的教学活动目标，它是教学活动情境和教学问题解决的自然结果，过程性是它的根本特点；表现性目标是指每个学生在与具体教学活动情境的种种"际遇"中所产生的个性化表现，其核心部分是学生个体的创造性和自由个性。在《声音的产生和传播》这节课中，教师根据行为取向的目标设计了学习声音的产生、学习声音的传播、学习声音的应用三个活动单元，根据生成性目标设计了体验声音在介质中传播这个活动单元，根据表现性目标设计了思考与练习、网上论坛两个活动单元。

（3）目标的三个维度与三类教学活动。按照新课程改革方案的界定，教学活动的主导性目标包含三个基本的维度，即知识与技能、过程与方法、情感态度与价值观。在《声音的产生和传播》这节课中，教师从知识与技能、过程与方法、情感态度与价值观三个维度，确定了教学活动的基本目标，并分别设计了相应的教学活动形式。可以看出，三个视角下的教学活动目标其实具有显著的相关性和内在的一致性。相应地，各种教学活动在其表现形式上也并非截然不同、绝对独立的。

从《声音的产生和传播》这节课中，我们还可以发现：教学活动不仅在活动对象、活动领域和活动目标等方面存在不同的表现形式，而且在活动的组织形式方面也存在多样化的表现形态。从参与教学活动的主体构成来看，教学活动一般包括群体活动、小组活动和个体活动三种组织形式。在《声音的产生和传播》这节课中，让学生学习声音的产生、学习声音的传播、学习声音的应用以及网上论坛等活动，属于比较典型的群体活动形式；让学生小组动手实验，探究和验证声音在各种物质中传播的结论，属于比较典型的小组活动形式；让学生自主选择动手练习题目，进行思考与练习，则属于比较典型的个体活动形式。从学生在活动中的学习途径来看，教学活动一般包括观察和亲历两种组织形式。前者是学生不需要亲自参与行为过程，只需观察其他个体的行为以及该行为所导致的结果；后者是让学生亲自参与行为过程，从自己的行为以及该行为所导致的结果中实现相关学习，如本节课中让学生亲自动手操作实验。从学生在活动中的学习方式来看，教学活动又包括接受与探究两种组织形式。在本节课中，教师比较合理地综合运用了这两种活动方式。

（三）教学活动的外部表现与内部过程

教学活动不仅包含与目标相联系的行为以及与条件、工具相联系的操作，而且涉及相当复杂的内部思维过程。根据其外部行为表现与内部思维过程，教学活动可以分为两种最基本的活动形式：外部活动与内部活动。

外部活动主要是指实物性的操作活动，感性的实践活动。相对于内部活动，外部活动是一种"有形活动"。在教学活动中，学生主体的外部活动主要包括感知活动、操作活动与言语活动三种类型（王策三，2002）[222-226]。其中，学生主体的感知活动包括眼、耳、鼻、舌、手等感觉器官获取外界事物信息的活动，它是学生主体获取外界信息的基本途径。在《声音的产生和传播》中，教师利用网络技术和实验器材，设计了大量的感知活动，让学生从各个方面去感知声音的产生和传播。学生主体的操作活动是指学生主体致力于转变现实的活动，既包括对物理世界的改变，又包括对肢体运动，还包括对图样、标本、蓝图、文字、符号等的改变、移动等。在《声音的产生和传播》中，学生主体的操作活动主要是让学生亲自动手操作实验器材和独立完成实验。学生主体的言语活动是学生主体的阅读和表述等活动，这是教学中普遍采用的外部活动形式。

内部活动是指活动的对象是事物的映像和观念，个体通过在头脑中完成的"动作"对观念进行操作（王策三，2002）[226-229]。相对于外部活动，内部活动是一种"无形活动"，一般将其称为内部认识活动。在教学活动中，学生主体的内部活动主要包括认知活动、情感活动和意志活动三个方面。其中，学生主体的认知活动是学生主体对教学客体的观念把握，学生主体的情感活动是学生主体对内在需要、动机和外在行为、状态的价值性移情体验，学生主体的意志活动则是学生主体为完成学习任务而进行的确定目的、支配行为的活动。按照教学认识论的有关观点，这三种活动虽然各有规定和功能，但又互相联系、互相依赖、互相渗透，共同构成统一的、完整的学生主体内部活动。在《声音的产生与传播》这节课中，教师以学生主体的认知活动为基础，适时地融入了学生主体的情感活动与意志活动。

（四）教学活动的层次特征与水平差异

从前面的分析可知，教学活动本身不仅具有多样化的存在方式和表现形态，而且各种教学活动在层次与水平上也表现出显著的差异性特征。

根据学生主体对教学客体的作用程度，教学活动可以区分为对教学客体的感知活动、对教学客体的操作活动、对教学客体的内部认识活动和对教学客体的变革或创造活动四个水平层次。在《声音的产生与传播》这节课中，教师大致按照这四种水平序列，逐渐地提升学生主体的活动水平。通过这些不同水平层次的活动参与，学生对教学客体的理解大致表现出三种水平：一是低级水平，学生能将教师讲的话或者书本上的语言，内化进自己的大脑，原封不动地外化出来；二是中级水平，学生能将教师讲的话或者书本上的语言，内化进自己的大脑，再运用自己的话外化出来；三是高级水平，学生能将教师讲的话或者书本上的语言，内化进自己的大脑，再用自己的话，深入浅出地外化出来，并且还能让别人听懂。

根据学生主体的思维介入的程度，教学活动可以区分为感性水平、知性水平与理性水平三个水平层次。感性是指主体对认识对象的一种表面的、模糊的、没有理由的初级认识形式。知性是指主体对感性对象进行思维，把特殊的、没有联系的感性对象加以综合与联结，去初步地把握感性对象运动规律的认识能力。而理性则是能够看清事态和物质的本质，并且有针对性地做出判断和决定的认识能力。在教学活动的感性水平上，学生常常表现为人云亦云，盲目跟风，望文生义，略知一二却浅薄曲解，或在行为上没有定见，对事物认识的角度、广度和深度都不足一辨。在教学活动的知性水平上，学生能够在某类事物或现象的感性材料基础上进行比较、归纳和进行初步的抽象，并且逐渐透析概念义理，但仍然只可以自清而不可以解决别人的烦恼和纷乱。而在教学活动的理性水平上，学生能够抓住某类事物或现象的本质关系，并且自成系统，条理分明，思维逻辑毫不紊乱。比较而言，感性水平的教学活动主要指向的是具体事物或现象，知性水平的教学活动主要指向的是某类事物或现象的概念，而理性水平的教学活动主要指向的是某类事物或现象的规律。在《声音的产生和传播》这节课中，由于教学需要的实际考虑，学生主要是在感性认识和知性认识两种水平上展开活动，还没有达到理性认识的活动水平。

在我国，人们又常常根据学生发展的程度，将教学活动分为记忆水平、理解水平、探究水平和创造水平四个层次。比较而言，记忆水平的教学活动主要是让学生知道是什么；理解水平的教学活动是在学生知道是什么的同时，让他们理解为什么；探究水平的教学活动是在学生知道是什么、为什么的基础上，让他们去思考怎么样和如何办；创造水平的教学活动则是要求学生在知道是什么、为什么、怎么样的基础上，形成自己独特的观点和提出自己独到的见解，或者实际地从事改造和变革事物。理想的教学活动设计，就是要将学生主体的教学活动从记忆水平逐步推向创造水平的层次上来，而不仅仅是停留在记忆水平和理解水平的层次上面。

第三章

活动的内在结构与基本属性

要揭开活动的奥秘，准确地揭示活动之于学生发展的功能效应及其实现机制，在理论上需要我们从内部深入地剖析活动的基本结构以及由此而具有的基本属性。在这部分，我们将把活动看做一个动态生成的系统，分析它的基本构成及其互动关系，分析它的各个子系统及其协同关系，分析它的基本过程及其转换关系，并从中揭示出它的基本属性。

一、活动的基本构成

活动不仅是一个由动机、目的和条件以及与它们相联系的活动、行为和操作所组成的层级结构，而且还是一个包含主体、客体、共同体等多种互动要素的系统。从分析的意义上讲，活动还具有三个基本的向度，即主体—客体向度、主体—主体向度和主体—自身向度。所有这些方面的有机结合，共同构成了一般意义上的活动。

（一）教学活动的实现单位

活动是教学的基本实现单位，活动本身又是由一系列有目的的行为组成，而行为又是通过具体的操作来完成的。虽然活动、行为与操作之间的界限是模糊的，但它们在教学活动系统中又分属于不同的层次，彼此之间的相互转化共同构成了教学活动的层级结构（如图1所示）。

图1 教学活动的层级结构示意图

1. 活动是教学的实现单位

任何活动都是具体的人的存在方式，人通过活动存在和发展。但活动不是被动的，而是个体为了丰富和发展自己的个性主动建构的过程。在教学活动的建构中，学生个体首先将自己认作个性存在，即有着活动需要和活动动机的个性存在。在人的水平上，正是学生的个性存在才会产生活动的需要和动机。从活动的结果来看，教学活动的衡量尺度是学生的需要是否得到满足，学生的动机是否实现，学生的个性是否形成了新的质，亦即学生的个性是否被丰富发展或改变。因此，教学活动既与需要相关，又与动机相关。这意味着，教学活动与学生的个性存在相关。

2. 教学行为是教学活动的实现单位

为了满足需要，实现动机和教学活动，教学主体必须将自己的本质力量对象化在教学客体中，发动对客体的认识和改造，这就是教学行为。对学生而言，这时的个体似乎只是为目的所主宰着，个体所具有的知识、技能以及心理等是为实现目的、认识和改造教学客体服务的，个体的个性存在似乎不存在，或者说已经对象化为主体存在。正是学生主体对教学客体的认识和改造，即主体的客体化确证了学生主体的存在，确证了学生主体对人类经验的掌握和对工具的使用。另一方面，学生主体的行为所揭示出来的属性、工具和客体之间的关系等被学生主体反映出来，形成了学生主体的主观产物，即学生主体本身在行为过程中也被改变着，形成了新的属性，也就是主体性。正是教学客体对学生主体的改造，即客体的主体化，确证了学生主体的主体性，确证了学生主体的行为过程在何种程度上对学生主体有意义，又在何种程度上使学生主体得到改造。

因此，教学行为是教学活动的基本实现单位，它与目的相关。正如教学活动与学生个体的个性存在相关，教学行为与学生的主体存在相关。

3. 具体操作是教学行为的实现单位

正如教学行为是教学活动的实现单位，具体操作是教学行为的实现单位。作为操作是指主体的行为方式，也就是工具的使用方式。具体操作又是由工具与客体的相互作用而规定的。没有工具，操作便不可能实现。因此，操作与工具相关。但操作一定是实现教学行为的操作，它不能独立于教学行为而存在。

从上面的分析可知，活动是教学的基本实现单位，教学活动本身又包括一连串的教学行为，教学行为又包括一系列的具体操作，由此产生了教学活动的层级结构。其中，活动为教学活动系统提供了动机，完成行为是为了达成教学活动系统的目标，而具体操作与完成教学活动系统的目标所需要的条件直接相关。可以说，正是教学活动系统的层级性质提供了支持教学活动、教学行为和具体操作的层级性动机。同时，活动与行为之间、行为与操作之间的关系并不是单向的，而是相互转化的。

（二）教学活动的主要成分

在活动理论看来，教学活动本身是一个系统，包含有活动的主体与客体、需要（动机）、目的与工具（条件）、行为与操作、共同体、分工与规则等多种要素。各个要素之间是互动的，而且每个要素都会随着环境的变化而变化（如图 2 所示）。

1. 主体与客体

任何活动的主体都是活动的个体、小组或群体。在教学活动中，主体可以是教师或学生个人，也可以是由教师与学生或学生与学生组成的小组

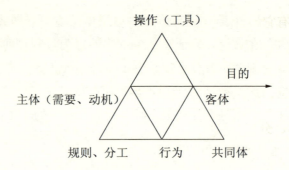

图2　教学活动的主要成分示意图

或群体。

　　任何活动都是以客体为导向的。教学活动的客体是教学主体作用其上的制品，如教学实物和书本知识等。不管教学客体是物质上的、精神上的还是符号性的，它们都在教学活动中被转化，即主体客体化；同时，主体也被这些教学客体转化，即客体主体化，结果是教学客体促进了学生个体的学习与发展。

2. 需要（动机）、目的与工具（条件）

　　任何活动都不是人对世界的简单反应，而是由动机、目的与工具相连接的完整系统。教学活动也不例外。首先，没有学生个体的需要和动机，教学活动就没有存在的动因和根据。现实的教学活动，必须以激发学生个体的需要和动机为准。其次，不符合规律的教学活动，人无法为之；不符合目的的教学活动，人不愿为之。也就是说，教学活动始终是一个服从于主体目的的自觉过程。最后，教学活动目的的实现，直接取决于达到目的的条件。这里的条件主要是指教学工具。教学工具是教学主体作用于教学客体的手段，包括教学设备、教学模式、教学策略、教学方法、评价方式以及语言符号等各种物质的、精神的和符号的东西。教学工具可以改变教学主体的活动和行为，它同时也可以为教学活动或教学行为所改变。

3. 行为与操作

　　活动是行为与操作的完整体系。完整的活动是由与动机、目的和条件相关的活动、动作和操作组成。在教学活动中，行为包含了一般活动的基本要素，并拥有它的全部特性：由一定动机产生，以一定目的为方向，并指向一定的客体；有实现行为的整套的操作，实现行为的范例。与活动一样，行为也是由主体完成的，是具体个性的积极性表现。而操作就是行为的基本实现单位，是完成行为目标的必要条件。

4. 共同体、分工与规则

活动共同体包括对教学客体付诸部分努力的个体、小组和群体。教学活动共同体是由教师、学生所组成的集体，教师、学生和由他们组成的共同体合作作用于教学客体。由于教学活动系统中的知识和经验分布在教师、学生和他们互动的共同体中，分布在他们使用的工具和他们的客体之中，所以教学活动共同体的作用是在所有参与者和教学客体之间分配认知上的责任。

分工是指共同体内合作成员横向的任务分配，也指纵向的权力和地位分配。在教学活动共同体中，教师和学生的不同任务、权力和地位决定了他们在共同体中的不同分工。正是这种分工的存在，才将活动的客体与共同体联系起来。

规则是对主体行为进行约束的明确规定、法律、政策和惯例以及潜在的社会规范、标准和共同体成员之间的关系。在教学活动共同体中，教师和学生依据特定的规则扮演着不同的角色，履行着不同的职责，实施不同的教学行为，并在共同体中进行相互之间的对话和交流。

（三）教学活动的基本向度

教学活动是教学主体与教学对象之间能动而现实的相互作用。作为一种社会实践活动，教学活动首先是教师和学生以自身的活动来引起、调整和控制人与教学客体之间物质变换的过程；在这个过程中，教师和学生、学生和学生之间又必然结成一定的关系并交换其活动；同时，实践活动结束时得到的结果，在这个过程开始时就已经在活动主体的头脑中作为目的以观念的形式存在着，这个目的是活动主体"所知道的，是作为规律决定着他的活动的方式和方法的"（中央编译局，1972）[202]。也就是说，教学活动内在地包含着主体与客体的关系、主体与其他主体的关系以及主体与自身的关系。这些关系的总和又构成了教学活动系统中的基本关系。根据教学主体与教学对象之间的这三种基本关系，我们可以从中抽取教学活动系统的三个基本向度：主体—客体、主体—主体和主体—自身（如图 3 所示）。

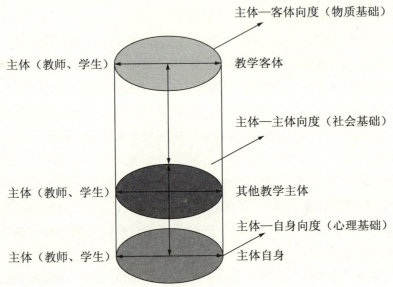

图3　教学活动的基本向度示意图

1. 主体—客体向度：教学活动系统的物质基础

教学活动首先涉及教学主体与教学客体之间的相互作用。在教学主体和教学客体的相互作用中，主体和客体之间不断地进行着双向建构，即主体客体化和客体主体化，从而形成四种基本的教学关系和四类基本的教学活动：以主体改造和实践教学客体为主的实践关系和实践活动、以主体感知和认识教学客体为主的认识关系和认识活动、以主体占有教学客体满足自身享受需要为主的审美关系和审美活动及以主体检测教学客体为主的评价关系和评价活动。在教学活动的主体—客体向度上，一方面是教学主体对教学客体进行自觉能动的认识、审美、评价和实践，从而在功利的意义上认识客体、掌握客体、支配客体和占有客体；另一方面，教学主体受到教学客体的限制和制约，它自身的结构和形式也被教学客体改变、改造着。正是这种改变或改造，教学主体才得以不断的提升和发展。从这种意义上说，教学活动既是能动的，又是被动的。正是主体与客体的相互作用，构成了任何活动，特别是教学活动的物质基础。因此，主体—客体向度又是教学活动系统中最为核心的向度。

在教学活动的主体—客体向度上，存在两类性质不同的主体与客体之间的相互作用过程：一是教师与课程之间的相互作用，一是学生与课程之间的相互作用。在教师与课程之间的相互作用中，教师认识课程、分析课程、领悟课程、把握课程和改造课程，在功利的意义上完全地占有课程，使之为教学活动服务。在学生与课程之间的相互作用中，学生在教师的引导下，通过主动积极的运用自己的主体力量，努力地认识课程、把握课程、占有课程和支配课程，将凝结在课程之中的知识、经验、技能、能力、情感、价值等要素吸收、内化为自己主观世界的一部分，从而不断地提高自己的主体能力。此外，教学活动中也存在教师与学生之间的主体—客体关系及其相互作用过程，包括教师与学生的认识与被认识、改造与被改造。但是，这种性质的主体—客体关系和主客体之间的相互作用，毕竟不同于教师或学生与课程之间的主体—客体关系和主客体之间的相互作用，在实质上乃是一种主体—主体关系，是主体与主体之间的交往过程（石中英，1996）。

2. 主体—主体向度：教学活动系统的社会基础

教学活动同时涉及教学主体与其他教学主体之间的相互作用。任何人类实践活动都不是单纯地表征主体与客体之间的相互作用，也不是单纯地表征主体与主体之间的相互作用，而是主客体之间相互作用和主体间相互作用的统一。换句话说，任何一种教学主体与教学客体之间的教学活动，都只是教学活动系统的一个部分或环节，都是内含于教学交往活动之中才得以发生和发展的。离开了主体与主体之间的交往关系和交往活动，主体与客体之间的对象化活动就无法展开。因此，教学活动系统中必然存在一个主体—主体向度。如果说主体—客体向度是教学活动系统的物质基础，那么，主体—主体向度则是教学活动系统的社会基础。

在教学活动系统的主体—主体向度上，教师与学生之间进行不断的交往、交流与合作，从而形成教师与学生之间认识与被认识、改造与被改造的关系，发生着教师与学生之间、学生与学生之间的交往活动。通过教师与学生、学生与学生之间的相互交往、多向交流和相互合作，学生主体一方面将自己纳入到一定的社会关系之中，占有社会的本质力量，提高自己的主体性，从而使社会个体化；另一方面，交往活动又使学生主体及其活动扬弃其狭隘的个体性质，表现出社会性，实现其社会意义（石中英，1996）。

3. 主体—自身向度：教学活动系统的心理基础

教学活动也涉及教学主体与自身之间的相互作用。随着教学活动的展开，随着主客体之间和主体之间相互作用的不断深入，教学主体与自身的相互作用过程将自然地凸显出来。这主要有三个原因。（1）活动是人的活动，是符合主体需要、动机和目的的活动。离开了主体的需要、动机和目的，活动便失去了其存在的内源性力量。（2）为了使活动更好地满足自身的需要、动机和目的，主体总是要将整个活动，连同活动中的自我纳入到自己的审视范围，从而去认识它、控制它和评价它。（3）不管是主体与客体之间的认识实践活动，还是主体与主体之间的交往活动，都必然需要个体自我心理过程的参与。否则，这样的活动就只是流于形式，而没有实质性的内容。因此可以说，人为了认识自己，必须进行主体与客体之间的对象化活动，必须进行主体与主体之间的交往活动；反之，人为了展开对象化活动和交往活动，又必须对自己进行认识、反思和评价，必须进行主体与自身之间的自我意识、自我反思与自我评价活动。

关于这个方面，我们可以从一则小学科学课——《摩擦力》的教学片段中得到更好的理解（北京市基础教育课程教材改革实验工作领导小组，2005）[107-108]。

《摩擦力》——教学活动的主体—自身向度

教师：大家思考一下，刚才有些同学认为接触面积会影响物体的摩擦力大小，但实验结果表明，摩擦力的大小跟接触面积无关。你们有什么想法吗？

　　学生1：我觉得可能是因为这节课让我们知道了一些新知识——接触面积和摩擦力原来没有关系。

　　学生2：平时我们知道的这个结论是错误的，以后不会这么想了。

　　学生3：我觉得又长了一个新知识。经过实验调查，发现我们以前的理解是错误的，现在我们知道了。

　　学生4：我们经过这次讨论，知道了重的物体摩擦力就大；相反，轻的物体摩擦力就小。而且，我们小组的四个人会合作了，还合作得挺好的。

　　学生5：我觉得我们平常都是用感觉来得到答案，现在我们是通过实验得到了数据，这样的答案是非常确凿的。

　　学生6：我觉得这次收获最大的地方、有价值的地方是改掉了以前的错误观念，通过实验进一步了解到做实验，不能只做一次，要做好几次。

　　学生7：通过这次实验，我们知道了原来对摩擦力的了解非常少，通过实验我们了解到了一个新知识。

　　学生8：我们知道了做实验不仅要自己做，而且还要和别人合作。

　　……

　　在教学活动系统中，有两类不同性质的主体与自身之间的活动过程，一是教师对自身教学活动及自我的意识、反思与评价，二是学生对自身学习活动及自我的意识、反思与评价。正是通过主体与自身之间不断的自我意识、自我反思与自我评价，教师或学生才得以形成自我，发展自我，形成自己独特的个性。在此意义上说，主体—自身向度是教学活动系统的心理学基础。

二、教学活动的内部系统

　　从前面的分析可知，活动、行为、操作以及与它们紧密相连的需要（动机）、目标和条件（工具）构成了教学活动系统的层级结构；主体与客体、需要（动机）、目的与工具（条件）、行为与操作、共同体、分工与规则等成分形成了教学活动系统的互动要素；主体—客体、主体—主体和主体—自身则分别从物质基础、社会基础和心理基础三个方面，构成了教学活动系统的三个基本向度。以此为基础，我们尝试性地提出一个教学活动系统的理论模型（如图4所示）。

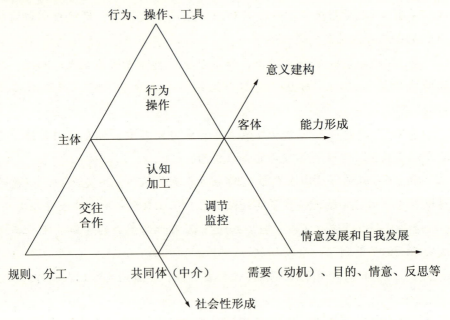

图4 教学活动系统的模型示意图

由图4可以看出，教学活动系统由四个子系统构成，它们分别是认知加工子系统、行为操作子系统、交往合作子系统和调节监控子系统。这四个子系统分别由各种不同的要素组成，具有各自不同的功能、作用，但彼此之间又相互结合，共同构成了教学活动的整体系统。

（一）教学活动的认知加工子系统

在教学活动系统的模型中，中间的三角形代表着学生个体在教师引导下进行知识学习活动的认知加工子系统。

认知加工子系统主要由教学主体、教学客体和中介性工具等要素构成。教学主体可以是教学活动中的教师个人或学生个人，也可以是由教师与学生或学生与学生所构成的小组和群体。所有的教学活动都是以教学客体为导向的。不管是物质的客体、精神的客体还是符号的客体，它们都是主体活动作用于其上的制品。中介性工具是教学主体对教学客体进行认知加工的手段和方式，包括物质仪器如计算机、语言符号、教学策略和教学方法以及认知策略、推理方法等。

按照认知学习的信息加工论观点，认知加工子系统反映的是学生个体学习的认知加工过程，它包括获取信息、加工信息、存储信息和输出信息四个部分。其中，加工信息部分是认知加工子系统中最为活跃的成分。学生在调节监控系统的调节监控下，有选择地获取信息，并在已有知识经验的基础上，对获取的信息通过多样化的外部活动，如感知活动、操作活动、言语活动等，以及多样化的内部加工活动，如分析、综合、比较、分类、抽象、概括化、具体化和系统化等，促进知识的内化和外化以及对知识的深加工，经过加工的信息以语义和表象的形式存储或直接输出，从而引起外显的行为反应（杨开城，2005）。可见，多样化的外部活动不仅对教学活动的认知加工子系统产生重要的影响，而且它还是学生个体获得多样化表征知识的主要途径。同样，学生通过认知加工活动而获得的活动结果，也可以通过多样化的外部活动加以外化。

比较而言，认知加工子系统是教学活动系统的核心组成部分，它直接决定着学生意义建构的数量和质量，影响着学生的技能学习和能力形成。但是，认知加工子系统又无法完全独立地工作，它必须依赖于其他三个子系统的支持和帮助。首先，认知加工子系统包含一系列复杂的外显行为与内部加工过程。离开了行为操作系统，它不仅无法使学生外化自己的学习结果即输出信息，而且在获取信息、加工信息和存储信息等环节上也会遇到不少的困难。换句话说，认知加工子系统是由一系列外部活动与内部活动组成的有机体系，包含有外部活动的内化和内部活动的外化两个基本环节。显然，这里的外部活动、外化属于行为操作子系统的范畴。其次，学生个体学习的认知加工，不仅是学生个体认知建构的过程，而且是学生个体在共同体中通过多向的交流、合作进行社会性建构的过程。这意味着，学生对知识、意义的完整建构，离不开交往合作子系统的人际支持作用。最后，即使有了认知加工的外部条件和知识基础，如果缺乏学生自身的需要、动机、目的、意志、态度以及学生对自我的反思、评价和调节，学生的认知加工活动仍然不能发生。因此，调节监控子系统在认知加工的初期和整个进行过程中都起着极为重要的调节监控作用。

（二）教学活动的行为操作子系统

在教学活动系统模型图中，最上面的三角形代表着学生在教师引导下进行技能学习和实践活动的行为操作子系统，主要反映的是操作活动、言语活动、实践活动等外部活动类型。

行为操作子系统主要由教学主体、教学客体、教学行为、具体操作以及与此相关的工具、条件等成分构成。其中，教学行为包括教的行为和学的行为两个方面。教的行为是教师引起、维持或促进学生学习的所有行为，学的行为是学生在某种目标指引下为获得某种学习结果而选择各种各样的手段去实现学习结果的行为总和。按照认知心理学的有关观点，这里的行为可以理解为一系列以"如果——则"的形式所表示的规则，又叫"条件——行为"式规则。这里的行为不仅是外显的反应，还包括内在的心理活动。某些教学活动需要完成一连串的行为，因而需要许多这样的规则。经过练习，这些规则可以组合成更为复杂的规则系统。这种规则系统被认为是复杂的技能学习和实践活动的心理机制。具体操作根据其难易程度可以分为反射性操作、基础性操作和技巧性操作。基础性操作是由一系列的反射性操作组成的，抓、握、摆、粘、跑、跳等操作都是基础性操作。技巧性操作又是由一系列的基础性操作组合而成的。相比而言，基础性操作大多是比较普通的操作，但技巧性操作则带有比较明显的专业性或行业性，如物理或化学实验中所需要的操作。需要指出的是，教学主体并不是通过这些行为和具体操作直接作用于教学客体的，而是需要以语言、符号或物质性工具为中介。

一般认为，由行为操作子系统完成的技能学习和实践学习需要经过三个学习阶段。（1）认知阶段。这一阶段主要是理解学习任务，并形成目标意象和目标期望。前者是指学生对自己解决问题的目标模式反应和动作形式，在头脑中形成一个表象，即明确解决问题的目标模式。后者则是对自己的作业水平的估价，即明确自己能做得如何。这两种期望都起着学习定向的作用（邵瑞珍，1987）。（2）联系形成阶段。在这一阶段，重点是在适当的刺激与反应之间形成联系。由于即使是一个简单的行为操作，所包含的刺激和反应也会非常复杂，因而联系的形成比想象的要复杂得多。（3）自动化阶段。技能学习与实践学习进入这一阶段时，一长串的行为操作系列似乎是自动地流出来的，不需要特殊的注意和纠正。另外，学生通过行为操作子系统形成一定的操作技能和实践能力，包含有两个相互转化的过程：一是程序性知识，也就是前面所讲的"条件——行为"式规则向操作技能的转化，这种转化需要通过示范和练习来完成；二是学生所形成的操作技能向实践能力的转化，也就是使操作技能系统化、概括化，并具有个性特征，从而达到广泛迁移的水平。

在教学活动系统中，行为操作子系统承担着学生技能学习与实践活动的重要任务，决定着学生的技能和能力形成状况。如果说认知加工子系统主要反映的是学生主体外部活动的内化以及一系列的内部加工过程，那么，行为操作子系统则主要反映的是学生主体内部活动的外化以及一系列的外部活动过程。根据国内教学认识论的有关研究，促进学生主体内部活动外化的过程是从教师提出要求开始，进而学生将教师的要求转变为自己的目的，分析解决问题的条件，选择方法，用语言、符号表达出来，进行操作，形成产品，从而实现知识的外化（王策三，2002）[236]。

显然，行为操作子系统的顺利工作，离不开其他三个子系统的合作与支持。在活动的起始阶段，学生首先需要通过对示范行为的观察，对刺激情境的知觉，来形成一个内部的行为意象，以作为实际操作时的参照。而要形成这样一个意象，则需对线索和有关认知信息进行适当的编码。线索和信息的编码却离不开认知加工子系统的信息加工过程。在活动的进行过程中，如何实现自己的目标期望，如何选择适当的方法将自己的知识、技能和能力外化出来，自己的行为操作水平如何，又如何调整和完善自己的行为操作，这些都离不开调节监控子系统的支持。在教学活动条件下，学生难以独立完成某些比较困难的行为操作，需要观察教师的示范，并在教师的引导下反复练习。而另外一些复杂的行为操作，则是学生个体不能单独完成的，需要教师或其他同伴的合作。在这时，交往合作子系统就开始发生作用了。

（三）教学活动的交往合作子系统

在教学活动系统中，左下端的三角形代表着教师与学生、学生与学生之间进行多向的交流、对话、合作的交往合作子系统。它主要反映的是教学主体和周围的共同体共同作用于教学客体的过程，即教师和学生、学生和学生对教学客体的社会建构。

交往合作子系统主要由教学主体、共同体以及与之相关的规则、分工等要素构成。凡是有意义的活动，特别是教学活动，很少是由个体单独完成的。人们在不同的情境脉络中可能会单独行动，但他们的行动能力则是由群体决定的。换句话说，作为个体的主体同时又是共同体的成员。教学活动的共同体由相互依靠的教师和学生组成，包括对教学客体付诸部分努力的教师个体、学生个体和学生小组。另外，交往合作子系统还涉及两个情境性因素：一是共同体内为所有成员所遵守的活动规则；二是共同体内各成员之间的任务分配和权力、地位分配，即分工。规则反映了教学活动共同体的基本信念、活动规范和行为方式，分工反映的是教师和学生根据教学活动的规则和目标来分配活动。正是共同体以及与此相关的规则、分工等要素的存在，教师与学生、学生与学生之间的交流、对话、合作才得以实现，作为双边性的教学活动也才能够发生。

在教学活动的交往合作子系统中，存在两种性质不同的交往形式：一是教师与学生之间的交往，二是学生与学生之间的交往。由于教师和学生在社会地位、知识、经验和能力等方面存在着非常明显的不对称，决定了教师和学生之间的交往是一种非对称的合作性交往。一方面，教师在这种交往中占据非常有利的地位，在很多情况下发挥着支配性的作用；另一方面，教师和学生之间又需要相互理解、彼此合作。由于大多数学生在地位、知识、经验和能力等方面大致相当，因而学生与学生之间的交往既有合作，又有竞争，在合作中竞争，在竞争中合作，可以说是一种合作基础上的竞争。

学生与学生之间的交往合作中，又存在三种主要的交往合作关系（王策三，2002)[271-273]。（1）"互帮互学"的知识学习关系。这种交往合作关系不仅能有效地帮助学生进行知识学习，而且能促使学生体验到个人活动及存在的价值，体验到个人的独立思考与努力程度对确立自己在同学关系中的地位的重要性，体验到人与人之间的义务与责任等。（2）"情感交流"的友伴关系。学生不仅需要通过主体与客体之间的认识活动和实践活动来获得发展，而且需要通过同学的认可和接纳，来确认自己的存在。学生在教学活动中是否被其他同学接纳，以及在教学活动中是否有亲密的朋友，学生之间的情感关系的性质如何，不仅直接影响着学生的社会性发展，而且在很大程度上影响着学生的认识发展和个性发展。（3）"制度化"的工作关系。在教学活动系统中，某些学生处在班干部和小组长的位置，承担着某些管理任务，而其他学生则处于被管理地位，由此形成了学生之间"制度化"的工作关系。在这种交往合作关系中，学生开始真切地感受着层级观念和管理观念，体验着特定的责任和义务，强化着社会成员的角色观念，影响着他的自信心和自我价值感，进而间接地影响着学生个体认识发展、社会性发展和个性发展的结果。

从前面的分析可知，主体与主体之间的交往合作是教学活动系统的三个维度之一。

首先，认知加工子系统中的认识活动与行为操作子系统中的实践活动总是在一定的交往关系中发生的，"人类个体的活动是一个社会关系系统。它不能脱离那些社会关系而存在"（戴维·H.乔纳森　等，2002)[94]。换句话说，没有不进行交往的教学认识活动和教学实践活动，也没有脱离教学认识和教学实践活动的教学交往。更重要的是，当教学客体进入教学活动过程，成为教师和学生进行认识活动和实践活动的对象时，它不仅需要教师或学生自身的个体建构，而且还需要教师与学生之间的共同建构，即社会建构。社会建构在教学认识和教学实践活动中的意义在于，虽然它本身并不能提供什么尚不存在的东西，却可以克服单个主体的种种隔离、偏见、差异，从而获得单个主体在直接经验和间接经验范围内难以获得的新信息、新知识、新方法和新概念，使信息得以整合、共享，从而激发学生的思维，达到促进学生个体认识发展和实践发展的目的（王策三，2002)[261]。

其次，调节监控子系统中的情意活动和自我活动，一方面是针对主体自身的认识活动、实践活动和交往活动而进行的调节和监控活动，另一方面，主体对自身的意识、反思、评价以及由此而产生的对活动与交往的调节和监控，并通过两种途径实现，即一是主体对客体的认识、实践活动以及活动中的自身；二是主体之间的交往活动以及活动中的自身。因此，无论是对教学活动的有效调节和监控，还是学生的自我发展，都有赖于交往合作子系统的支持。

（四）教学活动的调节监控子系统

在教学活动系统中，右下端的三角形代表着教学主体对自身活动进行调节与监控的调节监控子系统，它主要反映的是教学主体的活动动机与活动目的、对其他活动子系统以及自我的计划、反思、评价、调节和控制过程。

调节监控子系统主要由两类要素构成：一类是动力性要素，以活动主体的需要、动机和目的为主要成分，也包括活动主体的情感、意志、态度等心理成分；一类是策略性要素，主要包括元认知知识、元认知体验和元认知监控三个要素。很明显，动力性要素涉及教学活动系统的原动力，决定着主体在教学活动系统中的自主性、能动性、自觉性与创造性；策略性要素涉及教学活动系统的实际运行，通过计划、反思、评价、控制和调节等方式影响着活动主体的认知加工过程、行为操作过程和交往合作过程。

在教学活动系统中，调节监控子系统虽然并不直接参与活动主体的认知加工、行为操作和交往合作，但它却为认知加工子系统、行为操作子系统和交往合作子系统提供了动力支持和执行控制。比如，有了动机，主体就会产生活动的预期，就会更加努力和集中注意；有了目的，主体就有了活动的意图，就会更加的自觉和主动。又如，有了主体对活动及自我的意识、反思与评价，主体才会对活动及自我进行调节与控制。因此，调节监控子系统不仅直接影响着个体认知加工、行为操作和交往合作的计划性、目的性、灵活性和有效性，而且还决定着个体认知加工、行为操作和交往合作的质量、水平和效果（杨开城，2005）[32]。更重要的是，如果说认知加工子系统和行为操作子系统使学生主体发展出了对客体的认识能力和实践能力，交往合作子系统使学生主体发展出了社会性品质，那么，调节监控子系统则为学生的自我发展和个性发展开辟了一条现实的途径。因此，从学生发展的意义上讲，调节监控子系统不仅对其他三个子系统发挥着调节和监控的重要作用，而且与其他三个子系统一道，共同促进了学生的认识发展、实践发展、社会性发展和个性发展。

三、教学活动的内部转换过程

教学活动的实质是教学主体与教学对象之间能动而现实的双向作用。这种双向作用具体表现为教学活动内部若干相互转化和相互转变的结构与过程。正如列昂捷夫所认为的那样，教学活动在心理的水平上是以心理反应为中介的教学单位，但教学活动不是若干刺激—反应的简单累加，而是具有自己的内部转变和相互转化的系统。由于这些内部转变和相互转化的存在，教学活动才具有了对学生的发展性。因此，对教学活动的内在结构进行分析，不仅要分析教学活动系统的实现单位、要素、子系统以及各单位、要素、子系统之间的相互关系，而且还要分析教学活动系统的内部转变和转化过程，从而进一步暴露学生个体是如何通过教学活动内部的相互转变和相互转化而实现发展的内在机制，这正是教学活动研究的重要课题之一。

（一）主体与客体之间的双向对象化

在教学活动中，一方面是教学主体受到客体的限定和制约；另一方面，教学主体又能不断地发展自己的能力和需求，以自觉能动的活动不断打破客体的限定，超越客体的制约。因此，教学活动中主体与客体的关系，既不是主体单向地把握和规范客体，也不是客体单向地影响和制约主体，而是主体与客体之间的相互作用。而客体对主体的限定、制约与主体对这种限定、制约的超越关系，则是教学活动中主体与客体相互作用的实质。从教学活动中主体与客体相互作用的内容和结果看，这种相互作用是通过主体对象化和客体非对象化的双向运动而实现的。

教学主体对象化是教学主体通过活动使自己的本质力量转化为对象物。教学活动是教学主体运用自身的力量并运用工具认识和改造教学客体的过程。在这一过程中，教学主体按照自身的要求和需要，将自己的知识、经验、技能、能力、情感、态度等方面对象化在教学客体的身上，将这些方面积淀、凝聚和物化在教学客体中，从而改变了教学客体原有的结构和形式，产生了一种原有教学客体体系中所没有的种种对象物。这种对象物是教学主体运用自己的力量和工具，通过与教学客体的相互作用中创造出来的。因此，教学主体的对象化也就是教学主体通过对象性活动向客体的渗透和转化，即教学主体客体化。实际上，不仅是教学主体对教学客体的认识活动与实践活动如此，教学主体对教学主体的交往活动以及教学主体对自身的自我意识、自我反思、自我评价活动的所有结果，都是这种对象化的结果。

在教学主体对象化的同时，教学活动中还发生着教学客体非对象化的运动。所谓教学客体非对象化，是指教学客体从客观对象的存在形式转化为教学主体生命结构的因素或教学主体本质力量的因素，教学客体失去对象化的形式，转而变成教学主体知识结构、能力结构和情意结构的一部分。在教学活动中，教学主体通过客体非对象化这种形式，占有和吸收对象（包括前人的活动成果），不断丰富着教学主体的本质力量，提高着教学主体的能力，从而使教学主体能以更高的水平去认识和改造教学客体。因此，教学活动中主体与客体的相互作用，总是不断地在新的基础上进行。

教学主体对象化与教学客体非对象化，或者说，教学主体客体化和教学客体主体化的双向转化运动，是教学活动两个不可分割的方面。在教学活动中，没有教学主体客体化，就没有教学客体主体化；没有教学客体主体化，也不可能有教学主体客体化。教学主体的客体化过程，同时进行着教学客体主体化过程。教学主体客体化的程度，制约着教学客体主体化的程度；反之亦然。在这里，教学客体主体化和教学主体客体化是教学客体对教学主体的制约性和教学主体对教学客体的超越性的生动表现，也是教学活动的本质内容。通过主体客体化和客体主体化，教师和学生才得以不断地解决教学中的现实矛盾。

（二）活动、行为与操作的相互转化

活动是教学的基本实现单位，而教学活动本身又包括一连串的教学行为，教学行为又包括一系列的具体操作，由此产生了教学活动的层级结构。其中，活动为教学活动系统提供了动机，完成行为是为了达成教学活动系统的目标，而具体操作与完成教学活动系统的目标所需要的条件直接相关。可以说，正是教学活动系统的层级性质提供了支持教学活动、教学行为和具体操作的层级性动机。同时，活动与行为之间、行为与操作之间的关系并不是单向的，而是相互转化的。正是活动与行为之间、行为与操作之间的相互转化，才使学生个体分别在主体和个性两种水平上存在，并不断发展着学生个体的主体性和个性。

如果教学活动失去了个性的需要和动机，个体不是作为具体个性的人存在，而是作为单纯的主体存在，也就是只在行为的水平上存在，这时的教学活动就转化为教学行为。在这个时候，主体的教学行为不是为了自己的个性需要，而是为了达到某种目的，因而教学活动也只是教学行为。因此，教学活动向教学行为的转化表明了主体失去了自己的个性存在，从而使活动中的人只成为单纯意义上的主体存在。当教学行为本身成为主体的真正需要和动机时，教学行为成为个体的个性存在时，教学行为便转化为教学活动。这时，个性存在和主体存在达到了真正的统一。学生个体的发展就是教学活动行为化转向教学行为活动化发展的过程。正是在这个过程中，学生不断地形成自己，学生的个性不断地丰富和发展。

正如教学行为与教学活动可以相互转化一样，具体操作与教学行为之间也可以相互转化。教学行为一旦失去自己的目的而变成自动过程，或者说，当一种教学行为完全自动化而被纳入另一种教学行为的过程中，教学行为也就转化为具体操作。教学行为转化为操作的另一种情况是，教学主体的简单行为被机器如计算机或计算器等工具所代替而变成机器的操作，这时教学行为也会失去目的而转化为具体操作。同样，具体操作也可以转化为教学行为。

正是教学活动与教学行为、教学行为与具体操作的相互转化，教学活动才不仅确证了学生个体作为人本身的存在，而且也形成着人本身，丰富和发展着人的主体性及个性。

（三）外部活动的内化与内部活动的外化

教学活动包含有外部活动与内部活动两种活动形式，同时涉及外部活动与内部活动的双向转化过程，即外部活动的内化和内部活动的外化。正是通过外部活动的内化和内部活动的外化，促进了学生的知识掌握、技能学习与能力形成。

维果茨基在很早之前就认为，人的高级心理活动首先是作为初级的外部物质活动的形式而形成的，以后逐渐发展成为内部心理活动，具有内部活动的形式，而人的高级心理发展的主要机制就是掌握各种各样的活动，包括感知活动、操作活动、实践活动和交往活动等，进而将它们改造成为内在的心理过程。

列昂捷夫曾经指出："无须证明，活动在其发展的最初阶段必须具有外部过程的形式，以及相应地，心理映像就是把主体和对象现实实际联系起来的这些外部过程的产物。显然，在最初发生阶段，对心理反应的性质和特点的科学说明，只有以这些外部过程的研究为基础，否则是不可能的。"（1980）[60] 从这段话中我们可以看出，在教学活动中，一方面是外部活动在其展开过程中产生出内部活动，另一方面，内部活动又同样经常实现着向其对立面——外部活动的转化。前面的这个过程就是外部活动的内化，后者的这个过程就是内部活动的外化。由于外部活动与内部活动在结构上具有相同性，因而外部活动的内化和内部活动的外化又可以相互过渡。

在发生认识论中，皮亚杰从儿童认识建构和认识发展的角度，细致地分析了外部活动的内化和内部活动的外化这种相互转化过程。在他看来，儿童的认识建构和认识发展是一个双向的过程：一方面，儿童先前所进行的活动以及活动的结果沉淀、凝结和结晶在儿童的大脑中，成为儿童认知结构的一部分，这就是外部活动的内化建构；另一方面，儿童又用内化而成的认知结构去整合活动的客体或对象，形成关于客体和对象的认识，这就是内部活动的外化建构。而儿童的认识发展就是内化和外化的双重建构。实际上，正是通过外部活动的内化建构和内部活动的外化建构，皮亚杰才深入地揭示了儿童认识发生、发展的内在机制。

在实际的教学活动中，既没有纯粹的外部活动，也没有纯粹的内部活动。外部活动有内部心理过程的参与，内部活动又有外部的表现形式。因此，外部活动与内部活动是教学活动的两个方面，教学活动是外部活动内化和内部活动外化的统一。

（四）个体建构与社会建构的统一

教学活动中主体与客体的双向对象化、活动、行为与操作三者的相互转化以及外部活动的内化和内部活动的外化三个方面的相互转化过程，很容易让我们觉得，学生个体通过教学活动所获得的认识发展只通过学生的个体建构就能完成。事实则不然。在教学活动中，不仅是学生的社会性发展，而且包括学生的认识发展和个性发展，都是学生个体建构和社会建构共同作用的结果。离开了师生之间的社会建构，学生的认识发展、社会性发展和个性发展都将难以实现。

维果茨基通过多年的研究指出："对于儿童的发展来说，特别是在婴幼儿时期，最重要的因素就是不对称的相互作用，即与成年人的相互作用，而成年人乃是传递所有文化信息的媒介……如果没有社会相互作用的建设性帮助，诸如聚精会神、逻辑记忆、运用语言和概念的思考以及复杂的感情等一些类型的高级心理机能，就难以在儿童发展过程中产生并且成熟。"（伊凡·埃维克，1990）当代情境认知理论甚至认为，知识不是个体内部认知加工过程的产物，而是个体与其他个体之间互动的产物。如此看来，参与基于社会情境的交往实践才是个体知识形成的重要源泉。正因如此，当代建构主义者主张，知识不仅是在学生个体与教学客体的相互作用中建构的，社会性的相互作用同等重要。在建构主义的知识学习观看来，每个人都以自己的经验为背景建构着对事物的不同理解，因而只能理解到事物的不同方面，难以形成对事物的完整、正确的理解。因此，教师要使学生超越自己的认识局限，让学生看到事物的不同方面和各个侧面，就必须组织充分的交往、合作、交流与对话活动，从而使学生对事物的理解和认识更加丰富和全面。

正因如此，我们一再强调指出：主体—客体、主体—主体、主体—自身是教学活动系统的三个基本向度，并分别为教学活动提供了物质基础、社会基础和心理基础。从学生发展的角度来说，教学活动不仅是教学主体与教学客体之间相互对象化的物质过程和心理过程，同时也是教学主体与教学主体之间相互交往的社会过程。由此我们可以看出，学生通过教学活动实现自身发展，既需要主动的个体建构，又需要多向的社会建构。教学活动的过程是个体建构与社会建构的统一。对于旨在发展学生的教学活动来说，既没有纯粹的个体建构，又没有纯粹的社会建构。个体建构中包含有社会建构的成分，社会建构中也有个体建构过程的参与。真实的教学活动，一定是个体建构与社会建构的有机结合。

四、教学活动的基本属性

教学活动是一个包含多种互动要素和多个向度的系统，而且还具有层级结构。作为一个动态的生成性系统，教学活动不仅由认知加工、行为操作、交往合作与调节监控四个相互关联的子系统组成，而且还包含有若干相互转变、转化的内部过程。所有这些方面的有机结合，必然使教学活动具有并表现出某些属性。对教学活动的基本属性进行分析和把握，将有助于我们更加准确地揭示教学活动的发展功能及其作用机制。

（一）对象性与目的性

人的活动都是对象性的活动，这主要是因为活动的主体——人是对象性存在物。马克思在《1844 年经济学哲学手稿》中写道："一个存在物如果在自身之外没有对象，就不是对象性存在物，一个存在物如果本身不是第三者的对象，就没有任何存在物作为自己的对象，也就是说，它没有对象性的关系，它的存在就不是对象性存在。"而"非对象性的存在物是非存在物"，"是一种非现实的、非感性的、只是思想上的即只是虚构出来的存在物，是抽象的东西"（中央编译局，1960）[168]。人本身作为一种现实的、感性的、有意识的存在物，有物质的和精神的需要，而这些需要的满足依赖于他之外的对象。因此，人本身是对象性存在物。

人作为现实的、感性的并且是有意识的对象性存在物，无论是在感性的实践领域，还是在精神的观念领域，都必须把自己以外的对象变为"充实自己、表现自己的本质"的对象，变为自己的物质生活和精神生活的一部分。但是，一个存在物成为活动的对象需要两个基本条件：一是这个存在物必须是有意义的存在物，即社会存在物；二是有意义的存在物必须与个体的个性需要相关，即必须是个性所需要的。因此，只有那些能够引起或者满足个性需要的有意义的社会存在物才能在现实中作为个体活动的对象。更重要的是，人还必须通过自己的活动事先对这些对象进行不同方式的加工改造，它们才能成为人运用不同方式加以享用和消化的对象，从而转化为人的物质的和精神的生活的一部分。而教学活动就是以实践的、理论的、艺术的等不同方式对外部对象进行加工改造，以便在适合于教师和学生的不同需要的形式上掌握和占有它们。因此，教学活动一定是对象性的活动。

需要指出的是，教学活动的对象性不仅仅是指在教学活动中活动主体有着自己的活动对象即活动客体，而且是指作为对象的活动客体不是由某种外在力量所给予的客体，也不是游离于主体的需要、动机、兴趣和知识、能力之外的客体，而是由教师和学生的知识、技能、能力、情感、态度等认识过、改造过和占有过的教学对象，包括作为客体的课程、作为主体的教师或学生与作为主体自身的自我。正因如此，我们才将教学活动理解为教学主体与三种教学对象之间的双向对象化过程。

教学活动不仅是一种有对象的活动，同时也是一种有目的的活动。由于人的因素的存在，教学活动总是为培养人和发展人的目的而存在和发展的。在教育活动中，不管是作为类的人，作为群体的人，还是作为个体的人，不管是作为主体的人，作为客体的人，都会根据自己的需要和动机，在教学活动中表现出各自不同的目的倾向和价值选择，同时按照自己的目的倾向和价值选择展开自己的行动。正因如此，教学活动从根本上不是一种纯粹客观的过程，其中参与了很多人的目的性因素。

（二）中介性与社会性

人作为主体进行对象性活动，是为了实现和达到在适合于自身需要的形式上掌握和占有对象的目的。为此，作为活动主体的人就要使他自身的力量发挥出来。但是，在活动中被人直接掌握的东西并不是活动的对象，而是活动的工具。正是依靠工具，人在活动中才得以发挥自身的力量，并依照自己的目的作用于对象，使对象发生结构和形式上的变化，从而在变化了的对象中实现自己的目的。因此，在人的活动过程中，工具是人用来达到自己目的的手段。但是，要使工具真正成为达到人的目的的手段，不仅要在活动中有目的地使用，而且要有适合于目的的正确的使用方式、方法。这里的工具以及工具的合目的的正确使用方式，就是介于活动的人与活动的对象之间的中介系统。实际上，无论是物质的感性实践活动，还是精神的观念活动以及物质的或精神的交往活动，都是中介性的活动。教学活动也不例外。

教学活动的中介包括物质的中介、思维的中介和语言符号的中介三种形式，物质的中介指向外部，它引起客体的变化；思维的中介和语言符号的中介则指向内部，影响人的心理和行为。但这些中介性工具都是教学活动的产物和创造结果，是人的活动、经验、知识、智慧、才能和技能的凝聚和结晶。正是通过这些中介，人的活动、经验、知识、智慧、才能和技能不仅可以保存下来，而且还可以一代又一代地积累起来和传承下去，并在教学活动的历史进程中愈来愈丰富、愈来愈发展。

教学活动不仅具有中介性，而且具有社会性。在教育系统的内部，教学活动可以形成一个相对独立的空间。但是，任何教学活动都不是可以任意地选择和行动的，它摆脱不了外部社会对它的种种规约与限制。更为重要的是，教学活动虽然在形式上依赖于个体的积极参与和主动建构，而且每个个体都将通过各种活动建构出自己独特的主体—客体关系、主体—主体关系以及主体—自身关系，但是，每个个体在活动建构的过程中又总是会与其他主体（教师或学生）结成一定的主体—主体关系，总是会与其他主体（教师或学生）进行着不同形式的交往活动。通过交往活动，每个个体才能全面地介入教学认识和教学实践活动之中，才能全面地认识教学客体、其他主体和他自身，从而实现自己的认识发展、社会性发展和个性发展。

（三）过程性与建构性

不管我们将教学活动理解为一种"特殊的认识过程"，一种"以认识为基础的特殊实践过程"，一种"以认识为基础促进学生发展的过程"，一种"师生之间特殊的交往过程"，还是一种"教学主体与教学对象之间的双向对象化过程"，其共同点在于将教学活动看做一种过程。实际上，人的任何一种活动都是一种过程，都是以过程的形式存在和发展的。可以说，过程是活动的存在方式，活动的本质就在于过程。离开了过程，活动便不能存在，也无法变化和发展。在此意义上，教学活动存在的过程，就是它自身不断变化和发展的过程。正是过程的存在，教学活动各个要素之间的互动、各个单位之间的相互转化、各个向度之间的相互联系、各个子系统之间的相互作用以及各种内部转换的动态过程，才得以在鲜活、客观的过程中发生、发展和变化。离开了教学活动的过程存在，教学活动目标的达成与学生发展的实现都将成为空中楼阁。因此，作为一种发展人、培养人的活动，教学活动是以过程的形式产生，以过程的形式存在，并以过程的形式展开。一句话，过程性是教学活动的基本属性。

与教学活动的过程性密切相关，建构性也是教学活动的基本属性之一。作为一种过程存在，教学活动必然包含有若干活动的进程、活动的阶段、活动的环节和活动的程序。在这种过程中，教师和学生在一定目标的导向下，以教学客体为中介，通过不同形式的信息沟通、情感交融和思想交流，共同建构着他们对教学客体的知识和意义，建构着他们对其他教学主体及其相互关系的认识和理解，建构着他们对自身的反思和评价，从而不断丰富和发展他们对客观世界、社会世界和主观世界的认识和理解。

（四）生成性与发展性

教学活动的过程性与建构性表明：教学活动不仅是各个要素、各个单位、各个向度、各个子系统、各种内部转换之间相互作用的变化和发展过程，同时也是学生个体在知识、技能、能力、情感、态度和价值观等方面的生成与发展过程。虽然教学活动在进行之前少不了活动主体，特别是教师的计划、预期和规范，从而使教学活动呈现出某种预设的性质，但是，真实的教学活动总会由于教师主体和学生主体、活动情境以及活动本身的逐渐深入等方面的因素，充满了偶然和变数，从而使教学活动又具有某种不可预期性和非确定性。恰恰是这种不可预期性和非确定性的存在，实现了教学活动的生成性和发展性。

从根本上讲，教学活动的对象性与目的性、中介性与社会性、过程性与建构性，都是为生成性与发展性服务的。生成性与发展性是教学活动的根本属性，也是教学活动的生命力之所在。根据我们前面的分析，教学活动的生成性与发展性，主要来源于教学活动系统内部的诸多相互转化的环节和过程，包括活动、行为与操作之间的相互转化、教学主体与教学客体之间的双向对象化、外部活动的内化和内部活动的外化以及个体建构与社会建构的相互转化。通过这些相互转化的环节和过程，不仅是教学活动的结构和形式得以不断地生成与发展，而且学生个体的知识结构、认识能力、实践能力、社会性品质和个性品质也得以不断地生成与发展。正因如此，苏联活动心理学才将教学活动理解为一个具有自己内部转换、转变结构的生成、发展系统。

第四章

教学条件下学生发展的活动机制及其规律

　　活动的内在结构和基本属性决定了它对学生的发展具有某些功能效应。从分析的角度，人的发展体现在三个基本的层面。（1）类本质的发展，即人的活动及活动能力的发展。在教学活动条件下，学生在这方面的发展主要体现为认识的发展。（2）社会本质的发展，即人的社会性的发展。（3）个体本质的发展，即个性的发展，主要指人的独特性和自主性的发展。在本章中，我们将分别从学生的认识发展、社会性发展和个性发展三个方面，分析教学条件下活动对于学生的发展功能及其形成机制，并从总体上揭示活动对于学生发展的作用规律，从而为教学活动的应用设计找到可靠的理论基础。

一、活动的认识发展功能及其实现机制

　　认识是主体在实践活动基础上对客体的能动反应。认识发展是人的发展中极其重要的组成部分，主要是指与大脑生长和知识技能有关的发展方面，具体涉及人在观察、注意、记忆、思维、想象、创造力等方面种种功能的发展变化。由于人的认识发展受到认知、情感和意志等多种因素的影响，因而人的认识发展又表现为形成一个由意义、态度、动机和能力等成分相互关联的越来越复杂、越来越抽象的认知结构。教学的主要任务之一

是促进学生的认识发展，而教学活动的一大功能就是实现学生的认识发展。活动不仅成为现代教学有效地解决学生认识发展问题的基本途径，而且还创造出了各种促进学生认识发展的内在机制。

（一）活动对学生认识发展的三大功能

归纳起来，活动作为学生认识发展的实现机制，在学生的认识发生、发展中发挥着三种基本功能，具有三个方面的作用，即认识的起源与发生、认识的建构与形成、认识的改进与转换。

1. 起源与发生功能

人的认识的起源与发生问题，即人的认识何以可能的问题是贯穿哲学认识论研究史的主要问题。经过古代认识论向近代认识论、近代认识论向现代认识论的两次发展转换，以及马克思主义的历史认识论、皮亚杰的认识发生论和米德的社会认识论等创造性研究，我们现在可以断言：人的实践活动才是认识的基础和来源，人的认识起源和发生于人的实践活动。同样，教学离开了活动，学生的认识便成为无本之木、无源之水。

古代认识论的四种学说　关于人的认识的起源与发生，古代认识论形成了四种经典的学说，包括"流射"说、"影像"说、理念说和活动说。"流射"说的代表人物是古希腊哲学家恩配多克勒，他认为一切事物作为客体都会发出一种"流射"，这种"流射"与人的感官通道相适应时，它就可以进入人的感官通道，从而引起人的感觉和认识。德谟克里特继承了恩配多克勒的"流射"说，提出了"影像"说，他认为外界物体都会发射出一种波流，呈现出这种物体的"影像"，这种"影像"作用于人的感官，透过身体内部，便产生了人的感觉和认识。显然，"流射"说和"影像"说都是从客体的方面去追究人的认识发生问题。与此相反，柏拉图强调了主体在认识发生中的重要作用，提出了理念说，认为人的认识是主要借助于人本身的思维反省作用，通过回忆产生的。亚里士多德试图综合"流射"说、"影像"说和理念说三种看法，从主体和客体两个方面出发，去寻找人的认识的发生根源，并提出了活动说。亚里士多德认为，感觉是认识的起因，但只有通过人的理性思维才能认识事物的真正本质。亚里士多德的思想虽然仍然带有明显的唯心主义成分，他把人的全部认识都归结为人的心灵功能作用的结果，但他毕竟做出了从主体和客体相互作用的方面，去理解人的认识产生的首次努力。

很明显，古代认识论在人的认识发生问题上存在两条相反的研究路线：一是从客体出发，认为人的认识来源于客体；一是从主体出发，认为人的认识来源于主体。但从总体上看，古代认识论还没有真正看到人在认识中的主体地位，四种学说之间的争论还只局限于主体和客体谁是第一性的问题上。而其后的近代认识论，才真正开始使用主客二分的思维方式，去思考人的认识发生问题。

近代认识论的两大理论阵营 近代认识论在人的认识发生问题上的争论分为两大阵营：经验论和唯理论。经验论的第一个代表人物是英国的洛克，他认为人的感觉、知觉和直观内容是认识的真正起源，只有从人的感觉出发，才能达到对事物普遍规律的认识（仰海峰，2006）[155]。以此为基础，培根认为全部对自然的解释都是从感觉开始，由感官的知觉沿着一条径直的、有规则的、谨慎的道路达到理智的知觉，即达到真正的概念和公理（仰海峰，2006）[155]。在他看来，认识就是感觉的积累过程。培根的这一观点，为人的认识摆脱对上帝的依赖性提供了有力的证明。但是，感觉所能感受的只是事物的一个方面，而我们在看到一个事物时，总是将其理解为一个整体，这就已经包含有超越感觉直观的东西，否则，我们将永远无法认识一个事物。那么，这种超越感觉直观的东西究竟是什么呢？这是经验论者从客体和对客体的感觉出发无法回答的问题，同时表明仅有客体和对客体的感觉直观是无法形成认识的，认识的本质可能存在于另一种规定性中。

正是基于对经验论的反思，笛卡儿以"我思故我在"的认识论命题开拓了唯理论。笛卡儿认为，人的认识不可能从有个体性差异和变幻不定的感觉经验中得来，人的纯粹的理智和天赋观念才是人类知识的真正源泉。在他看来，人的认识中重要的不是经验直观，而是经验直观何以能得到整体性的建构。而经验直观的整体性建构，只能通过主体的自我意识才能实现。在这里，笛卡儿强调了作为主体的"我"和"我"的自我意识在人的认识发生中的主观能动性。但是，这个"我"和"自我意识"何以可能？又是从何而来呢？这是笛卡儿没有回答的问题。而康德试图解答这一问题。

康德的先验统觉论　康德开启了现代西方哲学认识论，并对人的认识发生问题进行了新的探索。在康德看来，从经验论到唯理论，虽然在理论上是一个逻辑提升，但在方法论上却具有同质性，即它们都是以近代的自然科学方法论为前提，因而它们所指的认识都只是知性认识，而知性认识还没有达到对事物本质的认识。由于过去的认识论都不能达到对事物本质的认识，就必须对人的认识问题进行新的探索。按照康德的学说，人的认识既不是起源于外部经验，也不是起源于人的先验理性，而是人用先验的形式去整理、综合和统一庞杂的感觉经验的产物，即人将先天的认识形式如概念、判断、推理等运用到经验中去，使普遍性、必然性同感性经验结合起来，便形成了现实的知识。因此，人的认识的过程就是主体能动地为自己建立认识对象，并用先验的认识形式去赋予感觉经验以普遍意义的过程。

在这里，康德充分地注意到了主体与客体之间的相互作用，而不是单纯地从主体或者客体一个方面去解释人的认识发生问题，并且承认了人作为主体在认识中的主观能动性。但康德同样遇到了一个难题，这就是人的"先验形式""先天认识形式"又是从何而来。如果这些"先验形式""先天认识形式"都只是同人与生俱来的，或者是纯粹先天的，那么，所谓的主体也只是先验的主体和精神的主体，所谓的主体或者客体都将成为无法认识的存在，人的认识最终也就不可能发生。而马克思帮助康德找到了这一难题的答案。

马克思的历史认识论　借用马克思的话说，经验论的主要缺陷在于，"对事物、现实、感性，只是从客体的或者直观的形式去理解，而不是把它们当做人的感性活动，当做实践去理解，不是从主观方面去理解"（中央编译局，1992）[16]，因而无法正确地理解和回答人的认识产生问题。唯理论虽然发展了主体的能动性方面，但由于没有科学的实践观点和活动观点，不理解主体能动性的现实根据，将理性的能动性归之于理性自身，因而也只能是抽象地谈论人的认识发生问题。于是，笛卡儿虽然强调"我思"的无可置疑性，却只能推出"上帝"来化解他的理论困境。而康德虽然认定认识本身具有一种先天的认识形式和综合功能，却又只能留下一个无法化解的"自在之物"（王义军，2002）。马克思的辩证唯物主义认识论以科学的实践观为基础，认为不是笛卡儿的"我思"和"绝对理念"，而是实践活动才是人类认识的基础、前提、来源和动力。

在马克思看来，不只是人的认识，而且认识的主体与客体，都是在实践活动过程中通过实践活动创造出来的，"生产不仅为主体生产对象，而且也为对象生产主体"（中央编译局，1992）[95]；不只是经验论者所强调的感觉直观，而且唯理论者所强调的理性思维，包括被康德所强调的"先天认识形式"和"综合功能"都是在人类漫长的实践活动过程中通过实践活动形成的。总之，人的认识起源于主体与客体之间的相互作用，起源于人自身的实践活动。这一结论已经为瑞士心理学家皮亚杰的实证研究所证实。

皮亚杰的发生认识论　马克思将"实践"范畴引入哲学认识论的研究之中，从宏观上揭示了人类认识的起源与发生机制。深受马克思主义哲学认识论的影响，皮亚杰从生物学、心理学和认识论三个视角，更为具体地、微观地研究了个体认识的起源与发生机制。在认识的起源与发生上，经验主义者认为认识源自于主体对外部客体的反映，其典型的认识论模式就是洛克的"白板说"。然而，人的认识并不是对外界事物的简单反映，因为人总是具有不同心智结构的人，对同一事物的反映也就具有不同的视角和方式。理性主义者看到了人的心智结构在认识中的决定性作用，但又把这种心智结构仅仅看做是一种先验的存在。同马克思一样，皮亚杰反对经验主义和理性主义关于认识的起源与发生问题的这两种理解。他明确指出："认识既不能看做是在主体内部结构中预先决定了的——它们起因于有效的和不断的建构；也不能看做是在客体的预先存在着的特性中预先决定了的，因为客体只是通过这些内部结构中的中介作用才被认识的，并且这些结构还通过把它们结合到更大的范围之中（即使仅仅把它们放在一个可能性的系统之内）而使它们丰富起来。"（皮亚杰，1981）[16]

正是出于对经验主义和理性主义的理论反思，皮亚杰经过大量的实证研究之后断言：认识"起因于主客体之间的相互作用，这种作用发生在主体和客体之间的中途，因而同时既包含着主体又包含着客体，但这是由于主客体之间的完全没有分化，而不是由于不同种类事物之间的相互作用"（皮亚杰，1981）[21]。主体与客体之间的相互作用是什么？就是活动。它最初表现为婴儿刚刚出生下来时的抓、握、吸吮等本能动作，婴儿最初的认识就来源于这些基本的动作。其后，这些动作逐渐发展成为更加复杂、高级的认识活动、实践活动和交往活动，而个体的认识就是在这些不断发展的活动中得以形成的。

米德的社会认识论　在某种意义上，皮亚杰坚持了马克思主义的实践观点，并借助"活动"范畴，更加深入、细致地揭示了个体认识发生、发展的活动机制，从而发展了马克思主义的哲学认识论。但是，马克思的实践活动，从来都不是单个人的实践活动，而是社会关系中的实践活动。在这个意义上，皮亚杰的认识发生论仍然是不彻底的。换句话说，如果个体的认识不能进入到社会交往的层面，如果个体的认识不能进入社会建构的过程，这种认识是根本无法建构出来的。这正是皮亚杰认识发生论的重要缺陷。在这个方面，米德的社会认识论倒是弥补了皮亚杰发生认识论的不足。

在皮亚杰的发生认识论中，个体直接面对客体，并直接作用于客体，个体的认识也可以由个体在活动过程中独立地完成，而不需要与他人的交往、合作和交流。但实际的情况并非如此，尤其在需要大量社会交往过程的教学活动中，这种情况就更不可能。米德认为，个体认识的建构，是在社会化过程中和自觉的社会生活建构过程中实现的。正是在社会化的交往、合作和交流过程中，个体将从他人那里期望得到的东西内化为自己的东西，从而实现了个体认识的社会建构。在米德看来，认识是在社会互动的情境中，通过姿态、调整性反应、意谓和反思性智力等过程才能最终形成（仰海峰，2006）[178]。即使如此，米德并没有否定皮亚杰关于人的认识起因于活动这个观点，米德只是看到了活动的社会性构成在人的认识发生中的重要作用。正因如此，我们在分析教学活动的结构、功能和作用机制时，始终都将主体与主体之间的交往关系和交往活动作为一个非常重要的组成部分。

通过上面的分析，我们可以肯定地说：人的认识起源和发生于人自己的活动，人的活动是人的认识的来源、前提和基础。作为人类活动的一种，教学活动在学生认识发展方面的第一个功能，就是认识的起源与发生功能。

2. 建构与形成功能

活动不仅创造了主体、客体以及主体和客体之间的相互作用，而且还创造了主体对客体的认识。学生的认识是学生在自己的活动中逐步建构和形成的，学生的认识就是他自己的活动结构的内化与升华。正是通过教学活动，学生得以建构和形成他自己的认识。

认识是活动结构的内化与升华　按照马克思主义认识论，在人的活动中，主体通过活动改变客体而暴露客体的结构、形式和性质，并经过知觉途径获得感性经验；主体作用于客体的活动本身又通过非知觉途径内化于自己的思维之中，形成主体的认识结构。与此同时，主体在活动过程中所发生的主体和客体之间的相互关系、主体和主体之间的相互关系和主体与自身之间的相互关系，在活动过程中所接触到的各种活动对象的特点、属性以及它们之间的相互关系，所有这些都会观念地反映在人的大脑中，形成以它们为内容的认识和思维。在这个基础上，也就形成了人所特有的认识结构。在这个意义上，学生的认识就是教学活动结构的内化与升华。

感性认识与理性认识都是由活动建构和形成的　活动不仅建构和形成了观察、注意、感知等感性认识，而且概念、判断、推理等理性认识也是由活动建构和形成的。马克思曾经写过："人们绝不是首先'处在这种对外界事物的理论关系中'。正如任何动物一样，他们首先是要吃、喝等，也就是说，并不'处在'某一种关系中，而是积极地活动，通过活动来取得一定的外界物，从而满足自己的需要。由于这一过程的重复，这些物能使人们'满足需要'这一属性，就铭记在他们的头脑中了，人……也就学会'从理论上'把能满足他们需要的外界物同一切其他的外界物区别开来。在进一步发展的一定水平上，在人们的需要和人们借以获得满足的活动形式增加了，同时也进一步发展了以后，人们就对这些根据经验已经同其他外界物区别开来的外界物，按照类别给予各个名称。"（中央编译局，1960）[405] 由此说明，以语言符号为中介的概念、判断、推理等理性认识形式对一个个体来说似乎是"先验"的东西，其实是人在自己的活动经验中抽取提升并积累演化而来的。它们并非是笛卡儿等唯理论者所说的"天赋观念"和理性直观，并非是康德所谓的无法察知其来源的纯粹认识形式，也并非如经验论者所说，是由个体的感觉经验中直接归纳而来，而是人在自己的实践活动中通过实践活动建构和形成的。皮亚杰的认识发生论则更为具体地说明了这一点。

物理知识和逻辑—数理知识都是从活动中抽象出来的 皮亚杰通过大量的实证研究发现，认识是一个建构过程，是通过主体和客体的相互作用，即活动来进行的。在任何水平上，人的认识都是主体对客体所完成的现实活动的产物。无论是物理知识、逻辑—数理知识，还是社会—约定知识，都是儿童从早期的活动结构内化而来的。他明确指出："逻辑数理运算来源于动作本身，因为它是从动作的协调中抽象出来的结果而不是从对象本身抽绎出来的。"（皮亚杰，1982）[107] 按照发生认识论，关于对象的物理知识是从主体作用的对象中抽象出来的，而逻辑数理知识则是从活动过程本身抽象出来的。前者是指个体作用于客体，获得客体的特性，如体积大小、重量等，后者是指主体理解动作与动作之间相互协调的结果。前者由物体特性中得来，而后者不存在于物体的本身，而是由主体作用于客体的动作以及动作间的相互协调结果所引起。

当学生在摆弄几个大小不同的烧杯（其中最小的一个烧杯装有水）时，他们知道这些烧杯是硬的、光滑的、圆形的、有颜色的，知道烧杯里面的水是无色的、无味的、透明的，这些都是关于烧杯和水的物理知识；如果他们将烧杯里面的水分别倒进其他几个大小不同的烧杯，然后知道不同烧杯的水面高低是不同的，但水的数量却是相同的，于是就得到了数学上的可转换性，即水的数量与烧杯大小无关，这就是逻辑—数理知识。很明显，这种知识不是从烧杯和水本身抽象出来的，而是从学生对烧杯和水的活动中抽象出来的。皮亚杰认为，对不同结构的活动的抽象便形成各种不同的逻辑数理知识，当它内化并积淀在主体的意识中，便形成了主体的认知结构。

不同层次的活动建构和形成了不同层次的认识 在发生认识论中，皮亚杰还非常细致地阐述了不同年龄阶段的活动对儿童认识的建构和形成作用：周期性的胚胎运动使儿童的认识开始萌芽；儿童出生后两个月，抓、握、吸吮等本能活动决定了他的认识发展；4 个月时，儿童的认识发展依靠多次重复的兴趣活动；儿童 11 个月时，工具性的联合动作对儿童的认识发展极其重要；18 个月时，儿童的身体运动决定了儿童的认识发展；2—7 岁时，儿童借助实物活动、各种象征性活动或游戏、模仿以及绘画等活动发展了他的认识；7—12 岁时，虽然儿童的认识仍然需要依靠某些具体实物或实际动作的支持，但逻辑思维已经初步形成；12—15 岁时，儿童可以离开具体实物或实际动作的支持，进行比较抽象的以语言符号为中介的内部思维活动，由此也形成了儿童的抽象逻辑思维。这集中地说明了活动在认识的建构和形成中的正向作用。

3. 改进与转换功能

教学活动不仅具有建构和形成认识的功能，而且还具有改进与转换认识结构的功能。活动最初表现为本能活动、实物活动、感知活动和操作活动等外部活动形式，与此相应，儿童所获得的认识还只是初级的、感性的认识形式。随着活动形式、活动结构和活动层次的发展变化，儿童的认识也逐渐从低级到高级不断发展。这从以下几个方面具体地表现出来。

从感性认识到知性认识再到理性认识 在教学活动中，学生的感性认识是学生感知活动、操作活动等外部活动形式的产物，是学生通过感觉器官对于事物的现象、事物的各个片面和外部联系的认识，具有直接性和具体性两个特点。感性认识包括感觉、知觉和表象三种形式，是学生认识发展的低级阶段。在感性活动和感性认识的基础上，学生舍弃事物的个别特征和整体联系，从中抽取出事物的共同性特征，并初步把握住事物的规律性，从而达到对事物的知性认识。知性认识包括概念、定义和判断三种形式，是学生认识发展的中级阶段。学生的理性认识是学生通过复杂的抽象思维，从外部活动的过程本身抽象出来的关于事物的本质、事物的全体和内在联系的认识，具有间接性和抽象性两个特点。理性认识包括概念、判断和推理三种形式，是学生认识发展的高级阶段。显然，随着教学活动从感性水平到知性水平再到理性水平的发展转换，学生的认识也逐渐从感性认识发展到知性认识和理性认识。

　　从行为思维到形象思维和概念思维　学生最初的思维是行为思维。行为思维必须以外部的操作活动为发源地，必须依附于工具及其操作，并经过操作向语言的内化这一过程。正如马克思所言："思想、观念、意识的生产最初是直接与人们的物质活动，与人们的物质交往，与现实生活的语言交织在一起的。人们的想象、思维、精神交往在这里还是人们物质行动的直接产物。"（中央编译局，1992）[82] 学生的行为思维是以学生对教学客体的具体操作过程为中介的思维，是一种以外部行为抽象为特色的、与具体感性活动交织在一起的思维，因而具有行为操作性、具体情景性、实践功利性和混沌未分性四个基本特征。作为一种思维形式，行为思维是学生的感性活动和直观动作内化的结果。而感性活动和直观动作的内化，就是在思维中对活动的描述和观察。

　　由于学生对连续性活动进行有意识觉察和精确描述存在困难，他就可能采取形成表象和形象的方式来进行内化。这时，学生的形象思维得以产生。学生运用形象思维，一方面将构成活动系统的各种要素、方面、环节不自觉地纳入一个整体之中，并以形象方式再现出来，这使学生能以一种总体性的方式达到对于活动的空间结构的一种比较全面的掌握，从而显示出整体性；另一方面，由于形象的复现、再现、展望和预见作用，学生不仅能够从事现时的认识活动，而且还能形象地回顾过去的认识活动或者展望未来的认识活动。

　　概念化的活动和概念思维是教学活动的重要特征。在概念化的活动阶段，当学生利用概念系统的特有功能，在头脑中把客体的内容和形式分离出来，把事物的形式加以概念化，并将概念化的形式提炼或设置为假设或命题，对以命题或假设出现的概念进行运算，就能够在更抽象的层次上，即概念思维的层次上达到对客体的逻辑把握。从行为思维到形象思维，再到概念思维的发展转换，表明了学生逐渐获得了相对完善和深入的认识发展，并最终能够在比较全面和更高级的水平上从事认识活动。

　　从感知运动图式、表象图式、直觉思维图式到逻辑思维图式　皮亚杰认为，认识的建立就是在活动基础上形成主体的认知结构（图式），认识的发展表现为主体认知结构的改进与转化，而认知结构的改进与转换又是通过主体活动的不断改进与转换来实现的。在他看来，儿童的认识活动是由最初的感知运动逐渐向表象型活动、直觉思维活动和逻辑思维活动发展的；相应地，儿童认知结构的不断改进与转换，是由最初的遗传反射图式逐渐发展到感知运动图式、表象图式、直觉思维图式和逻辑思维图式。

感知运动阶段的认识活动主要是通过探索感觉、知觉与运动之间的关系来获得动作经验，还没有表象和思维，儿童的认知结构还处在感觉运动的水平；在前运算阶段，儿童将在感知运动阶段所获得的感觉运动模式，内化为表象或形象模式，其认识活动已经不只限于对当前直接感知的环境施以动作，开始能运用语言或较为抽象的符号来代表他们经历过的事物。但这一阶段的儿童还不能很好地掌握概念的概括性和一般性，儿童的认知结构处于表象的水平；在具体运算阶段，儿童已经能够逐渐超出知觉的限制，其认知结构已经发生了很大的改善与重组，形成了守恒概念和可逆性，能够凭借某些具体事物或从具体事物中获得的表象进行逻辑思维。但这一阶段儿童的思维仍需要具体事物的支持，还不能进行抽象思维，其认知结构处于直觉思维的水平；在形式运算阶段，儿童的认识活动已经超越了对具体的可感知的事物的依赖，使形式从内容中解脱出来，凭借演绎推理、归纳概括或因素分解等方式来解决问题，其认知结构达到了逻辑思维的水平。

（二）活动对学生认识发展的功能形成机制

综上所述，教学活动对于学生的认识发展具有起源与发生、建构与形成、改进与转换三个方面的基本功能。那么，教学活动对于学生认识发展的这些功能究竟是如何形成的呢？从根本上讲，它们来源于教学活动的二重性，具体表现为活动的认识性与认识的活动性、活动的认识结构与认识的活动结构、主体的客体化与客体的主体化、外部活动的内化与内部活动的外化、个体的建构与社会的建构以及认识结构的同化与顺应。

教学活动所具有的这种二重性，使它成为认识与实践、意识与活动、主观与客观、主体与客体、外部活动与内部活动、个体建构与社会建构以及同化与顺应之间的"交错点"。也就是说，教学活动对认识发生的条件匹配机制以及活动结构与认识结构的同源同构机制，起源和发生了学生的认识；主体与客体之间的双向对象化机制、外部活动与内部活动之间的双向转化机制以及个体与社会之间的双重建构机制，建构和形成了学生的认识；而同化与顺应之间的调节与平衡机制，则改进与转换了学生的认识。

作为三种认识发展力量，它们分别从认识的起源与发生、认识的建构与形成、认识的改进与转换三个方面，发展着学生的个体认识。依靠这六个机制，教学活动能够较为有效地克服认识与实践、意识与活动之间的脱节，使学生的认识发展具有一个可靠的来源和基础；能够较为有效地弥合感性认识与理性认识、认识能力与实践能力、智力发展与非智力发展之间的断裂，使学生的认识发展成为一个建构意义、生成能力和发展情感的完整过程；能够较为有效地协调教学要求与学生发展水平、个体认识需要与自身认识水平之间的冲突，为学生认识的不断改进与转换提供了内源性的支持（如图5所示）。

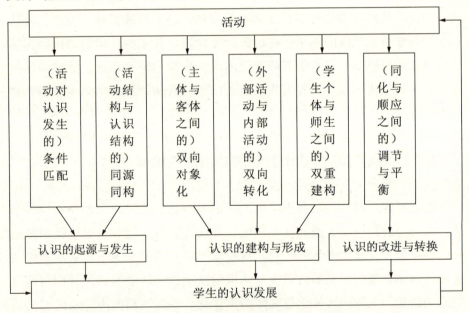

图5　活动对学生认识发展的功能形成机制示意图

1. （活动与认识）条件匹配机制

在教学条件下，学生的认识何以可能？或者说，学生认识得以发生的基础和来源是什么？一般的回答便是"活动"。实际上，活动之所以是学生认识的基础和来源，关键在于活动为学生认识的发生和形成提供了相应的条件。根据前面的分析，个体认识的发生和形成至少需要具备四个方面的条件：主体与客体之间对象性关系的建立；主体自身拥有一套认识的能动性结构；主体自身的主动建构；主体通过与主体进行交往、合作而实现的社会建构。而教学活动则分别从这四个方面，为学生认识的发生和形成准备了必要的条件，这就是活动对学生认识发生的条件匹配机制。正是通过这种条件匹配机制，活动不仅为学生认识的发生提供了可靠的基础和来源，而且还使学生认识的发生具有了现实可能性。

学生主体与教学客体之间的对象性关系　人和对象之间对象性关系的形成，是人认识的基础和开始。而人和对象之间对象性关系的形成，又包含三个方面的因素：（1）认识主体和认识客体的产生；（2）对象意识与自我意识的形成；（3）认识主体与认识客体的分化。

在教学中，这里的认识主体是指处于一定教学条件和师生关系中的、从事着认识活动与实践活动的学生，认识客体是指进入学生认识活动领域的对象，即进入学生认识活动和实践活动范围的课程。虽然课程的存在是学生认识活动的前提，但它并不能自动地成为学生的认识对象。课程能否成为学生的认识对象，取决于它是否进入学生的认识视野和实践视野，取决于学生的认识水平和实践能力，取决于学生是否具备了感知和思维它的能力以及这种能力的完善程度。而所有这些条件，又都是学生通过实践活动才能创造出来的。不仅是认识的客体，而且认识的主体也是实践活动创造出来的。在马克思看来，作为认识主体的人并不是抽象地栖息在世界以外的东西，也不是孤立地站在客观事物面前的人，而是以社会的方式从事着实践活动的人。因此，学生要成为认识主体，必须通过实践活动来实现，并只能通过实践活动来确证他的主体地位。

对象意识的确立是学生认识发生的先决条件。或者说，学生对教学客体的意识乃是他的自我发现和自我意识的先决条件。学生的对象意识与自我意识乃是同一过程的两个方面。学生在认识教学客体的同时，也是认识自我，确立自我意识的过程。意识、认识意味着区分。学生确立了对象意识和自我意识，意味着学生能够区分开外部世界中的各种事物，使外部世界的各种事物在他面前不再是混沌一片；意味着学生能够区分开外部对象与自我；意味着学生能够区分开他人与自我，区分开自我与非我。正是这种区分，使学生主体与教学客体之间建立起了一种对象性关系，从而开始了学生的认识过程。但是，无论是对象意识和自我意识的确立，还是外部对象、他人与自我的区分，最初都是在实践活动中实现的。

　　对象意识和自我意识的确立以及外部对象、他人与学生自我的区分，直接导致了学生主体与教学客体之间的分化。而造成主体与客体之间分化的最初条件却是主体的活动。主体与客体之间的分化是主客体之间对象性关系的实质内容，它为学生认识的发生提供了可能的条件。按照皮亚杰的理解，主体与客体之间的分化过程，就是学生认识的发生与发展过程。例如，婴儿最初的活动都是一些诸如吸吮、抓、握之类的本能活动，这种活动虽然指向外界，但却没有明确的对象世界，即主体与客体没有明确的划分。这就使得刚出生的婴儿没有任何自我意识和对象意识，也就没有对外界对象的认识。随着感知运动的日益丰富，婴儿逐渐能够将对象与自我区分开来，使主体与客体之间的分化与日俱增，从而为他的认识发展提供了必要的物质前提。

　　学生主体的能动性结构　学生在认识外界对象，形成经验知识时，心灵从来就不会是一块白板，而是"先验"地具有一套认识的能动性结构。外界信息只有与这套"先验"结构相契合，才会被接纳进而被处理和整合为知识经验。这里的能动性结构，就是笛卡儿所指的"绝对理念"和"自我意识"，康德所谓的人的"先天认识形式"和"综合功能"。用当代教育心理学的术语说，就是主体的认知结构。离开个体的已有认知结构，即使拥有丰富的客体刺激和新信息，学生还是无法认识和理解它们。按照教育心理学家奥苏贝尔的看法，学生能否认识和理解新教材，必须拥有一套具有三个品质特征的认知结构：（1）有大量可以利用的、与新教材建立联系的有关观念；（2）这些观念与将要学习的新观念之间区别明显，能够防止新旧观念的混淆，使新观念能够作为独立的实体保存下来；（3）有稳定、清晰的起固定作用的观念。因此，学生主体的能动性结构是他认识外界事物的重要条件。然而，无论是笛卡儿的"绝对理念""自我意识"和康德的"先天认识形式""综合功能"，还是当代认知心理学家所强调的认知结构，所有这一切的根源则是实践与活动。

学生个体的主动建构　有了认识的主体、认识的客体以及认识主体与认识客体之间对象性关系的建立，就为学生认识的发生提供了必要条件，但还不是充分条件。如果学生没有认识的需要和动机，没有学生个体的主动参与和自觉行动，再丰富的客体刺激和外界信息，再完善的知识经验和认识结构，也会在学生个体的面前变成废纸一堆，或者白板一块。因此，学生自身的需要、动机等非智力因素以及与之相关的学生个体的主动建构，也是学生认识得以发生、发展的重要条件之一。这正是当代认知心理学家如此强调学习者主动性的原因之所在。但是，学生的需要、动机从何而来？学生的主动性从何而来？人的需要和动机不会凭空产生，它们与人的活动密切相关，并与人的活动产生着双向互动的过程：人的需要、动机推动着人的实践活动，人的实践活动又在满足需要、动机的过程中改造着原有的需要、动机，产生出新的需要、动机，从而给人的实践活动以新的动力，由此不断地推动着人的主动活动。国内教学认识论的有关研究也表明：学生主动性的现实基础在于他自己的活动，在于他自己通过活动所形成的认知结构、情感结构和意志结构。

师生之间的社会建构　由于客观世界的复杂性以及人自身认识能力的有限性，每个学生个体对客观事物的理解或形成的认识可能是片面的、粗浅的和不完整的。要达到对外界客观事物的全面的、深入的和准确的认识和反映，需要学生个体通过师生之间的社会交往，通过师生之间的交流、协商、对话和讨论，逐步达到对外界客观事物意义的全面的、深入的和准确的认识。正因如此，学生认识的发生和形成既需要学生个体的主动建构，又需要师生之间的社会建构。正是在与师生的社会交往过程中，在与师生的交流、协商、对话和讨论中，通过再建、再现、调整、修正、完善等社会建构过程，学生个体得以不断深化对外界客观事物的认识，完成知识的建构和内化。学生个体通过不同媒介和表征形式，将主观建构的新知识外化和客观化，并经师生根据一定的标准进行评判、讨论、审视而为大家所接受，进而转化为师生的"公共知识"。

那么，教学活动是如何实现师生之间的社会建构的呢？作为一种同时包含教师教和学生学两个方面的双边性活动，教学活动天然地具有社会交往和社会建构的性质，普遍地存在着教师与学生、学生与学生进行相互交往和共同建构的现象。这在我们前面对教学活动结构的系统分析中也已经得到证实：教学活动涉及共同体、分工、规则等社会性要素，包含主体—主体这个基本向度，具有交往合作这个子系统。也就是说，教学活动总是一定师生交往中的活动，而师生之间的社会交往本身又是教学活动的存在形式。

2. （活动结构与认识结构的）同源同构机制

实践是人的认识的第一个前提，是人的认识的永恒的基础。正如马克思所说："人的思维的最本质的和最切近的基础，正是人所引起的自然界的变化，而不仅仅是自然界本身；人在怎样的程度上学会改变自然界，人的智力就在怎样的程度上发展起来。"（中央编译局，1992）[429] 人的认识何以如此地依赖于他自己的实践活动？更进一步，学生的认识又何以能够通过教学中的实践活动而发展起来呢？其根本原因就在于认识结构本身就只存在于实践的活动结构之中，它是从外部感性活动内化而来，而认识结构对活动结构的超前性也只是活动结构能动性的表现形式。

换句话说，如果没有认识结构与活动结构的这种同源性与同构性，就没有人的认识对自己实践活动的这种依赖性，人的认识就可以自己形成自己，自己构成自己。但事实又绝非如此，人的认识必须依赖于他自己的实践活动。那么，唯一的可能性只能是：当人的认识潜藏于实践活动过程中时，它是实践活动的精神因素；但当它从实践活动中独立出来之后，就形成了自己的"活动结构"。然而，这种"活动结构"本身又是从活动结构中产生出来的，它天然地与活动结构同源同构。正是教学实践的活动结构与学生认识结构的这种同源性与同构性，才使学生的认识发展有了实践活动这一"母体"。可以说，教学实践中的活动结构是学生认识结构的"母体"。在教学中，实践活动结构与学生认识结构的这种同源同构性主要来自于三个方面。

总体结构的同源同构 教学中的实践活动与学生的认识活动二者都是由主体的需要和动机引起，受到主体需要、动机的调节，并且由主体来发起对客体的认识、实践和改造；二者都是以一定的目的为指导，自觉的目的贯穿于教学实践活动与学生认识活动的始终；二者都是由一系列与目的相关的行为组成，教学实践活动的目的与学生认识活动的目的都要依靠一定的行为来实现；二者都是由一系列与条件、手段、工具相关的操作组成，教学实践活动要通过工具手段，学生的认识活动要借助于逻辑手段，因此，教学实践活动表现为工具操作，学生的认识活动表现为逻辑操作；二者都包含有主体—客体、主体—主体和主体—自身三个基本向度，同时展开了主体与客体之间的认识关系和实践关系、主体与主体之间的交往合作关系以及主体与自身之间的反身关系；二者都涉及认知加工、行为操作、交往合作与调节监控四个子系统之间的分工与协作。这就是教学活动与学生认识在总体结构上的同源同构。

转化结构的同源同构　教学中的实践活动与学生的认识活动都是主体客体化与客体主体化、外部活动的内化与内部活动的外化的双重转化结构。实践活动作为转化结构，首先是主体客体化和客体主体化的双向对象化。一方面，实践活动使主体的体力和智力物化（对象化）在教学客体身上（主体客体化），外化为活动产品；另一方面，实践活动又把本来属于教学客体（教学对象）身上的东西转化为主体本身的知识、技能和能力（客体主体化），从而包含在实践活动之中。其次，实践活动作为转化结构，又是外部活动的内化与内部活动的外化的统一。一方面，实践活动将主体早先进行的实际动作积淀、结晶在主体的大脑之中，形成主体认识结构的一部分；另一方面，实践活动又将主体大脑中通过实践活动所形成的认识结构转化为外部的动作，从而发起对客体的实践与改造。

教学中的实践活动就是在主体客体化与客体主体化、外部活动的内化与内部活动的外化的双重矛盾中不断发展、变化的，学生的认识活动同样如此。仅从外部活动的内化与内部活动的外化的双重转化来看，学生的认识总是不断地把外部活动转化为内部的智慧过程，同时又不断地把内部的运算过程转化为外部的形式，凝聚在自己的行为、工具、操作与活动产品之中。这就是教学活动与学生认识在转换结构上的同源同构。

发展结构的同源同构　教学中的实践活动与学生的认识活动都具有社会历史性的发展结构。这种结构使他们能够继承以前的所有活动成果和认识成果，并在继承成果和自身结构不断发展的基础之上，开展自己新的活动过程和认识过程。教学中的每一次实践活动，每一个阶段的实践活动，都不是孤立地进行的，它们总是继承了先前历次实践活动的活动目的、活动内容、活动条件、活动方式和活动成果，并以此作为客观的基础，展开自己的新的活动过程。同样，学生的每一次认识活动都不是在一张白纸上进行的，只能是在他先前形成的思维模式、概念、范畴、方法的基础上展开。或者说，学生是在先前形成的认知结构、思维框架和认识模式的基础上进行意识、思维和认识活动，并在新的教学环境条件下不断地突破原有的认知结构、思维框架和认识模式，形成新的更有序的认识结构。这就是教学活动与学生认识在发展结构上的同源同构。

教学实践的活动结构与学生认识结构的这种同源性与同构性，不仅保证了学生认识结构对教学活动结构的依赖性，而且为学生认识的发生、发展提供了一个坚实、可靠的基础。那些"发展着自己的物质生产和物质交往的人们，在改变自己的这个现实的同时也改变着自己的思维和思维的产物"（中央编译局，1992）[73]。这种同源性与同构性使教学活动结构与学生认识结构之间发生着"并联"的关系。虽然二者"并联"的形式会由于教学活动结构与学生认识结构本身的发展而不断变化，但教学活动结构对学生认识结构的决定性，学生认识结构对教学活动结构的依赖性却永远不会改变，这是学生在教学条件下实现认识发展的永恒的前提。

3. （主体与客体之间的）双向对象化机制

教学活动是教学主体与教学客体之间的相互作用，这种相互作用是通过主体对象化（主体客体化）和客体非对象化（客体主体化）的双向运动而实现的。一方面，教学主体在教学活动中，运用自身的力量和工具作用于教学客体，认识和改造教学客体，从而使教学主体的本质力量对象化在教学客体之中，改变了教学客体的结构和形式；另一方面，教学客体的结构、形式、属性、规律也作用于教学主体，并内化为教学主体的机体和教学主体的本质力量，从而建构、改造、充实和发展着教学主体的思维结构和认识结构。前者是教学主体客体化，后者是教学客体主体化，二者互为前提条件，互为媒介，统一于具体的教学活动之中。正是通过教学主体与教学客体之间的这种双向对象化机制，学生主体与教学客体之间的实践关

系、认识关系和价值关系得以同时建立，学生的认识得以建构和形成
起来。

　　主体对象化　主体对象化是指教学主体（学生）通过活动使自己的本
质力量转化为对象物，教学活动就是教学主体运用自身的力量并运用工具
认识和改造教学客体的过程。在这一过程中，学生主体在教师的帮助下，
按照自身的要求和需要，将自己的知识、经验、技能、能力、情感、态度
等方面对象化在教学客体的身上，将这些方面积淀、凝聚和物化在教学客
体中，从而改变了教学客体原有的结构和形式，产生了一种原有教学客体
体系中所没有的种种对象物。这种对象物是学生主体运用自己的力量和工
具，通过与教学客体的相互作用中创造出来的。因此，教学主体的对象化
也就是教学主体通过对象性活动向客体的渗透和转化，即教学主体客体
化。实际上，不仅是教学主体对教学客体的认识活动与实践活动如此，教
学主体对教学主体的交往活动以及教学主体对自身的自我意识、自我反
思、自我评价活动的所有成果，都是这种对象化的结果。

　　客体非对象化　在主体对象化的同时，教学活动中还发生着客体非对
象化的运动。所谓教学客体非对象化，是指教学客体从客观对象的存在形
式转化为教学主体生命结构的因素或教学主体本质力量的因素，教学客体
失去对象化的形式，转而变成教学主体知识结构、能力结构和情意结构的
一部分。在教学活动中，学生主体在教师的帮助下一方面通过物质和能量
的输出认识和改变着教学客体，同时学生主体也需要将教学客体的一部分
作为直接的发展资源加以消费，或者将某些教学工具作为自己身体器官的
延伸，包括在自己的生命结构之中。这些都是教学客体向教学主体的渗透
和转化，即教学客体主体化。实际上，学生主体通过认识和改造教学客体
的认识和实践活动、认识和影响其他教学主体的交往活动以及认识和改造
教学主体自身的自我意识、自我反思与自我评价活动，消化这些精神产
品，并使之转化为自身结构的一部分，都是教学客体非对象化，即客体主
体化的表现。学生主体正是通过客体非对象化这种形式，占有和吸收对象
（包括前人的活动成果），不断丰富着自己的本质力量，提高着自己的认识
能力，从而使自己能以更高水平的认知结构、思维框架和认识模式去认识
和改造教学客体。

主体与客体之间的双向对象化　教学主体对象化与教学客体非对象化是教学活动的两个不可分割的方面，共同构成了教学活动的实质内容。其中，教学主体对象化是教学客体非对象化的逻辑基础，它为教学客体非对象化提供了坚实的物质基础，决定着教学客体非对象化的内容、水平及其实现；而教学客体非对象化是教学主体对象化的目的与归宿，它为教学主体对象化提供了新的起点。因此，教学活动是教学主体对象化与教学客体非对象化的统一，二者之间相互渗透、相互转化，共同建构和形成学生的认识。为了更好地理解建构和形成学生认识的这种双向对象化机制，来看一则小学自然课的教学片段（赵光平　等，2002）。

液体的性质——教学主体与教学客体的双向对象化

教师：我们很熟悉的东西，其实我们并不一定很了解。比如，水，天天喝，天天用，可一些性质我们仍没有注意到。不信，请看下面的实验。

实验装置为玻璃管下连着一圆底烧瓶，即在塞紧了胶塞的烧瓶上，插入了一根筷子粗的玻璃管。

教师：里面有什么？

学生：红色液体。红色液体充满了烧瓶，并上升到玻璃管中。

教师：红色液体其实是水，为便于观察，加了两滴红墨水。将装置放到热水中，会出现什么现象？

学生：烧瓶变热，烧瓶里的东西也将变热。

教师：你们真的不了解水！不信就动手试一试。

学生一试，玻璃管里果然出现了怪事，学生十分惊讶。

教师：你们惊讶什么？

学生（兴奋）：玻璃管里的红水会动，会往上跑！

教师：这说明了什么？

学生：水增加了。

教师（不解）：是什么地方的水增加了？

学生：装置里的水增加了。

教师：根据是什么？

学生：玻璃管里的水面上升，所以水增加了。

教师：水增加了，是水的质量增加了，还是水的……？（停顿）

教师：水增加了，是不是你们加进了水？

学生：没有啊！

教师：没有加进水，那水怎么上升了？

学生（不明白）：这……这……

教师：给你们5分钟，小组讨论一下，为什么水上升了？这说明了什么？

学生1：水没有增加，是烧瓶里的热空气把水挤起来了。

学生2：塞子把烧瓶里的空气堵住了，空气变热，把水推到玻璃管里去了。

教师：你们同意他们的说法吗？

学生：同意。

教师（急了）：烧瓶里明明装满了水，怎么会有空气呢？

学生困惑，一时找不出原因。

教师：你们所说的热气，实际上就是热量。当水吸收了热量，水的什么会变大？

学生（明白了）：体积。

各组按照老师的吩咐，将装置从热水中取出，放入冷水中。

教师：看到了什么？

学生：红水下降了。

教师：为什么下降？给你们1分钟时间想一想。

学生：水下降，是因为玻璃管里的水退到烧瓶里；水之所以退回去，是因为烧瓶变大了。

教师（惊奇）：烧瓶会变大？烧瓶可不是空气，想变大就变大，想变小就变小。

学生立即笑了起来。

教师：其实，因为受冷，水的体积缩小，水面就下降了。

各组学生又用酒精做了实验。然后，师生共同总结到：水有热胀冷缩的性质，酒精有热胀冷缩的性质，水和酒精都是液体，由此可以推出，液体都具有热胀冷缩的性质。

教师：刚才我们的实验得出了什么结论？

学生：液体有热胀冷缩的性质。

教师（举起一个烧瓶）：这是煤油，它有热胀冷缩的性质吗？

学生：没有。虽然它是液体，但它不是红色的液体，所以没有热胀冷缩的性质。

教师：你们愿不愿意用煤油做一下实验呢？

几分钟后，各组都做完了煤油实验。

教师：你们刚才的想法对吗？

学生：错了，液体的颜色不影响热胀冷缩。

……

这则教学片段生动地体现了主体对象化和客体非对象化的双向对象化运动：学生亲自动手，将装有水、酒精和煤油的烧瓶分别放在热水和冷水中，从而使水、酒精和煤油的运动方式发生了不同的升降变化。同时，水、酒精和煤油等液体在不同条件下的升降规律以及所有液体热胀冷缩的共同性质，又逐渐被学生所了解和认识，并内化为学生知识结构的一部分，从而拓展和丰富着学生关于液体性质的理性认识。

4. （外部活动与内部活动之间的）双向转化机制

在教学活动中，学生主体的认识建构过程包含两个方面的内容：一是学生主体早先进行的实际动作在大脑中积淀、结晶成为图式，此为内化建构；一是学生主体运用内化而成的图式去整合教学客体的刺激，形成关于客体的知识，此为外化建构（皮亚杰　等，1986）[7]。相应地，学生主体的认识建构过程发生着两个方向的活动：一是向内组织动作，将动作协调起来，即外部活动的内化，它形成逻辑—数理经验；一是向外组织客体、将对象联结起来，即内部活动的外化，它形成物理经验，即我们常说的知识结构。向内和向外的活动，构成了同时的双向建构，即内化建构和外化建构。而教学活动的过程就是外部活动的内化与内部活动的外化的统一。通过外部活动与内部活动的这种双向转化，学生的认识结构才得以建构和形成。学生的所有认识，从功能机制上讲，都是外部活动的内化与内部活动的外化的统一。正是通过外部活动与内部活动的这种双向转化机制，才保证了学生主体的认识结构不仅内化产生，而且还外化应用。

外部活动的内化　在教学活动系统中，首先是教学活动从外部活动向内部活动的转化，即外部活动的内化。外部活动的内化过程遵循一般内化过程的运行规律（王策三，2002）[230-231]。内化过程是通过对实物的感知和操作，进行具体动作思维，同时运用言语来表述，进而脱离直观，借助表象进行思维，最后在此基础上进行符号操作，从而实现知识的内化。显然，外部活动的内化过程是由若干阶段组成的有序过程，一般是从感知活动、操作活动和言语活动等外部活动开始，进而过渡到认知活动、情感活动和意志活动等内部活动。

例如，学生在学习声音的产生中，首先从感知各种物体的振动和声音开始，同时伴随着亲身的动手实验和直接体验，从而建立起物体、物体的振动与物体的声音三者的联系，进而经过内部的分析、比较、归纳和概括，最终得出物体的声音产生于物体的振动这一结论。

实际上，语文、英语等学科的教学活动都是从组织学生大声朗读、默读和写作等外部活动形式开始，而数学、物理、化学、生物等学科的教学活动又常常从组织学生用眼观察、动手操作和亲身实验来促进学生对概念、规则和命题的理解与掌握。

内部活动的外化　与外部活动向内部活动转化一样，内部活动也会向外部活动转化，即内部活动的外化。所谓内部活动的外化，就是指内部思维经过活动基础上的语言编译机制，被转化为外部的行为操作，从而建立起客体的关系与变化结构。同样，内部活动的外化也遵循一般外化过程的运行规律。在教学活动中，内部活动的外化一般是从教师提出要求开始，进而学生把教师的要求转变为自己的目的，分析解决问题的条件，选择方法，用语言或符号表达出来，进行操作，形成产品，从而实现知识的外化（王策三，2002）[236-237]。

《植树问题》——外部活动与内部活动的双向转化

在一节《植树问题》的数学课上，教师在学生学完种树的棵数与间隔数之间的关系之后，要求学生完成这样一个题目：学校操场上体育器材和体育办公室之间的距离是 80 米，现在学校准备在每隔 8 米处安装一个健身器械，请你们算一算应该安装几个健身器呢？学生完成这个题目的过程，实际上就是学生所学知识的外化过程。这个过程首先从学生对题目的感知、理解和明确题目中的问题即以审题开始。当学生明确了题目中的问题并决定去解决它时，学生需要以"应该安装几个健身器"这个问题为线索，根据题目中所提供的距离和间隔数等已知条件和未知条件，搜索"种树的棵数与间隔数之间的三种不同关系"，即（1）两端都种：间隔数+1＝棵数；（2）一端种一端不种：间隔数＝棵数；（3）两端都不种：间隔数-1＝棵数。分析完所有这些解题条件之后，学生开始进入解题阶段。学生在这个阶段需要确定安装的健身器数与间隔数之间的关系，然后根据间隔数列出算式，进行演算。演算完毕，学生还需要对所得出的结论进行验算。如果验算正确，则做出判断，形成"应该安装的健身期数量"，进而按照教师的要求，通过列出算式、口头运算、书写、用实物摆放等外部形式，将其解题结果表现出来。

根据国内教学认识论的有关研究，主观知识的外化主要通过两种外部活动表现出来，即操作和言语。外化就是将内部心理过程在操作和言语上展开及呈现出来。根据外化的水平，又可以分为复现式外化和创造式外化两种外化形式。

外部活动和内部活动的双向转化　同样，外部活动与内部活动是教学活动的两个不可分割的方面，教学活动同时蕴含着外部活动的内化与内部活动的外化两个过程，实现着学生认识的内化建构和外化建构。其中，外部活动的内化是内部活动的外化的物质基础，决定着内部活动的外化的内容、水平及其实现；而内部活动的外化又是外部活动的内化的目的与归宿，并为外部活动的内化提出新的要求和起点。正是通过外部活动与内部活动的这种双向转化，才使得学生的认识过程成为一个知识掌握、技能形成与能力提升的完整过程，并使得学生的认识不断地从感性认识发展到知性认识和理性认识，不断地改变和优化着学生主体的认知结构、思维框架和认识模式。

5.（学生个体与师生之间的）双重建构机制

从逻辑上讲，学生认识的建构和形成需要同时建立三个方面的关系，即主体与客体之间的认识关系和实践关系、主体与主体之间的交往关系以及主体与自身的反身（反思）关系。其中，认识关系和实践关系是学生认识得以建构和形成的物质基础，交往关系是学生认识得以建构和形成的社会基础，反身关系则是学生认识得以建构和形成的心理基础。换句话说，师生之间的社会性交往是学生认识得以建构和形成的重要条件。在哲学史上，哲学家早已注意到了认识活动对社会的依赖性。费尔巴哈曾经指出，仅靠个人的单独活动，不能产生人的意识观念，只有通过人与人之间的交往，才能获得观念（费尔巴哈，1984）。米德的社会认识论也表明：离开了人与人之间的社会建构，个体的认识根本无法建构出来。在教学活动中，学生的认识建构天然地包含着学生的个体建构与师生的社会建构两个过程。依靠学生个体与师生之间的双重建构，学生个体可以主动地运用自己的已有经验，建构着自己对事物的独特理解，从而体现出认识建构的主动性与个体性；另一方面，师生之间的社会建构又使学生个体能够克服和扬弃自身狭隘的个体性质，超越自己的认识局限，并实现认识建构的社会意义。

学生的个体建构 学生的个体建构强调教学活动的个体性质，强调学生个体在自身认识发展中的作用，强调学生个体通过主动的内化建构和外化建构活动，来获得那种关于事物的正确认识，从而促进自身的发展。这一点不容置疑。可以说，学生个体的认识发展主要取决于他自己的主动建构。在下面的这则教学片段中（北京市基础教育课程教材改革实验工作领导小组，2005）[298-299]，我们可以清楚地看到学生在教学认识中的个体建构以及不同学生的建构结果。

《话说三国》——学生的个体建构及其差异

在《话说三国》的历史课上，教师首先由"曹操组"的学生介绍曹操的生平事迹，再由其他同学讲述曹操的生活片段，使曹操这一人物鲜活起来。接下来，由"诸葛亮组"的学生介绍诸葛亮的生平事迹和生活片段。然后，让学生表演历史剧"曹操误杀吕伯奢"，说明曹操疑心重，生性残暴，误杀忠良。通过这样几个活动片段，每个学生个体都在根据自己的知识经验、学习习惯和学习方式，主动建构了自己关于曹操和诸葛亮两个历史人物的了解和认识，而且每个学生的了解和认识又各不相同：

学生 A 认为，曹操善于纳谏，无论出身高低，只要是有治国用兵之术，他都能重用。

学生 B 认为，曹操是一个有智慧的人。从他的扮相看显得很奸诈，其实不是。毛泽东对他的评价就很高。

学生 C 认为，从面相上看，诸葛亮是一个善良的人，他非常有智慧。

学生 D 认为，曹操是一个疑心很重的人。

学生 E 认为，曹操是一个多才多艺的人，他不仅围棋下得棒，而且书法也很好。

学生 F 认为，曹操是一个做事严谨的人，并且六亲不认。

学生 G 认为，曹操是一个能完成统一霸业的人。因为他治军严谨，善于用人，才能完成统一大业，否则就不能率领军队统一天下。

学生 H 认为，诸葛亮是一个具有治国安邦才能的人。从画面上、文学作品中经常能看到他拿着一把扇子，上面写着"治国安邦"的政策。

学生 I 认为，诸葛亮特别有心计。赤壁之战前他用激将法激怒周瑜，促成孙刘联合，共同抗曹。当时他说，如果你害怕曹操，可以把大乔、小乔送入曹营。周瑜大怒，诸葛亮于是见机行事，终于说服周瑜与刘备联合，孙刘联合在赤壁之战中大败曹操。

学生 J 认为，诸葛亮是一个有责任心的人。他"六出祁山"，最后病死在五丈原。

……

在教学活动中，学生个体的主动建构大致表现在三个方面。（1）学生个体通过感觉登记、短时记忆、长时记忆、反应等一系列合理、有效的心理加工程度来对信息进行转换、编码、储存、提取与应用。（2）学生个体针对具体的学习内容和学习阶段，选用各种适宜的学习方法与学习策略来对信息进行有意义的、深层次的加工，通过同化或顺应来形成合理的认识结构。诸如复述与复习策略、精细加工策略、组织策略以及综合性的阅读理解策略、问题解决策略等，都是个体用于建构良好的认识结构的主动性表现。（3）学生个体根据自身的学习特点而采取各种自我调节措施，如学习前的计划、学习中的监控以及学习后的反馈与矫正；有效地管理和利用各种资源，如调整心境、维持努力、寻求他人帮助等（姚梅林，2003）。

师生之间的社会建构　师生之间的社会建构强调的是教学活动的社会性质，强调合作、交往和共享在学生自身发展中的作用。下面，我们就学生的认识活动和认识发展，对社会建构在学生认识活动和认识发展中的重要作用做些探讨。

在教学认识活动中，虽然每个人都以自己的经验背景建构自己关于事物的认识，但每个人只能理解到事物的不同方面。通过师生之间的交流、对话和合作，学生不仅可以看到事物的不同方面，而且还能超越自己的已有认识。

《摩擦力》——师生之间的社会建构及其作用

在一节学习《摩擦力》的科学课上，教师让学生根据自己的已有知识和生活经验，思考"摩擦力的大小究竟与什么因素相关"这个问题。

学生 A 认为，摩擦力跟光滑度有关系，因为在生活经验中，如果把一个物体搁在光滑的地板上，拖动它的时候摩擦力就小；如果把它搁在一个粗糙的地毯上摩擦力就大。

学生 B 认为，摩擦力的大小和物体的重力有关，因为当他推动大柜子的时候，就特别吃力。

学生 C 认为，摩擦力和光滑度、力量都有关系，因为日常生活中当他和爸爸去送货时，在西单大理石地板上拖动它的时候，觉得很省力；而在水泥地上拖动它的时候，摩擦力就很大，就很费力。如果特别用力的话，摩擦力就好像减少了，箱子就能往前走；如果不用力的话，箱子就往下滑，摩擦力比较大。

学生 D 认为，摩擦力还和占地面积有关。

通过交流、合作和讨论，学生看到那些与自己不同的理解，看到影响物体摩擦力的不同因素，从而帮助他们形成关于物体摩擦力的比较完整的认识。通过接下来的学生动手实验和教师指导，学生发现物体的摩擦力与接触面积没有关系，从而又超越了自己的日常认识。

学生个体与师生之间的双重建构　从学生认识建构的角度来看，教学活动既有学生个体的建构过程，也存在师生之间的社会建构过程。学生的个体建构与师生之间的社会建构既相互联系，又相互补充。其中，师生之间的社会建构必须以学生的个体建构为基础，学生个体对事物的感知、观察、内化、分析、归纳、判断、推理等建构过程是师生之间有效交流、合作、对话的基础；而学生的个体建构必须以师生之间的社会建构为补充，只有学生个体积极地参与到师生之间的沟通与合作之中，学会厘清和表达自己的见解，学会聆听、理解他人的见解和看法，学会接纳、赞赏、争辩和互助，才能从不同侧面、不同角度认识到事物的完整性质。正是通过学生个体与师生之间的双重建构机制，教学活动不仅保证了学生在认识建构和形成中的主体能动性，而且还为学生认识的建构和形成提供了社会性的支持。

6. （同化与顺应之间的）调节与平衡机制

按照皮亚杰的发生认识论，主体对客体的适应是儿童认识的本质，儿童的认识发展是通过动作所获得的对客体的适应而实现的。适应的本质在于主体取得自身与客体之间的平衡，而达到平衡的具体途径是同化和顺应。主体通过同化与顺应，不断寻求与客体之间的平衡，实现了儿童个体认识的改进、转换与发展。下面，我们从分析几对概念入手，来具体说明皮亚杰关于改进、转换与发展学生认识的内部机制（如图6所示）。

```
        同化            同化           同化            同化
        顺应            顺应           顺应            顺应
遗传图式 ──→ 感知动作图式 ──→ 表象图式 ──→ 知觉思维图式 ──→ 逻辑思维图式
        自我            自我           自我            自我
        调节            调节           调节            调节
平衡 ──→ 失衡 ──→ 新的平衡 ──→ 新的失衡……（认识发展）
```

图6　同化与顺应之间的调节与平衡机制

图式与运算　图式是认知结构的起点和核心，或者说是人类认识事物的基础。在此意义上，认知发展的实质就是图式的形成和变化。皮亚杰认为，图式是一个有组织的、可重复的行为和思维模式。简单地说，图式就是动作的结构或组织。图式是认知结构的一个单元，主体的全部图式组成了其认知结构。有了图式，主体才能对外界对客体刺激做出反应，从而认识客体。

一个四个半月的婴儿，当他看到拨浪鼓时，伸手去抓，握住后摇晃拨浪鼓。这一系列的动作包括了看、听、抓、握和晃动。这样一个行为模式显然是有其神经系统生理基础的，完成这一行为的神经生理基础就是这一行为模式的心理结构，即图式。一个 5 岁的儿童，当被要求回答两根长短不一的木棍（长棍 A 和短棍 B）哪一根长，哪一根短，他会很容易地指出 A 棍长于 B 棍。如果继续让他比较 B 棍与更短的 C 棍时，他还是能够得出正确的答案。但是，当让他比较 A 棍与 C 棍的长短而不显示这三根木棍，这个 5 岁的儿童就遇到困难了。当他长到 8 岁时，他就能够准确地说出 A 棍长于 C 棍。很明显，5 岁的孩子大脑中存在正确完成 A 棍与 B 棍或 B 棍与 C 棍两两比较的心理结构，却没有形成在三根木棍不放在一起时比较 A 棍与 C 棍的心理结构。而当他长到 8 岁时，他大脑中的某种东西发展出来了，因而他能够得出 A 棍长于 C 棍的正确答案，这种东西就是他的心理结构，即图式。

由此可以看出，儿童的图式最初表现为具有吸吮、哭叫、视听和抓握等行为模式的遗传图式。以此为基础，随着儿童年龄的增长及自身机能的成熟，在与周围环境的相互作用中，儿童的图式会不断得到改造和发展。当儿童的认识发展进入思维的运算阶段，就形成了运算思维图式。

根据皮亚杰的论述，运算即动作，即内化了的、可逆的、有守恒前提的、有逻辑结构的动作，因而运算主要指的是心理运算。

首先，心理运算是一种在心理上进行的、内化了的动作。例如，当一个年仅两岁的儿童将瓶子里的水倒进杯子里，我们就可以看见他倒水的这一动作中有一系列外显的、直接诉诸感官的特征。然而，对于一个成人或者一个年龄更大一些的儿童来说，他就可以不必实际去做这个动作，而在头脑中想象完成这一动作并能预见到它的结果。这种心理上的倒水过程，就是所谓的"内化了的动作"，也就是一种心理运算了。

其次，心理运算是一种可逆的内化动作。如果在头脑中我们可以将水从瓶子里倒入杯子中，事实上我们也能够在头脑中让水从杯中倒回瓶子里去，这就是可逆性。可逆性是运算的又一个条件。

再次，心理运算是具有守恒性前提的动作。所谓守恒性，是指主体能够认识到数目、长度、面积、体积、重量、质量等尽管可以不同的方式或形式呈现，但其总量却保持不变。如一斤铁和一斤棉花一样重，100毫升的水无论倒进大杯子还是小杯子其数量都没有变化，一个被切成4块的苹果其重量也没有发生改变。

最后，心理运算是有逻辑结构的动作。当儿童的认识发展到运算水平，即动作已具备内化、可逆性和守恒性特征时，他的认知结构也就发展到了运算图式的水平。运算图式不是孤立存在的，不是一个简单的动作，而是存在于一个有组织的动作协调系统之中，并具有某种逻辑的结构。在皮亚杰看来，运算是个体认识发展水平的重要标志。以此为依据，皮亚杰提出了他的儿童认知发展阶段理论。

同化与顺应　皮亚杰的发生认识论表明：儿童的认识发展表现为主体与客体之间的动态的平衡过程，这种动态的平衡是通过同化与顺应两个彼此联系的自我调节行为来实现的。其中，同化是指个体将感受到的客体刺激纳入原有的认知结构或认知图式之中，从而加强和丰富主体的动作。也可以说，同化是主体通过已有的认知结构获得知识。例如，学会抓、握的婴儿，当他看见床上的玩具时，他会反复使用抓、握的动作去获得玩具。当玩具离他较远用手够不着，而且又没有其他人的帮助时，他仍然会使用抓、握的动作试图得到玩具，这一动作过程就是同化。个体对客体的同化表现为三种不同的水平：一是物质水平，把客体的成分作为养料，同化于体内的形式；二是感知运动智力，即把自己的行为加以组织；三是逻辑智力，即把经验的内容同化为自己的思想形式。随着认知结构的发展，主体对客体的同化形式会逐渐复杂化，会经历从再现性同化、再认性同化到概括化的转变。

但在主体与客体相互作用的认识活动中，主体并不总是经历同化的过程。即是说，在主体接受新的客体刺激和获取新知识的过程中，新的信息常常会与他原有的知识经验和认知结构发生矛盾。在这种情况下，主体就需要调整或改造原有的认知结构以适应这种变化了的情况，这就是主体对客体的顺应。所谓顺应，就是指主体的认知结构由于外部客体刺激的影响而发生改变的过程。例如，婴儿为了获得床上的玩具，反复抓、握，偶然地，他抓到床单一拉，玩具从远处来到了近处，这一动作过程就是顺应。

就其本质而言，同化是指主体对客体的作用，而顺应是指客体对主体的作用。因此，同化主要表现为主体认知结构数量的扩充，顺应则表现为主体认知结构性质的实质性改变。在教学活动中，学生主体正是通过同化与顺应两种方式，达到了主体与客体之间的平衡：当学生主体能用现有的认知结构去同化新信息时，他处于一种平衡的认知状态；当学生主体现有的认知结构不能同化新信息时，平衡即被打破，要求他调整或改造现有的认知结构，从而达到新的平衡。学生的认识就是通过这种同化与顺应的双重过程逐步建构起来，并在不断地追求平衡的过程中得到不断的改进与转换。

平衡与失衡　按照皮亚杰的解释，主体在认识客体的过程中，如果他现有的知识经验和认识结构能够比较轻易地同化新知识和新信息时，在心理上就会感到一种平衡的状态。但是，当主体现有的知识经验和认知结构不能同化外部的客体刺激和新的知识经验时，他在心理上就会感到一种失衡的状态。这种心理上的失衡状态将使主体形成一种内驱力，驱使他自己调整或改造原有的知识经验和认知结构，以便能够接纳新的客体刺激和知识经验，从而克服和消除主体与客体之间的不平衡状态。

主体克服和消除这种不平衡状态通常采用三种基本途径。（1）忽略。当外界的信息与儿童现有的认知结构差距过大，以至于儿童根本不可能对此做出反应和进行认识的时候，儿童就会通过忽略的方式，重新回到原有的平衡状态。显然，这是不会带来儿童原有认知结构的任何变化，所达到的平衡是一种消极的平衡。（2）同化。当儿童只需要对外界信息略作调整或根本不需要进行任何调整，就可将此纳入已有的认知结构中时，儿童就可以同化的方式，轻松地回到原有的平衡状态中去。这种方式其实是知识在儿童大脑中的一个量变过程，儿童的认知结构并没有发生实质性的变化。（3）顺应。儿童通过调整或改造自己的认知结构，以一种正确的方式对外界信息进行反应和认识，从而进入一种新的平衡过程。这时，儿童的认知结构发生了实质性的变化，所达到的平衡是一种新的平衡，表明儿童的认识又向前发展了一步。

在皮亚杰看来，儿童的认识就是通过这种不断地从平衡到失衡再到平衡的运动而获得改进、转换与发展。根据儿童心理运算的水平，皮亚杰将儿童的认识发展划分为四个阶段：感知运动阶段（0—2岁）、前运算阶段

（2—7 岁）、具体运算阶段（7—11 岁）和形式运算阶段（11 岁、12 岁—15 岁、16 岁）。

（三）活动促进学生认识发展的实现机制

通过活动与认识的条件匹配机制、活动结构与认识结构的同源同构机制、主体与客体之间的双向对象化机制、外部活动与内部活动之间的双重转化机制、学生个体与师生之间的双重建构机制以及同化与顺应之间的调节与平衡机制，活动从内部形成了对学生认识的起源与发生功能、建构与形成功能和转化与改进功能。一句话，活动具有促进学生认识发展的功能。然而，并不是所有的活动都能自动地促进学生的认识发展，而是需要依靠一系列内在的条件作为支持或保障。前面关于活动对学生认识发展的六种功能形成机制，其实已经蕴含了活动促进学生认识发展的实现机制。

1. 符合学生认识规律的活动设计是学生认识发展的外部条件

上述六种机制虽然着重阐述活动对于学生认识发展的功能形成机制，未直接阐述影响学生认识发展的外部条件，但它们都同时蕴含这一必不可少的条件。外部条件范畴广泛，包括活动对象、活动内容、活动方法和活动过程等多个方面。我们认为，教学活动要能有效地促进学生的认识发展，关键在于它要符合学生的认识规律。

首先，活动内容即客体刺激应该按照学生个体的认识特点来加以组织和呈现。有关研究发现：中小学生阅读不同配图和不同难度课文的阅读成绩、阅读时间、注视频率、注视点持续时间等具有明显的年龄特征；在各项指标上，示意图组的成绩显著优于实景图组。这表明在呈现活动内容时，无关信息过多会干扰学生对学习材料要点的把握（沈德立 等，2006）。其次，活动的结构要与学生的认识结构匹配起来，应该包含活动、行为、操作以及与它们相关的（需要）动机、目的、条件等互动的要素。再次，活动的方式、方法应该按照学生个体的认识规律加以选择和使用。最后，活动的过程必须体现学生认识过程的"二重性"，即学生主体的对象化与教学客体的非对象化、外部活动的内化与内部活动的外化以及学生个体的主动建构与师生之间的社会建构。

2. 师生之间的社会性交往是学生认识发展的必需条件

学生认识的发展既是一种个体建构的过程，又是一种社会建构的过程。在"个体—社会"这个连续体中，传统认识论强调认识的个体性质，强调个体在认识发展中的独特作用。受此影响，我们常常认为，学生的认识发展完全可以由学生个体单独完成。事实却并非如此。现代认识论，特别是米德的社会认识论研究表明，离开了个体与其他个体之间的交往、合作、交流，个体的认识根本不可能建构起来。当代建构主义认为，学生在教师的组织和引导下一起讨论和交流，共同建立起学习群体并成为其中的一员。在这样的学习群体之中，师生共同批判地考察各种理论、观念、信仰和假说，进行协商和辩论，先内部协商，再相互协商。通过这样的协作学习环境，整个学习群体共同完成对所学知识的意义建构和身份发展。这意味着，师生之间的社会性交往是教学活动促进学生认识发展的必需条件。如果没有师生之间的这种交往、交流与合作，学生的认识发展最多只是走完了一半的里程。

3. 个体自身的已有经验是学生认识发展的前提条件

关于这一点，我国古代就有"以其所知，喻其不知，使其知之"的说法。德国教育先哲赫尔巴特的统觉论认为，新知识必须融汇于原有的统觉团内，它才能为学生所习得。美国教育心理学家奥苏贝尔更是明确地指出："假如让我把全部教育心理学仅仅归结为一条原理的话，那么，我将一言以蔽之：影响学习的唯一最重要的因素，就是学习者已经知道了什么。要探明这一点，并应据此进行教学。"（奥苏贝尔　等，1994）显然，个体自身的已有经验是学生认识发展的前提条件。按照皮亚杰的观点，学生自身应该具备的已有经验主要包括三类：（1）物理经验，指个体作用于物体抽象出来的物体特性，如体积、重量等；（2）逻辑—数理经验，指个体作用于物体对动作之间相互协调的结果的理解，如五六岁儿童发现物体的总数与它们在空间上的排列位置、与对它们计数的次序无关；（3）社会经验，指人与人之间的相互作用和社会文化的传递。在皮亚杰看来，社会经验加速或阻碍个体的认识发展，对个体的认识发展具有决定性的影响。

4. 个体自身具有调节作用的平衡过程是学生认识发展的内驱力

学生个体的认识发展，集中表现为认知结构的改进与转换。皮亚杰认为，个体的认知结构具有一种维持平衡状态的内在倾向性。当某种作用于儿童的客体刺激不能与其现有的认知结构相匹配时，就会引起儿童的一种不平衡状态，其内部就会感受到一种不协调、不满足感。此时，儿童会努力地采取各种自我调节的手段，比如忽略、同化或顺应，去克服这种不平衡状态，以恢复原有的平衡或建立新的平衡，从而获得其认识的发展。正是儿童的这种维持平衡状态的内在倾向性，形成了儿童认识发展的动力因素。因此，合理地利用学生个体的这种内在倾向性，不断地打破学生认知结构的平衡状态，有效地指导学生通过同化、顺应等自我调节途径，使其不断地恢复旧的平衡或建立新的平衡状态，就成为教学活动促进学生认识发展的关键环节。

5. 个体自身的主动建构是学生认识发展的基本保证

有了适当的教学活动、多向的师生交往、必要的已有经验和认知结构上的不平衡状态，如果缺乏学生个体自身的主动建构，学生的认识发展仍然很难发生。这是因为，学生认识发展的根本动力存在于学生自身。在很大程度上，是学生自身的主动建构决定了自己的认识发展方向和水平。这又包含两层含义：一是学生认识发展的主动性，即学生的认知结构具有活动的性质，它必须通过学生自身的不断练习，才能获得巩固和发展；二是学生认识发展的建构性，即教学客体只有在被学生主体加工改造后才能被学生所认识，而学生主体对教学客体的认识程度则完全取决于他自身具有什么样的认知结构。根据现代教育心理学的若干研究，影响学生主动建构的因素主要包括选择性注意、元认知、认知策略和非智力因素等几个方面。

综合以上分析，我们提出教学活动对学生认识发展的功能保障机制，如图 7 所示。

图 7 表明：在教学活动符合学生认识规律的情况下，师生之间的社会

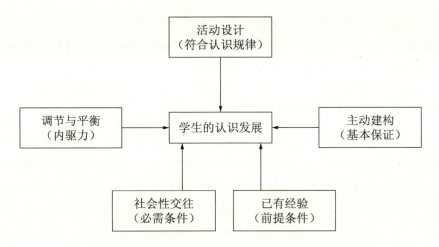

图7　教学活动对学生认识发展的功能保障机制示意图

性交往是学生认识发展的必需条件，个体自身的已有经验是学生认识发展的前提条件，个体自身具有调节作用的平衡过程是学生认识发展的内驱力，个体自身的主动建构是学生认识发展的基本保证。

二、活动的社会性发展功能及其实现机制

社会性发展是人的发展的核心内容之一，主要是指人正确地认识自己与他人以及正确地处理自己与他人、自己与社会的关系，具体涉及人在社会认知、社会情感、社会行为和社会价值观念等方面的发展变化。其中，道德品质是人的社会性发展的核心部分，是人的社会性发展的基本标志。促进学生的社会性发展是教学活动的内在要求和基本目标，而教学活动又通过内部的各种功能机制，为学生的社会性发展开辟出了一条现实的途径。

（一）活动的社会性本质与学生的社会性发展

人的活动总是具有社会性。在这种社会性的活动之中，人获得了他的社会性本质。教学活动也不例外。社会性不仅是教学活动的本质属性之

一，而且是学生发展的内在要求。正是教学活动的社会性，才使得学生个体在追求个性化的同时，又不断地增长和提升自己的社会性品质。交往活动则是教学条件下学生社会性发展的主要途径。

1. 活动的社会性与人的社会性本质

活动总是具体的、现实的人的活动。人的活动可以与他人协作进行，即采取集体活动的形式，也可以个人单独进行。在这两种形式下，活动都没有丧失自己的个体性。但是，人的活动又不能游离于特定的社会。离开了社会，人就不能作为人而存在，因而就不能作为人来建构和展开自己的活动。这就是说，人的活动总是包含在一定的社会关系之中，总是实现着一定的社会关系。在社会关系系统之外，任何活动都将不再以人的活动的形式存在，因而也不再是人的活动。

马克思曾经说过："为了进行生产，人们便发生一定的联系和关系，只有在这些社会联系和社会关系的范围内，才会有他们对自然界的关系，才会有生产。"（中央编译局，1992）[362] 这意味着，人通过实践活动创造自己的社会生活、社会关系和社会本质，同时，人只有在社会中，在一定的社会关系中才能进行实践活动，因而实践活动总是具有社会性的。这里的社会关系是什么呢？马克思指出："社会关系的含义是指许多个人的合作，至于这种合作是在什么条件下、用什么方式和为了什么目的进行的，则是无关紧要的。"（中央编译局，1992）[362] 因此，实践活动从一开始就是，而且永远是在一定的社会关系中进行的社会性的集体活动。离开了社会集体、社会关系，人的实践活动便不能产生也不能存在。

事实上，现实的人总是存在于复杂的社会关系之中，并通过人与人之间的交往、合作从事活动的。人通过自己的活动处理各种关系，而人的活动与关系的展开，则决定着人的现实的存在状况与人的现实的特性、本性和本质力量以及它们的发展。可以说，正是在人与人的社会关系中，人获得了他的社会规定性，实现了人的主体性与社会性的同时提升。正是在人与人的交往、合作活动中，人才得以超越通过对象性活动而实现的主体—客体发展模式，从而在主体—客体、主体—主体、主体—自身的三重架构下，使人获得了完整人格发展的条件。

　　活动是人的存在方式，活动构成了人的本质。通过人的实践活动，主体与客体之间的对象化关系、主体与主体之间的交往合作关系、主体与自身之间的反身关系得以形成，从而使人成为自然属性、社会属性和精神属性的统一体。正是基于这样的认识，马克思从人的社会属性的角度，揭示了人的社会性本质。他指出："人的本质并不是单个人所固有的抽象物。在其现实性上，它是一切社会关系的总和。"（中央编译局，1992）[18] 那么，人的社会性究竟是指什么呢？

　　综合马克思主义的个人社会性思想，人的社会性大致包含以下几种基本的含义和性质：（1）从个人的有限性和人为了生存需同他人合作的类本性来看，人的社会性是指作为个人需同他人合作的联合性和集体性；（2）从个人必须与他人进行交往的交往需要来看，人的社会性是指作为个人需同他人交往的社交性和互需、互补性；（3）从个人必须承担一定社会角色和社会职能来看，人的社会性是指作为个人承担一定社会角色和社会职能、同时被社会关系和活动方式所决定的社会制约性；（4）从个人对社会的适应和创造方面来看，人的社会性是指作为个人对活动和交往的形式、社会职能与文化经验的占有和掌握的社会文化性（韩庆祥，1993）。因此，人的社会性就是指个人在一定社会关系中，为了自我发展和适应社会生活所具备和表现出来的心理与行为特征。

　　首先，人的社会性是相对于人的自然性而言的。自然性是人的自然机体中作为本能而存在的那种属性，社会性则是人在社会关系和社会活动中通过锻炼、培养和学习而表现出来的那种属性，它超越了人的自然本能，是人的自然本能的延伸和拓展。其次，人的社会性是相对于人的个性而言的。如果说人的个性强调的是人的独特性和自主性，那么，人的社会性强调的则是人们在社会组织中符合社会规范和传统习俗的共性的行为方式（孙杰远，2003）。最后，人的社会性是相对于他人而言的。人的社会性在很大程度上表现为个人对他人的依赖关系，包括个人的存在要以他人的存在为前提，个人的行为要受他人的规定与限制，个人的价值要以别人的价值为前提，个人的自我认识与自我完善也要以他人为鉴。正是从这种意义上说，人是社会互动的产物，社会性是人的本质规定性，社会性的发展则是人的发展中不可缺少的重要组成部分。

2. 教学活动的社会性与学生的社会性发展

作为人类的一种社会实践活动，教学活动也具有社会性。在很长一段时间里，由于我们只是从哲学认识论和心理学的角度，将教学活动理解为一种特殊认识活动，将本来丰富的教学过程窄化为一种认识过程，因而未能揭示教学活动的社会性，结果是严重地忽略了学生的社会性发展。杜威曾经指出："任何时候我们想要讨论教育上的一个新运动，就必须特别具有比较宽阔的或社会的观点。否则，我们会把学校制度和传统的变革看成是某些教师的任意创造。最坏的是赶时髦，最好的也只是某些细节上的改善……"（杜威，1994）[27-28] 在这里，杜威已经意识到要把教学活动放在更为广阔的社会大背景下进行研究，其实质就是要从宏观上揭示教学活动的社会性。

事实上，任何教学活动都不能在真空中存在与发展，它必须依托于一定的社会背景，而且总是受到一定社会条件的规定与限制。从历史上看，任何时代任何社会的教学活动，其价值特性、基本目标、课程系统和评价体系都必然反映这个社会的核心价值和总体要求，从而使教学活动表现出一种社会制约性和社会适应性。可以说，教学活动都是在社会实践和社会关系中产生、发展和进行的，都会受到社会历史条件和社会实践发展水平的制约。其次，教学活动不仅是一个"教育活动场"，而且首先是一个正式的"社会活动场"。即是说，教学活动的内部本身就存在一个"小社会"。在这个"小社会"中，存在着特殊的社会组织——班级与小组，特殊的社会角色——作为权威的教师与有着不同家庭及群体背景的学生，特殊的社会文化——班级群体文化、教师文化与学生亚文化，等等。再次，教学活动不仅是一种学生在教师指导下内化人类经验的认识过程，而且也是一种师生之间进行交往、合作的社会过程。

我们在前面关于教学活动的结构分析中已经指出，教学活动蕴含着三个基本的向度：一是主体—客体向度，指主体与客体之间的对象化活动，即人对客体的作用；二是主体—主体向度，指主体与主体之间的社会性交往活动，即人对人的作用；三是主体—自身向度，指主体与自身之间的反身性活动，即人对自我的作用。这其实已经表明：教学活动同时表征了主

体与客体之间的对象性关系、主体与主体之间的社会性交往关系以及主体
与自身之间的反身性关系，因而同时具有认识性、实践性、社会性和个体
性等属性。最后，教学活动中的主体、客体以及主体所具有的本质力量、
活动所需要的一切物质和精神中介，都是在社会中形成的。所有这些方面
都说明，教学活动在本质上是一种社会活动，社会性是教学活动的本质属
性之一。

更进一步地说，社会性不仅是教学活动的本质属性，也是学生自身发
展的内在要求。我们知道，教育的两大基本任务是促进学生个体的社会化
和个性化。就学生个体的社会化而言，教学活动的基本目标就是要不断增
长和发展学生的社会性品质。在这里，正是教学活动的社会性，使学生个
体在不断增长个性的同时，又不断提升学生的社会性品质。从人的发展的
完整内涵来看，社会性发展、个性发展、认识发展都是人的发展的核心内
容。近年来，人们日渐注意到单纯注重学生个体的认识发展，严重忽视学
生社会性发展的教育弊端。目前，学生的社会性发展已经成为一个迫切需
要解决的理论问题和现实问题。

在我国，关于学生的社会性大致有三种看法：一是把学生的社会性理
解为一个社会成员的一切特征，包括人的社会心理特征、政治特征、道德
特征、经济特征、审美特征和哲学特征，它是和人作为生物个体的生物性
相对而言，是个体社会化的内容和结果；二是将学生的社会性看做是学生
个体在社会化过程中获得的情感、性格等心理特征，与人格、非智力因素
等具有大致相同的意义，意指除生理和认知以外的一切心理特征；三是将
学生的社会视为学生个体参与人际交往和社会互动，在其固有的生物特性
基础上所形成的特有的社会心理特征。虽然看法不一，但也有两点基本的
共识：一是学生的社会性是学生参与人际交往的产物，学生在人际交往中
才能获得其社会性；二是学生的社会性是学生的社会化的内容和结果。

学生社会性发展的实质是使学生能够正确认识自己和他人，正确处理
自己与他人、自己与社会的关系，这里包含了社会认知的发展、社会情感
的发展和社会行为的发展。概括地说，学生的社会性发展包含三个维度。
(1) 内容维度。在我国，学生社会性发展的心理结构一般包含九个主要的
内容维度，分别是社会性的情绪和情感、社会认知、社会适应能力、遵守

生活常规和社会规则情况、遵守道德规则情况、同伴关系、自我控制能力和意志品质、独立性、自我意识和自我教育（陈会昌，1994）。其中，道德品质是学生社会性发展的核心和根本，社会性教育的最高目标是使学生形成良好的道德品质。（2）水平维度，即学生的社会性发展有高、低之分。（3）方向维度，即学生的亲社会行为和反社会行为。

3. 教学活动的交往特质与学生社会性发展的交往途径

交往是人的生活方式和存在方式。只有通过人与人之间的交往，人自身才能得到发展。正是通过人与人之间多向的交往、合作和交流，人不仅获得了知识和信息，而且产生了心灵的碰撞、不同观点的交锋以及人格的感召和熏陶。根据马克思主义哲学的有关观点，人类在与自然界相互作用的过程中从事着对象化活动，同时又在这种对象化活动中结成了一定的社会关系。这里的社会关系就是指人与人之间的交往、合作和交流。在教学活动中，学生主体首先通过与教学客体的相互作用，进行着对教学客体的实践活动和认识活动。其次，学生主体同时通过与其他主体的相互作用，进行着与其他主体的交往活动。最后，学生主体还通过与自身的相互作用，进行着自我反思和自我教育活动。在这里，交往不仅是教学活动结构的一个基本向度，而且也是教学活动的存在方式。更为重要的是，无论是学生主体对教学客体的认识活动和实践活动，还是学生主体对自身的自我反思和自我教育活动，都是教学交往活动的一个部分或环节，都是内含于教学交往活动之中的。在此意义上说，教学活动具有鲜明的交往特质。离开了交往，教学活动便无从发生和存在。

教学活动中的交往模式主要有师生之间的交往和学生同伴之间的交往。由于教师和学生在社会关系、资历、知识、能力等方面的不平衡，决定了师生之间的交往是一种非对称的交往，二者处于教学活动的两极，在形式上是对立的；但就其性质而言，教师与学生以及教师的教与学生的学在整个教学活动中又是相互依存的，二者缺一不可。与师生之间的交往不同，学生同伴之间的交往基本上是一种对称性交往，彼此之间的交往是平等互惠的。

在教学活动中，学生之间的交往主要有合作式、竞争式与个体式三种基本形式。合作式的交往是指群体中的不同个体为了达到共同目标而协同活动，自觉地在行动上相互配合，促使既有利于自己又有利于他人的某种结果获得实现的一种交往方式。竞争式的交往是指个体与个体、个体与群体、群体与群体之间针对共同目标展开竞争，促使某种有利于自己的结果获得实现一种交往方式。个体式的交往则是指个体能否达到目标与他人无关，只关注自己的学习情况，强调自我发展，不参与同伴之间的交往，游离于群体活动之外。

就学生自身的发展而言，交往不仅是学生认识发展的必要条件，而且还是学生社会性发展的主要途径。人的社会性反映的是人与人之间的社会关系，人的社会性总是在一定的社会关系中表现和形成的，社会关系是人的社会性发展的基础和前提。但是，社会关系从何而来？它必须通过人与人之间的交往才能建立起来。通过交往，交往双方形成某种关系状态，并发生着交往双方之间的双向建构和双向整合作用，从而使交往双方形成相应的社会性品质。事实上，只有通过人与人之间的交往及其相互作用，个体才能了解他人的情感和态度，学会如何了解他人及如何正确处理与他人之间的关系；只有通过人与人之间的交往及其相互作用，个体也才能形成社会适应能力、合作精神、群体意识和社会责任感。相反，离开了人与人之间的交往，我们便难以设想个体能够形成和发展他的社会认知、社会情感、社会行为和社会价值观念。总之，离开了人与人之间的交往，人的社会性发展便无从谈起。

由于教学活动具有普遍的社会性，无论是学生主体对教学客体的实践活动和认识活动，还是学生主体对自身的反思活动和自我教育活动，它们都能促进学生的社会性发展。但是，这些活动所蕴含的人与人之间的关系毕竟是间接的、不明显的社会关系，因而对学生社会性发展的功能和作用也是间接的和不明显的（陈佑清，2003）。而师生之间的交往活动与学生同伴之间的交往活动则为学生的社会性发展建立了最为直接、明显和现实的社会关系，因而也是学生在教学活动条件下实现社会性发展的主要途径。鉴于此，下面将主要从教学交往方面着手，揭示教学活动促进学生社会性发展的内在机制。

（二）活动促进学生社会性发展的功能形成机制

我们认为，教学交往在促进学生社会性发展方面的功能主要侧重于以下两个方面：一是调整学生个体所处的关系，包括学生个体与活动共同体（学生群体）的关系、学生个体与其他学生个体之间的关系以及学生个体与教师个体之间的关系；二是调整学生个体的社会性行为。就学生个体与活动共同体的关系而言，教学交往促进学生社会性发展的功能主要表现为个体权利的保障与限制以及学生角色的整合与分化。在学生个体与学生个体、学生个体与教师个体之间的关系方面，教学交往促进学生社会性发展的功能主要表现为个体之间的竞争与合作。而在学生社会性行为的方面，教学交往促进学生社会性发展的功能主要表现为个体行为的强化与消退。即是说，教学交往是保证学生个体在拥有各自权利的同时又履行其义务的保障与限制机制，是学生个体独立地表达自己的个性化要求又被纳入到统一的社会化过程中的整合与分化机制，是既促进个体之间形成良性的交往互助关系又鼓励个体发挥其自主能动性的竞争与合作机制，是肯定学生的亲社会行为和否定学生的反社会行为的强化与消退机制。

作为四种基本的功能机制，它们分别从权利观念、角色意识、社会关系和社会行为四个方面，实现着学生的社会性发展。依靠个体权利的保障与限制、个体角色的整合与分化、交往双方的竞争与合作和个体行为的强化与消退四种机制，教学交往有可能比较有效地保证学生个体在维护和运用自身权利时承担和履行相应的义务，从而使学生形成明确的权利与义务观念；有可能比较合理地解决学生角色分化与角色整合之间的冲突，从而使学生个体学会正确地处理个体与群体之间的关系；有可能比较充分地保证学生个体在与其他个体之间展开良性的竞争与合作，从而使学生个体学会正确地处理自己与他人之间的关系；有可能比较及时地强化和消退学生的社会性行为，从而使学生形成良好的道德行为和亲社会行为。在此基础上，学生的社会性发展就有了一个教学活动的系统性支持。

1.（交往权利的）保障与限制

在调整学生个体与活动共同体（学生群体）的关系方面，教学交往促进学生社会性发展的功能之一就是对学生的交往权利进行保障与限制，从而使学生形成明确的权利与义务观念，逐渐学会正确地处理个体与群体之间的社会关系。

保障既是指防止教学活动的秩序和规范受到个体的挑战和威胁，以保证教学活动在为个体提供交往承诺和保障的同时维护其应有的权威和规范，又是指教学活动防止个体的交往资格和交往权利受到外来因素的侵犯和损害，以保证个体在遵从活动秩序和规范的同时享有其应有的交往资格和交往权利。限制是指教学活动通过权利与义务体系明确规定学生个体的选择范围和活动界限，即划定学生个体的权利边界。一旦个体逾越了自身交往权利规定的边界，就会受到来自活动秩序、规范的告诫和惩处，此时的个体交往权利也已经失去了其存在的前提和条件。可见，此处的保障与限制是两个相互规定的方面：保障是有限制的保障，限制是有保障的限制。对学生群体，学生个体必须服从群体的秩序和规范，必须在遵守群体秩序、规范的限度内展开自我行动，这是对学生群体活动的保障与对学生个体所做出的限制；对学生个体，学生群体必须反映大多数个体的意愿和价值观，必须对大多数个体的交往资格与交往权利给予肯定并提供保障，这是对学生个体所做出的保障和对学生群体所做出的限制。因此，保障本身意味着限制，而限制实际上也就是保障。

正是教学交往的这种保障与限制功能，才使教学活动在体现群体意志的同时又兼顾学生个体的交往权利，才使教学活动在肯定和保障学生个体交往权利的同时又给予其限制，才使学生个体在享有交往权利的同时又履行其责任和义务，从而使学生逐渐形成比较明确的权利与义务观念，逐渐学会正确地处理个体与群体之间的社会关系。

概括地说，教学交往从三个方面建立了促进学生形成权利与义务观念的保障与限制机制。（1）对学生个体的交往资格和交往权利进行积极的肯定。对学生群体，教学交往活动要求有一套为大多数学生所接纳和认同的秩序与规范体系，这其实是对教学活动共同体的保障。对学生个体，教学交往活动常常以肯定的方式暗示和规定了他们可以自由选择和自主行动的范围，同时也就意味着教学活动不能在这个范围内加以妨碍和压制。（2）对学生个体的交往权利进行有限制的肯定。教学活动对群体秩序、规范或者个体交往权利的任何肯定，同时也就意味着对对方的限定，它要求作为群体的秩序、规范和作为个体的权利都必须以不侵犯对方的权利地位为界限。因此，当教学交往活动对学生个体的交往权利做出肯定时，不仅是规定作为群体或共同体的秩序、规范不得干涉或侵害学生个体的应有权利，而且是规定学生个体必须按照群体或共同体的秩序、规范来进行选择和展开行动。（3）在对学生个体交往权利进行肯定的同时，相应地规定学生个体必须承担和履行的责任与义务。即是说，学生个体获得交往资格和交往权利的前提条件是履行应有的义务和遵从活动共同体的秩序和规范。由此，教学活动通过保障与限制机制的建立，不断地影响和塑造着学生的权利与义务观念，学会正确地处理个体与群体之间的社会关系，从而促进学生的社会性发展。

2. （个体角色的）整合与分化

在调整学生个体与活动共同体（学生群体）的关系方面，教学交往促进学生社会性发展的另一个功能就是对学生在教学交往中所承担的社会角色进行整合与分化，从而使学生形成准确的角色意识和角色定位，逐渐学会正确地处理个体与群体之间的关系。

角色整合是指学生通过教学交往，建立和维持自己与群体、自己与他人的社会关系，并根据群体内为大多数成员普遍接受和认同的活动标准和行为规范来调整自己的行为，逐步成为为学生群体与活动共同体所接纳的社会成员。角色分化是指学生个体通过教学交往，在理解自己独有的特征和人际关系的基础上，确定自己在教学交往关系网络中的社会地位和社会角色，并在活动共同体允许的范围内，形成自己独特的交往需要、交往方式、交往行为、交往技能和交往关系。通过角色整合，教学交往使学生个体建立和维持了与他人和群体的社会联系，保障将学生个体作为一个适当的参与者整合进由教师、学生同伴、分工、规范、规则等社会性要素组成的活动共同体之中，从而促进学生个体的社会化。借助角色分化，教学交往使学生个体获得自己独特的社会定位、角色意识和交往关系，从而促进学生社会性的个性化发展。

显然，角色整合和角色分化分别实现和代表了学生社会性发展的两个不同方向：社会化朝着与活动共同体或学生群体相适应的方向发展，而个性化则朝着与其他个体相区别的独特性发展。但是，角色整合与角色分化又是两个互相规定的过程：整合是含有分化的整合，分化是含有整合的分化。实际上，学生个体在教学交往中始终会表现出自己的独特性，但他的表现如果违背活动共同体或学生群体的标准和规范，又会被看成是社会化发展缺陷或发展不足。

在教学交往中，活动共同体需要秩序、规范和效率，学生个体则向往自由和自主。由于两者在动机、利益和价值追求上的不一致性，就必然导致它们之间在意愿和要求方面的失衡，甚至冲突的发生。换句话说，活动共同体主要致力于学生的社会化发展，而学生个体的本性要求则是个性化发展。在这种情况下，教学交往通过对活动标准、行为规范以及学生个体权利与义务的界定，使活动共同体与学生个体之间达到权利与义务的平衡。在可能的情况下，教学交往还努力使活动共同体的利益、要求与学生个体的利益、要求保持一致，也就是使活动共同体的利益与要求成为学生个体的动机和需要，从而使活动共同体和学生个体之间达到一种整合的状态。

借助这两个途径，教学交往同时兼顾了活动共同体与学生个体的利益要求与价值追求，并尽量使两者的利益要求和价值追求走向一致，从而构成一种你中有我、我中有你的共生共存的关系。正是通过对活动共同体与学生个体两者在权利与义务、利益与价值上的平衡与整合，教学交往实现了对学生个体角色的整合与分化功能，由此使学生逐渐形成正确的社会定位和角色意识，学会正确地处理个体与群体之间的社会关系，并使学生的社会性沿着社会化和个性化两个方向同时得到发展。

3.（交往双方的）竞争与合作

在调整学生个体与其他个体之间的关系方面，教学交往促进学生社会性发展的功能主要表现为通过交往双方的竞争与合作机制，使学生个体逐渐学会正确地处理自己与他人之间的关系。在教学交往活动之中，由于学生个体与教师个体、学生个体与其他个体在需要、动机和目的等方面的不同，因而其利益要求与价值追求也会有所不同，由此必然导致个体之间的摩擦问题和冲突问题。在这里，学生社会性发展的一个重要方面就是学会正确处理自己与教师、自己与其他同伴之间的关系，学会处理和协调个体之间所发生的摩擦和冲突问题。而这方面的社会性发展又主要是通过教学交往活动的竞争与合作功能来实现的。

竞争是教学交往活动鼓励学生个体的利己、为我的行为活动，以激发学生个体的自主性、能动性与创造性。教学交往活动中的竞争主要表现为学生个体之间的竞争。合作则是教学交往活动引导和促进学生个体与教师之间、学生个体与其他学生个体之间形成和保持良好的互帮互助关系，以维护和保障教学交往活动的秩序和效率。教学交往活动的竞争与合作功能也是相互规定的：竞争是合作中的竞争，合作是竞争中的合作。只有竞争与合作的统一，教学交往活动才能使学生个体既能发挥自己的自主性、能动性与创造性，又能理解、宽容、接纳、吸收他人的见解、观点和做法，从而学会正确地处理自己与他人的关系。

针对教学交往活动中学生个体与教师、学生个体与其他学生个体之间可能出现的摩擦和冲突问题，教学交往分别从三个方面，建立了为学生个体学会正确地处理自己与他人关系的竞争和合作机制。（1）教学交往活动通过个体与个体之间在权利与义务方面的分配，通过一系列的激励技术，既鼓励学生个体的自主活动和利己行为，激发学生个体的自主性、能动性与创造性，又使每个学生个体的努力成为符合共同体秩序和规范的活动，从而使学生个体之间形成一种良性的竞争关系。（2）教学交往活动通过对个体与个体之间在权利与义务方面的界定，使个体与个体之间达到一种权利与义务的平衡，使个体之间的利益与价值冲突减至最低限度，从而形成一种有效的合作互助关系。这使得每个个体都能在确定的边界内进行选择和行动，使得每个个体在享用自身权利进行选择和行动的同时，又不损害其他个体的正当权利，从而共同维护和增进活动共同体的秩序和效率。（3）教学交往活动通过一系列具体策略，如空间分割策略、任务分工策略、角色分配策略和力量编排策略等，为学生个体之间的竞争与合作创造了客观条件。凭借这些策略，教学交往活动保证了学生个体之间既有竞争、又有合作，从而培养出单元的个体与组合的个体、竞争的个体与合作的个体。

4.（个体行为的）强化与消退

在调整学生个体的社会性行为方面，教学交往促进学生社会性发展的功能主要表现为通过以强化为中介的社会学习，强化或消退学生的社会性行为，从而使学生形成良好的道德行为和亲社会行为。

相对而言，强化是指对学生的亲社会行为给予表扬、鼓励、奖励等积极性反馈，从而促进学生内化社会规范，巩固相应的亲社会行为。消退则是指对学生的反社会行为给予批评、否定、爱的撤销、收回权利等消极性反馈，从而使学生减弱、降低和消除其反社会性行为。在教学交往活动中，学生会在其社会认知、社会情感等因素的作用基础上，产生各种社会性行为。在这方面，学生社会性发展的关键是形成良好的道德行为和亲社会行为。而教学交往的功能之一则是通过对学生社会性行为的强化和消退机制，巩固和维持学生的道德行为和亲社会行为，减弱、降低和消除学生的不道德行为和反社会行为。

教学交往对于学生社会性行为的强化和消退功能，主要是依靠三种强化方式得以实现的，分别是直接强化、替代强化和自我强化。直接强化是指学生自己的行为所产生的后果对该行为以后重复发展的可能性的影响。在教师的教导下，学生自身行为的结果构成了对该行为的直接强化：当自己的行为获得了成功或受到了表扬，他就会增强产生这种行为的倾向；反之，他就会削弱或抑制产生这种行为的倾向。替代强化是指学生不一定亲自产生行为或接受强化，而是看到榜样（包括教师和其他学生）的成功或受到表扬的行为，就会增强产生同样行为的倾向；相反，如果看到了榜样的失败或者受到惩罚的行为，就会削弱或抑制产生同样行为的倾向。例如，当教师表扬一个学生的助人行为时，班上的其他学生也将花一定时间互帮互助。自我强化则是指学生以自己内心确定的行为标准来奖励和惩罚自己，凡是符合自己标准的行为就会得到自我肯定，凡是不符合自己标准的行为就会受到自我批评。例如，学生在社会性发展的过程逐渐形成了自己的是非标准，于是他们将根据这种标准对自己的行为进行自我奖赏或自我批评。在一定程度上，直接强化、替代强化和自我强化形成了学生社会性行为发展的三种机制，学生就是在这三种强化的相互作用中发展出了那些符合社会准则的道德行为和亲社会行为。

根据班杜拉等人的研究，学生的社会性行为主要是通过直接学习、观察学习和自我学习三种途径发展起来的。班杜拉认为，儿童的社会性行为不是生物的本能表现，而是以强化为中介的直接学习、观察学习和自我学习的结果。其中，直接学习主要是依靠直接强化，观察学习主要是依靠替代强化，而自我学习主要是依靠自我强化。正是借助与教师和其他学生的教学交往，学生得以在亲身的交往实践与直接强化基础上，通过观察学习与替代强化、自我学习和自我强化发展出了自己的社会性行为。

一般说来，教学交往的强化与消退机制对于学生社会性发展的作用主要通过两条途径表现出来：一是为学生提供及时的信息反馈，帮助他们将自己的行为纳入社会规范和相应的行为标准体系之中；二是调整学生相应行为动机的强度，以改变特定行为以后重复发生的概率。而教师对学生特定行为的强化、消退与否以及这种强化、消退的性质、频度、强度的恰当运用，将直接影响着学生后续行为的动机及强度。

（三）活动促进学生社会性发展的实现机制

依靠保障与限制、整合与分化、竞争与合作、强化与消退四种机制，教学活动特别是教学交往活动分别从权利观念、角色意识、社会关系和社会行为四个方面，促进了学生的社会性发展。但是，教学活动特别是教学交往活动并不必然导致学生的社会性发展。众所周知，学生的社会性发展首先依赖于先天的生物学特性和后天的大量社会实践。这意味着，教学活动特别是教学交往活动如果要实现对学生的社会性发展功能，首先需要符合学生个体的自然特点和本能需要，同时需要沟通教学活动与社会生活之间的内在联系。而就教学活动本身而言，它还需要依靠一系列的条件作为支持或保障。前面关于教学交往对学生社会性发展的四种功能形成机制，其中已经蕴含了活动促进学生社会性发展的一般条件或必要条件，它们分别是：完整丰富的社会性关系；个体的社会认知发展水平；活动与交往的亲身参与；观察学习与替代强化；自我强化与自我调节。

1. 完整丰富的社会性关系是学生社会性发展的背景

社会性关系不仅是学生社会性发展的实质内容，而且也是学生社会性发展的背景和条件。人的社会性总是在一定的社会关系中才能够获得、发展和体现出来。在一定的社会性关系中，个体才得以与周边社会环境发生相互作用，并产生社会要求与个体自我之间的内在冲突和矛盾。正是社会要求与个体自我之间的冲突和矛盾，构成了个体社会性发展的根本动力。鉴于此，埃里克森根据个体在社会化过程中不同时期所面临的社会环境与个体自我之间的冲突，将个体社会性发展划分为基本信任与不信任（0—1.5岁）、自主性与羞怯疑虑（1.5—4岁）、主动性与内疚（4—5岁）、勤奋与自卑（6—11岁）、同一性与角色混乱（12—18岁）、亲密与孤独（18—30岁）、繁殖与停滞（成年期）和自我完善与失望（老年期）八个阶段。在教学活动条件下，学生社会性发展所需要的社会性关系不仅包括主体与其他主体之间的交往关系，而且还包括主体与客体之间的对象性关系以及主体与自身之间的反身性关系，不仅包括师生之间的交往关系，而且包括学生同伴之间的交往关系，不仅包括个体之间的竞争关系，而且包括个体之间的合作关系。所有这些，将为学生的社会性发展提供广阔的背景和基础。

2. 个体的社会认知发展水平是学生社会性发展的前提

个体的社会认知发展水平包括对他人的思想、需要、动机、情感的理解以及亲社会行为倾向与道德发展水平，它是学生社会性发展的前提。皮亚杰认为，儿童的社会性发展和认知发展是相互依存的两个过程，某一年龄阶段儿童社会性发展的特点都可以从相应的认知发展阶段中找到根源。例如，儿童在亲子关系中的"分离焦虑"产生的根源是认知发展中的"客体永久性"，儿童道德发展所经历的从他律到自律的发展过程是与儿童认知发展的思维发展阶段相联系，同样，儿童在人际关系的发展也与其认知发展相平行（张文新，1999）。无独有偶，柯尔伯格也认为，儿童社会性发展主要取决于儿童的认知发展水平与其他社会性经验两个因素之间的相互作用。在他看来，儿童社会性的发展与儿童的自我意识有关，儿童常常将自己与他人进行比较，从而逐步了解和明确自己在社会环境中的地位，形成自我概念，并在与他人的社会交往中逐步破除自我中心主义，增强角色获取能力，由此不断提高自己的社会认知发展水平。在他的道德发展阶段理论中，柯尔伯格将儿童的认知发展理解为儿童道德发展的必要条件，认为儿童的道德发展反映了儿童对道德问题的判断和推理能力。

3. 活动与交往的亲身参与是学生社会性发展的关键

学生的社会性发展只有在客观存在的社会性关系中才能实现，而客观存在的社会性关系又总是通过具体的活动和交往对学生个体发生现实作用的。换句话说，学生个体只有在大量参与活动和交往的过程中，才能逐渐了解和认识自己、他人、群体与社会，才能逐步学会正确地处理自己与他人、自己与群体、自己与社会之间的关系，才能不断提高适应社会的技能和能力。皮亚杰认为，儿童在与同伴的活动、交往中，通过冲突、争辩、竞争、合作，开始接受不同的观点和立场，并把它们协调起来，就能逐渐去掉自我中心倾向，增强角色获取能力，从而促进儿童的社会性发展。我们认为，让学生亲自参与到活动和交往中去，实际上是为学生的社会性发展开辟了一条最为直接、有效和现实的途径。可以说，通过亲身参与而获得的直接学习和直接强化，是学生社会性发展的第一途径。

4. 观察学习与替代强化是学生社会性发展的重要途径

观察学习是指儿童通过观察别人的行为及其结果而获得社会行为的过程。在观察学习中，儿童可以不必直接做出行为，而只是通过观察他人在一定环境中的行为及其结果就能完成学习。班杜拉曾经设计了儿童观看成人玩玩具的实验，发现儿童通过观察成人的行为及其结果就可以替代自己在行为中所受的强化，特别是看到别人行为结果受到奖赏或惩罚时，这种替代强化的作用尤其突出。据此，班杜拉认为，人的社会性行为是可以通过观察学习和替代强化来获得和改变的；长辈和同辈的榜样制约儿童的社会性形成和发展；榜样和替代强化直接影响儿童的社会学习过程。因此，观察学习与替代强化是学生社会性发展的重要途径。那么，教学活动特别是教学交往活动就需要充分发挥教师和学生同伴对学生个体的榜样示范和替代强化作用，从而让学生能够不断地获得新的社会行为和调整不适当的社会行为。

5. 个体的自我强化与自我调节是学生社会性发展的动力

应该说，具备了上述几种条件以后，教学活动也就具备了促进学生社会性发展的必要条件。但是，如果缺乏学生本身的主体性因素和自我调节作用，这些条件依然很难对学生的社会性发展构成有效的影响。这是因为，学生个体的自我强化和自我调节才是他自身社会性发展的支配性因素。按照班杜拉的社会学习理论，对于早期儿童来说，观察学习和替代强化对于他们的社会性发展起着非常明显的作用。但当儿童已经初步社会化的时候，就不再只靠外界的奖赏和惩罚来调节自己，而是靠自我强化和自我调节的模式。在这里，自我强化即自我调节。通过自我强化和自我调节，学生在认知调控方面能够有计划地组织学习活动，并进行自我指导、自我监控和自我评价，从而不断提升和发展自己的社会性品质。

综合以上分析，我们提出教学活动促进学生社会性发展的功能实现机制，如图 8 所示。

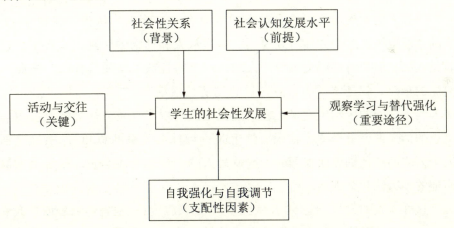

图 8　教学活动对学生社会性发展的功能实现机制示意图

图 8 表明：在教学活动符合学生个体的生物特性和本能需要，沟通与社会生活联系的情况下，完整丰富的社会性关系是学生社会性发展的背景和基础，个体自身的社会认知发展水平是学生社会性发展的前提条件，活

动与交往的亲身参与是学生社会性发展的关键环节，观察学习与替代强化是学生社会性发展的重要途径，而自我强化与自我调节是学生社会性发展的支配性因素。

三、活动的个性发展功能及其实现机制

无论是学生的认识发展还是社会性发展，最终都会落脚到学生的个性发展上来。在一定意义上，学生全面发展的实质即个性发展。因此，探讨学生发展的活动机制，就必须探讨活动基础上学生个性发展的实现机制。与学生的认识发展和社会性发展相同，学生个性发展的全部依据在于活动。而活动又通过内部的各种功能机制，为学生的个性发展创造出了多种可能性。

（一）教学活动与学生的个性发展

研究人的发展，首先需要对人的本质有一个全面的认识。在哲学上，人的本质应该从三个方面得到说明。一是从人和动物的区别上来规定，这就是人的一般类特性或类本质。人的一般类特性或类本质是什么？按照马克思的观点，就是"人的自由自觉的创造性活动"。二是从不同社会群体中人与人之间的区别角度来把握，这就是人的现实本质或社会本质。用马克思的话来说，就是"人在现实性上是一切社会关系的总和"。三是从不同个人之间的区别方面来理解，这就是人的个性或个体本质，即每个人都有他的独特性和个别性。

这样，人的发展概念便可从三个方面来规定：一是在人的类本质方面，人以类的形式而存在，人的发展就是人的类本质的发展，其实质是人的活动及其活动能力的发展；二是在人的社会本质方面，人以群体的形式而存在，人的发展就是人的社会本质的发展，就是人的社会关系的发展，包括人的社会交往的普遍性和人对社会关系的控制程度的发展；三是在人的个体本质方面，人以个体的形式而存在，人的发展就是人的个体本质的发展，就是在社会实践基础上人的自然素质、社会素质和心理素质的发展，就是在人的各种素质综合作用的基础上人的个性的发展。

在一定意义上，人在类本质、社会本质和个体本质三个方面的发展综合起来就是人的全面发展。但是，无论是人的活动及其活动能力的发展，还是人的社会交往和社会关系的发展，都是与人的个性发展密不可分的。从某种意义上说，前面两个方面的发展都是为人的个性发展服务的。正因如此，我们在研究活动的发展功能及其实现机制时，将学生的发展主要理解为认识发展、社会性发展和个性发展三个方面，并将学生的个性发展作为研究的最后落脚点。

1. 人的个性与人的个性发展

分析国内外关于个性概念的各种理解，综合起来大致有三种基本的观点。（1）人的个性，即个人的独特性。有论者就认为，个性是"个人所以区别于他人的行为"，是个人品格的各种心理特征——气质、性格和能力，是不被溶解在社会环境中的特殊"微观系统"（格·里·富尔曼诺夫，1987）。（2）个性是社会和社会关系的个别存在形成。苏联 B. H. 图加林诺夫和 W. C. 科恩指出："个性是每个单个的人具有的社会在他身上培养出的特征和品质的总和的体现者。"（格·里·富尔曼诺夫，1987）。（3）个性是个人对社会环境的态度和行为的积极特征，包括自主性、能动性和创造性等。苏联一些学者认为，个性是"认识现实和积极改造现实的主体"，"是在人作为各种社会关系的主体出现的地方而存在，而且仅以此为限"（格·里·富尔曼诺夫，1987）。

关于个性的第一种观点主要是从人的个体存在角度，从个人与他人、群体和社会的区别方面，将个性理解为个人不能被他人、群体和社会所取代的独特性。第二种观点主要是从人的群体存在角度，从社会关系中个人与个人的区别方面，将个性理解为社会关系在单个人那里的特殊体现。第三种观点主要是从人的类存在角度，从人的主体性方面，将个性理解为人在实践活动中所表现出来的自主性、能动性与创造性。显然，三种观点都是根据人的不同侧面，对人的个性进行了具体的规定，因而未能比较完整地理解人的个性。而人的个性概念的完整理解，需要借助哲学的综合方法。

按照前面的分析，人的自由自觉的活动、社会关系和个体独特性是每个人的共性。而人的个性就是这三个方面在每个人那里得以存在、发展和表现的个别方式。因此，从一般的意义上讲，人的个性可以分别从三个方面来规定：一是作为人的自由自觉活动的个别存在和表现方式的个性；二是作为社会关系的个别存在和表现方式的个性；三是作为个体独特性的个别存在和表现方式的个性（韩庆祥　等，2001）。

作为个人在自由自觉活动中所表现出来的个性，其实质是作为个人对外部世界独特的主体倾向性的个性，它主要包括个人心理倾向性、社会倾向性、个人对这种主体倾向性的追求，以及由此出发对个人行为和态度的评价，其主要标志是个人的自主性、能动性与创造性。作为个人在社会关系中所表现出来的个性，大致包括个人特殊的社会心理特征、社会关系特征和道德精神面貌特征，简单地说，就是前面我们已经分析了的个人的社会性。作为个体独特性的个性，其内容要素主要包括唯一性、不可重复性、独特性或不可取代性以及自我性（韩庆祥，1992）。这三个方面的总和构成了人的个性范畴的最一般结构。具体地看，伦理学中的个性概念比较注重第一个方面，社会学中的个性概念比较注重第二个方面，心理学中的个性概念比较注重第三个方面。

既然人的个性是人的类本质、社会本质和个体本质在个人那里的个别存在和表现方式，那么，人的个性发展就自然地包括自由自觉活动、社会关系和个体独特性三个方面在个人那里的发展及其统一（韩庆祥，1992）。其中，个人在自由自觉活动方面的个性发展包括两个方面的内容：一是活动内容和性质，二是活动的形式。前者是指活动的独立自主性、自由自觉性和能动创造性，其实质是个人主体性及其内在本质力量的充分发挥；后者是指个人从事何种活动，其实质是个人活动充分达到丰富性、完整性和可变动性。

个人在社会关系方面的个性发展主要包括如下具体内容：（1）个人与他人不仅以社会群体中的某一成员的身份相互发生关系，而且还作为有个性的个人发生相互关系；（2）在和别人交往中，个人彼此间互相交流经验知识，互通有无；（3）个人积极参加各领域、各层次的社会交往，同无数其他个人，从而也就同整个社会乃至世界进行相对普遍的交往，并发生全面而丰富的联系，以摆脱个体局限、职业局限、地域局限和民族局限；（4）在丰富全面的社会关系中，个人之间的关系成为他们自己的共同关系并服从他们的共同控制，从而使他们获得现实关系和观念关系的全面性。

个人在个体独特性方面的个性发展主要包括五个方面的内容：个人自身中的自然潜力的充分发挥；个人的肉体和心理的完善；个人需要的相对全面、丰富和完善；相对丰富全面而有深刻的感觉；精神道德观念和自我意识的全面性。上述五个方面的个性发展相互联系，共同构成了人的个性的全面发展。

2. 人的全面发展与人的个性发展

人的全面发展是马克思用以标示和表征人的发展状态的一个重要概念。从微观上看，马克思所谓人的全面发展主要是指个人的全面发展，即构成人的各种因素包括智力、体力、才能、兴趣、品质等各个方面都得到充分发展。在构成人的这些因素中，马克思特别强调个人能力的全面发展。但是，由于个人的能力发展必然受到自己生命存在的有限性的规定，加之社会历史条件的制约，个人不可能实现他的全部能力的无一遗漏的发展。因此，马克思所谓个人能力的全面发展并不意味着个人终将成为无所不能的完人，而是强调个人能力的多方面发展。在他看来，人的能力的多方面发展与人的丰富个性是直接相联系的，人的能力的多方面发展就是要造就人的丰富个性。

同样，马克思所谓人的全面发展并不意味着每个人的每个方面都获得无差异的均衡的发展，而是强调每个人的丰富个性的充分发展。作为一个现实的个体存在，人是由自然因素、社会因素和精神因素构成的有机整体。由于人在自然素质、社会素质和精神素质方面存在明显的差异，这就必然导致人在不同方面的发展上和不同的人在自我发展上出现差异。差异就意味着个性。如果人都去追求各个方面的无差异的均衡的发展，如果本来不同的人最后都变得相似或雷同，这就无所谓人的个性发展，更不要说人的丰富个性的全面发展。因此，马克思所谓人的全面发展或个人能力的全面发展，实际上是指人的丰富个性的充分发展，特别是人的能力的多方面发展。

马克思不仅强调人的全面发展是人的丰富个性的充分发展,而且还将人的全面发展与人的自由发展联系起来。他说:"全面发展的个人,也就是用能够适应极其不同的劳动需求并且在交替变换的职能中,使自己先天和后天的各种能力得到自由发展的个人来代替局部生产职能的痛苦的承担者。"(马克思,1983)不仅如此,人的全面发展首先必须是人的自由发展,"人的全面发展必须是人的全部才能的自由发展,必须是人的自由个性的全面发展"(中央编译局,1979)。按照马克思的有关著述,在现实的社会生活中,只要每个人都能够按照自己的愿望,为实现自己的追求,按照自己在社会交往和社会生活中所形成的个性和特长,去自由地发展了自己的个性和实现了自身的价值,就可以毫无疑问地说他们是得到全面发展了。反之,如果个人并不是完全按照自己的愿望而是由于受到他人的限制或外力的强迫,即使也发展了某些方面的个性和能力,却没有发展他想发展的个性和能力的机会,他无论如何也不会被认为是全面发展了。如此看来,人的全面发展并不是指人的所有个性都得到了发展,而是指人的自由个性的全面发展。

因此,人的全面发展不是人的全部能力的无一遗漏的发展,而是"人的全部才能的自由发展";人的全面发展不是人的所有个性的无差异的均衡的发展,而是"人的自由个性的全面发展"。一句话,人的全面发展的实质和最根本的内涵即人的个性的自由发展。

在马克思看来,人的个性的发展是人的全面发展的综合表现和最高标准,人的自由个性的实现是人的全面发展的最高阶段,而人的全面发展则是自由个性实现的根本条件和最切近的基础。这集中体现在他对人的历史发展过程第三阶段的表述上,即"自由个性是建立在个人全面发展和他们共同的社会生产能力成为他们的社会财富这一基础上的"。在这一阶段,人已经完全控制了自己的生存条件,构成人的个性的各种因素都得到了自由而全面的发展,人最终成为自由的人,成为自然的主人、社会的主人和自身的主人。

马克思在考察资本主义社会后指出,自发分工和私有制为每个人划定了一个特定的范围,并把这个范围强加给个人,只要个人不想失去生活资料，他就必须在这个范围内活动。于是，人本身的活动成为一种异己的力量驱使着人，而不是人驾驭着这种力量。在这种情况下，人不是自由的，人失去了自己的自由个性，当然也就无所谓人的全面发展。这意味着，只有当人的活动成为自由自觉的活动，人才是自由的人，人才有自由的个性，从而使人的个性得以全面发展。正因如此，马克思将人的个性的自由发展作为人的全面发展的最终目的，认为"建立在个人全面发展基础上的自由个性"是共产主义运动的最终目标。在此意义上，人的个性的自由发展乃是人的全面发展的出发点和归宿点。

3. 教学活动与学生的个性发展

关于人的个性发展，列昂捷夫首先驳斥了传统心理学上的遗传决定论和环境决定论。他认为，遗传因素与环境因素仅仅是人的个性发展的前提，而不是发展本身，因为"任何的发展都不能从只是作为发展的必要前提的东西中直接引申出来，不管我们是怎样详尽地描述这些前提"（列昂捷夫，1980）[163]。他进一步指出，"个性是由客观情境造成的，但是要通过他的活动整体，后者实现着他同世界的关系。这种活动整体的特点，也就形成那种决定着个性类型的东西"（列昂捷夫，1980）[12]。而那种简单地罗列个性特点，是不可能确定任何"个性结构"的。"个性结构"唯有在活动的系统中才能获得自己的规定性。因此，"个性在任何方面都不是先于人的活动而存在的；个性也和人的意识一样，产生于活动"（列昂捷夫，1980）[51]。

活动是人的存在方式，也是人的发展方式。前面的分析表明：活动具有促进学生认识发展和社会性发展的功能。但是，如果活动只具有认识功能和社会性功能，那么，活动就绝不是学生的存在方式，活动也就不可能实现学生的个性生活，其结果必然是抛弃了学生的个性存在，抹杀了学生的个性。经验证明：教学活动中的各个学生之间不仅是彼此有别的，而且存在质的差异，每个学生都是不同于其他学生的人，都有自己的个性活动，都以自己的个性方式而存在。因此，如果说活动是人的存在方式，那么，教学活动必然是学生的一种独特的存在方式，必然具有自己的独特功能，即形成学生个性的功能，表现之一就是教学活动在一定程度上满足了学生的个体需要，实现了学生的学习动机。

具体地说，教学活动的主体—客体向度以及由此延伸出来的学生主体对教学客体的认识活动、实践活动、审美活动和评价活动，形成和表现了作为学生个体对外部世界独特的主体倾向性的个性；教学活动的主体—主体向度以及由此延伸出来的学生主体对其他教学主体的交往活动，形成和表现了作为学生个体在社会关系方面的个性；教学活动的主体—自身向度以及由此延伸出来的学生主体对自身的自我意识活动、自我教育活动，形成和表现了作为学生个体在个体独特性方面的个性。

（二）教学活动促进学生个性发展的功能形成机制

综合分析人的个性发展的相关研究，需要是人的个性的深层部分，需要满足的过程就是人的个性发展的过程；主体性是人的个性的核心，是人的个性发展的内部心理机制；自我意识是人的个性的重要标志，并对人的个性起着重要的调节作用。鉴于此，我们将主要从需要、主体性和自我意识三个方面，分析和阐释活动促进学生个性发展的功能形成机制。

1. 个体需要的满足和发展

人的基本需要是多种多样的，既有自然的生理需要，又有社会的心理需要。在人的个性发展过程中，基本需要的原初形式大致上遵循一种由低到高的层次依次排列。以马斯洛为代表的人本主义将人的需要由低到高分为生理需要、安全需要、归属和爱的需要、尊重的需要、认知的需要、审美的需要和自我实现的需要。马克思主义则将人的需要分为生存需要、合群和归属需要、享受的需要、尊重和独立的需要、自觉发展的需要和贡献的需要。但是，无论是人本主义还是马克思主义，都认为需要是人的本性，是人的个性发展的内在动力，它决定着个性的倾向性即发展方向。

马斯洛认为，个体自其初生之时起就有生理需要并以最初的形式显示出某种安全需要，随后才相继出现对爱、独立、自主、成就、尊重，乃至自我实现等需要。个体早年的生活经验中这些不同层次的需要的满足与否，将对其个性产生决定性作用。"任何需要的满足，只要是真正的满足……有助于决定性格的形成……有助于个人的改进、巩固和健康发展"（马斯洛，1987）[71]。在他看来，个性发展的过程就是人的能动的自我实现过程。这个过程包括生理、安全、从属、尊重和自我实现等一系列从低到高的心理需要的满足。即是说，人的需要满足的过程就是人的个性发展的过程。

我们已经知道，在人的个性的水平上，教学活动首先与学生个体的需要和动机有关。从活动的发生来看，学生个体的需要和动机才是教学活动的内在根据和动力源泉。从活动的结果来看，教学活动的衡量尺度是学生的需要是否得到满足，学生的动机是否实现，学生的个性是否形成了新的质。实际上，教学活动不仅能够满足学生个体的需要，而且还能够不断丰富和发展学生个体的需要，具体表现为教学活动与学生需要之间的双向互动。

在教学条件下，学生个体具有多种需要，如归属的需要、爱的需要、尊重的需要、求知的需要和交往的需要等。满足这些需要的对象要么是由教师和学生结合而成的群体，要么是作为个体的教师或学生，要么是作为知识的书本。但是，这些对象并不会自动地成为满足学生个体需要的对象，学生个体的各种需要也不会自发地得到满足。这就在需要和满足需要之间产生了一对矛盾。这一矛盾只有通过学生自己的活动来解决。在满足需要的活动中，学生运用自己的力量，利用各种手段，使需要的对象按照自己的要求和需要发生结构与形态的变化。正是在这种满足需要的活动中，学生的内部所潜在的本质力量才得以发掘，并以外部行动的方式有序地展示出来，作用于一定的需要对象物，实现对一定需要的满足，学生的内在本质也由此而得以外化、表现和实现。

不仅如此，大量的教学事实还告诉我们：随着学生的活动水平的提高，学生的活动能力的增强，学生的活动需要就会越丰富，需要的层次也就越高。正如马克思所说："……已经得到满足的第一个需要本身、满足需要的活动和已经获得为满足需要用的工具又引起新的需要。"（1960）[32]换句话说，人的需要总是在驱动人的活动中不断获得新生、增加和拓展，从而永远不停地推进人的活动。一方面，作为一种社会存在物，处在教学生活中的学生个体必然具有各种社会需要，而要满足这些需要就必须参与和从事教学活动，以便使自己需要的各种对象发生符合自己需要的形式变化，从而满足自己的需要；另一方面，需要的满足和满足需要的手段又会产生新的需要，新的需要又会反过来引起新的活动。这样，在个体需要推动学生参与教学活动的同时，教学活动又反作用于个体的需要，即在满足需要的过程中改造原有的需要，产生新的需要，给教学活动以新的动力，由此不断推动学生的需要发展和个性发展。

2. 主体性的生成与培养

主体性是指作为活动主体的人在对客体的作用过程中所表现出来的功能特征，具体表现为人的自主性、能动性与创造性。其中，人的自主性表现为个体在一定条件下，对自己的活动具有支配、控制的权利。在教学活动中，学生的自主性主要表现为具有独立的主体意识和明确的学习目标，能够主动、积极地运用一切教学资源，并能对自己的学习活动进行自我调控和自我反思。如果说人的自主性主要表现为主体的权利，那么，人的能动性则主要表现为主体的能力，具体是指主体能够自觉地、积极性地、主动地认识和改造客体，而不是被动地、消极地进行认识和实践。在教学活动中，学生的能动性主要表现为能够主动运用自己已有的知识经验和认知结构去同化和顺应外部的教学影响，对它们进行吸收、改造、加工和排斥，使新旧知识进行新的组合，有选择地把它们纳入到已有的知识经验和认知结构之中（张天宝，2001）。如果说人的能动性的实质是主体对现实诸多可能性的选择，那么，人的创造性的实质则主要是主体对现实的一种超越。主体无疑要受到活动客体的制约和限制，但主体从不囿于某种既定的客体，总是创造条件，改变环境，超越现实，即所谓创造世界。相比而言，学生在教学活动中的创造性则主要表现为学生在学习活动过程中所表现出来的猎奇、求新、思变等内在的品质。

人的自主性、能动性与创造性三者之间相互联系，共同作用于人的良好个性品质的形成。其中，自主性侧重于主体权利，表现为主体对活动诸因素的占有和支配，它是人的良好个性的基本品质，是具有独立个性的象征。人一旦有了自主性，便自然地显现出个人的潜力、意志和魅力，表现出其独特的能力和品质。能动性侧重于主体能力，表现为主体活动的主动选择和自觉行动，它是人的良好个性的能力部分。人的能力的多方面发展直接影响着人的丰富个性的形成，人的丰富个性的发展过程就是人的多方面能力的发展过程。创造性侧重于主体对现实和自身的超越，它是人的良好个性的最高表现，是人的个性结构中最具活力的因素。人的创造性集中反映了个人的智能、性格、意志、情操等发展水平。

由上述分析可知，主体性是学生个性的核心部分，是学生个性得以发展的内部心理机制。那么，学生的主体性是如何生成的呢？主体性的生成实质是主体的生成。从实践、活动的观点来看，"主体"首先是一个对象性范畴，只有在与客体的对象性关系中才能获得自己的规定。对于现实的学生个体而言，个体和主体并不是完全等同的，并非每个学生个体都是现实的主体。只有当学生个体具有主体意识和主体能力，并且现实地作用于教学客体的时候，他才可能成为主体并具有主体性。或者说，只有当学生个体真正参与到现实的教学活动之中，他才有可能成为活动主体，具有主体的特性即主体性。按照马克思主义的实践观点，人的本质是一定社会关系下自由自觉的活动，这是人之所以为人的根据，也是主体之所以为主体的根据。正是人的自由自觉的活动，创造了人，形成、表现和确证了人的主体性。同样，学生的主体性不是与生俱来的，只有通过教学活动，才能形成主体性，表现和确证主体性。一句话，活动是学生在教学条件下主体性生成的唯一源泉。

就其本质而言，教学活动形成学生主体性的过程可以抽象为两个方面。一是内化，即学生主体通过对教学客体的把握以及各种文明成果的消化、吸收，使其转化为主体本质力量的因素，从而进一步生成、改造和发展自身，不断造成新的力量、观念、品质、情绪和能力，使自身更加完善和发展。二是外化，即学生主体通过外部活动将自己所具有的知识、技能、能力、情感等主体本质力量发挥出来，作用于外部客观世界，使其按照自己的需要和目的发生结构和形态上的变化，从而表现和确证自己的本质力量。同时，学生个性的发展也经历了两个过程：一是内化，即把那些外在获得的东西，内化于自己的身心，形成一种稳定的、基本的、内在的个性心理品质；二是外显，即通过外部活动将已有的个性品质表现出来。学生的个性正是通过内化与外显的无数次的交替，逐步发展、完善与形成起来的。而不管是内化，还是外显，它们都是以活动为桥梁实现的。因此可以说，教学活动是学生主体性和个性形成的中介，学生在活动中形成主体性和个性，并在活动中表现和确证主体性与个性。

3. 自我意识的觉醒和提升

自我意识是一个人对自己的认识，如对自己身高、体重、形态及健康程度等生理状况的认识，对自己的需要、兴趣、能力、性格等心理特点的认识，对自己与他人关系的认识，等等，这些都是自我意识的种种表现。自我意识的心理结构包含形式和内容两个基本的维度。

从形式上看，自我意识可分为自我认识、自我体验和自我调节三种形式。自我认识是自我意识的首要成分和基础成分，它是指个人对自己的生理自我、社会自我和心理自我的认识，如自我知觉、自我观察、自我概念、自我评价等。自我体验是指个人在自我认识的基础上，对自己所持态度的内在体验，如自尊、自强、自卑、自豪感、成功感、受挫感、自我效能感等；自我调节是指个人对自己心理和行为的调控过程，如自制、自主、自立、自控、自我教育、自我监督等。

从内容上看，自我意识又可分为生理自我、社会自我和心理自我三种形式。其中，生理自我是指个体对自己的生理特性的意识，如意识到自己的存在、自己的行为、身体外貌、体能等；社会自我是指个体对自己的社会属性的意识，如意识到自己的各种社会角色地位、权利义务、人际关系等；心理自我是指个体对自己的心理特性的意识，如意识到自己的个性特点、心理状态、知识智能等。

自我意识是人的个性结构中的重要组成部分，它不仅是人的个性发展水平的基本标志，而且也是人的个性发展的主要内部因素。首先，自我意识能使个体在日常学习、生活中，意识到自己的心理行为、自己与他人的关系和自己在团体中的角色地位、权利作用，从而根据活动的目的要求自觉地调节情绪表达，调整自己的心理行为，确保个体与多变环境的动态平衡发展。其次，自我意识能使个体对自己的长处和短处有清楚的认识，这有助于个体扬长避短，加强自我修养，增强自我教育的效果。最后，自我意识能保证个体正确地认识自我、认识周围的世界，能动地与周围环境交互作用，从而使个性获得健全发展。

然而，人的自我意识从何而来呢？人来到世间，他"没有带着镜子"。那人是如何认识自己的呢？马克思指出："那是由于人借助于另外两种东西作为镜子认识自己、反映自己的。一是'生产'，'我们的生产同样是反映我们本质的镜子'（中央编译局，1960）[37]。二是'交往'，'人起初是以别人来反映自己的。名叫彼得的人把自己当做人，只是由于他把名叫保罗的人看做是和自己相同的。因此，对彼得说来，这整个保罗以他保罗的肉体成为人这个物种的表现形式。'"（中央编译局，1960）[67] 由此可见，人的自我意识并不是在封闭的自我中自动生成的，而是人在活动基础上通过与他人的交往逐步建立起来的。关于这个方面，社会心理学家、符号互动论的创始人米德系统地研究了人际互动对个体自我生成和发展的重要意义，认为人的自我意识是个体在与他人的互动和交往中实现的。因此，正是活动基础上的交往与交往之中的活动，才是人的自我意识的真正基础。

概括地说，教学活动为学生自我意识的觉醒和提升提供了三种基本的途径。（1）对象性活动。即学生主体在对教学客体的认识、实践、审美和评价活动中，施展自己的体力、智慧、知识、个性、情意和品德，从而把一些内在的属性表现出来，并通过对自己在这些活动中的表现和成果的分析，来认识自我和评价自我。（2）交往活动。即学生主体在与教师和其他学生的交往活动中，通过他人、群体对自己的直接评价、通过他人、群体对自己的间接评价，通过自己与他人的比较，来认识自己和评价自己。（3）自我反身活动。在对象性活动和交往活动的同时，学生个体也与自己结成了一种自我反身关系，从而使他对自己进行自我反思、自我评价、自我监控和自我调节。可见，教学中的对象性活动与交往活动为学生获得自我意识提供了两面最起码的镜子，以此为基础，学生进而对自己进行自我反思和自我调节，从而不断地调节和促进个性的形成与发展。

（三）教学活动促进学生个性发展的功能实现机制

由以上分析可知，在影响学生个性发展的条件系列中包括两类：一是外部客观条件，二是内部主观条件。其中，影响学生个性发展的外部客观条件主要包括对象性活动、人际交往和自由空间三个方面；影响学生个性发展的内部主观条件则主要包括内在需要和自我意识两个方面。从根本上讲，教学活动对于学生个性发展所产生的促进功能，正是表现于它为学生的个性发展提供了这些外部客观条件，并通过学生个体的内部主观条件使其对学生的个性发展发生现实作用。

1. 对象性活动是学生个性发展的中介

对象性活动的本质是主体与客体的相互作用，这种相互作用是通过主体对象化与客体非对象化的双向运动而实现的。只有借助对象性活动的中介作用，人才能作为主体与外部客观世界发生相互作用，才能自觉能动地认识和改造客观现实，并在这一过程中认识、改造和发展自身。更重要的是，主体与客体的相互作用、主体对象化与客体非对象化的统一，不仅构成了对象性活动的实质内容，而且也是人的个性发展的实现机制。正是在这种对象性活动中，人有了自我意识，获得了人所特有的主观世界；人有了自我意识从而有了自主性、能动性与创造性。人在对象性活动中所表现出来的自主性、能动性与创造性就是人的个性的集中体现。因此，教学活动要能促进学生的个性发展，就必须根据一定社会的要求和学生的身心发展规律，为学生的个性发展设计出完整、丰富、多样的对象性活动，从而最大限度地提高学生的活动能力和活动水平。

2. 人际交往是学生个性发展的基础

学生的个性不仅只能在对象性活动中得以发展，而且还离不开人际交往这一重要基础。在一定意义上，学生的个性发展就是学生的社会关系的发展，就是学生的社会交往的普遍性和学生对社会关系的控制程度的发展。马克思主义认为，人是在一定的社会关系中生存和发展的，"社会关系实际上决定着一个人能够发展到什么程度"（中央编译局，1960）[295]，人的个性发展实际上是人的交往活动的发展对社会关系的不断突破。作为人的本质活动，人际交往实现着人与人之间物质、能量、情感、信息等方面的交换，扩展着个体的体力、智力，并形成了与其他个体或社会整体的联系和关系。正是在大量、全面的人际交往中，人的个性才得以形成、发展和表现。立足于学生的个性发展，教学活动应该全面生成学生的交往关系和交往形式，努力克服片面的交往关系和交往形式。

3. 自由自主是学生个性发展的前提

人，只有在成为自由的人的前提下，才有可能按照自己的意志和愿望去自由地发展自己的个性，进而达到人的自由个性的全面发展。阿玛蒂亚·森曾经指出："发展可以看做是扩展人们享有的真实自由的过程"，"自由不仅是发展的首要目的，也是发展的主要手段"（阿玛蒂亚·森，2002）。在马克思看来，只有当人的活动成为自由自觉的活动，人才是自由的人，人才有自由的个性，从而使人的个性得以全面发展。笔者认为，人的自主是人的自由的核心。即是说，只有自主的人才可能有真正的自由个性。再进一步，没有人的自主，就没有人的自由；没有人的自由，就没有人的个性，因而就没有人的个性的自由发展和全面发展。为此，基于学生个性发展的教学活动设计就必须同时完成两个基本任务：一是努力提高活动的效率和水平，从而为学生的个性发展提供坚实的物质基础；二是尽可能地提高学生活动的自由度，从而为学生的个性发展开辟出自由的空间。

4. 内在需要与自我意识是学生个性发展的动力

人的个性发展不是出于外力的强迫，而是出于人的需要的内在驱动和自我意识的觉醒。如果说完整、丰富、多样的对象性活动为学生的个性发展提供了实现的中介，普遍、全面的人际交往为学生的个性发展提供了实现的基础，适当、必要的自由自主为学生的个性发展提供了实现的空间，那么，学生个体的需要结构和自我意识则为学生的个性发展提供了最基本的内部动力。在对象性活动和人际交往的基础上，学生个体存在多方面的需要，也会同时产生多方面的自我意识。在这里，学生个体的需要结构和自我意识不仅将个性发展的资源、权利和机会转变为内在的需要、自主的选择和自觉的行动，而且本身还反映着他的个性发展的水平。为此，教学活动设计不仅应该适应学生的需要结构和自我特性，而且还应该尽力引导和培育学生的需要结构，唤醒和提高学生的自我意识。

综合以上分析，我们提出教学活动促进学生个性发展的功能实现机制（如图 9 所示）。

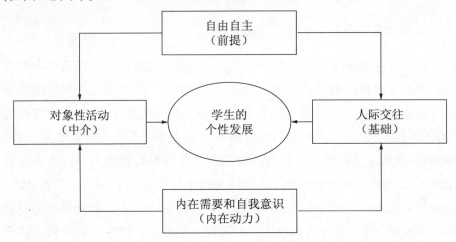

图 9　教学活动促进学生个性发展的功能保障机制示意图

图 9 表明：在教学活动适应学生先天素质，整合外部环境影响的情况下，完整、丰富的对象性活动是学生个性发展的实现中介；普遍、全面的人际交往是学生个性发展的实现基础；适当、必要的自由自主是学生个性发展的实现前提；个体的内在需要和自我意识是学生个性发展的内在动力。

四、活动与发展之间的内在关联及其规律

前面我们已经从认识发展、社会性发展和个性发展三个方面，分析和揭示了活动对于学生发展的功能作用及其形成机制。这些研究表明：活动与发展之间存在着某些普遍的、必然的关联。以此为基础，我们可以发现和概括活动与发展之间存在的某些规律，即活动基础上学生实现发展的基本规律。准确而深入地理解这些规律，将会提高教学活动设计的理论自觉性与实践合理性。

（一）（活动与发展的）相互依存律

活动与学生发展之间的第一条规律是：教学活动与学生发展的相互依存律。

活动与发展之间的相互依存主要表现在三个方面。其一，活动与发展相互制约。一方面，学生主体按照自己的需要和愿望，运用自己的知识、能力、情感、态度等本质力量，使教学活动的存在和变化满足及服务于自身的发展；另一方面，教学活动又以自己的本质和规律作用于学生主体，使学生主体的发展被控制在教学活动的本质和规律所允许的范围内；其二，活动与发展相互适应。一方面，教学活动的目的、内容、过程和形式要适应学生主体的需要、动机、已有经验和身心发展规律。否则，学生不愿意，也不能够真正地参与这种教学活动；另一方面，学生主体又要适应教学活动的客观规律和内在要求。否则，学生就不能真正地支配、占有和运用教学活动的积极力量。其三，活动与发展相互促进。教学活动借助其内部的转换过程和功能作用机制，能够促进学生的认识发展、实践发展、社会性发展和个性发展；同时，学生的发展意味着其活动、活动能力和活动水平的发展，这反过来又会不断地推动教学活动的目标、内容、形式向更高水平、更高层次的方向发展。

活动与发展之间的这种相互依存性，主要缘于以下三个方面的原因。其一，学生主体与教学客体之间的相互适应。主体和客体是以"一种特殊的、现实的肯定方式"相关联的，因而在它们之间必然存在一种相互适应的关系：主体对客体的感知和有效掌握达到什么范围和程度，客体就对主体的意义达到什么范围和程度；反之，客体对主体的意义达到什么范围和程度，就相应地表明和确证主体对客体的感知和有效把握达到了什么范围和程度。主体和客体之间的这种相互适应关系，其实就是教学活动中的主体—客体相关律。其二，学生主体与教学客体之间的相互作用。一方面，学生主体按照自身的要求和需要，将自己的知识、经验、技能、能力、情感、态度等方面对象化在教学客体的身上，将这些方面积淀、凝聚和物化在教学客体中，从而改变了教学客体原有的结构和形式；另一方面，教学客体的结构、关系、形态和特点等因素又积淀于主体自身，并转而变成学生主体的知识结构、能力结构和情意结构的一部分，从而不断地形成和提升学生主体的本质力量。其三，教学活动与学生发展之间的双向互动。主体与客体之间的相互制约和相互适应，又使教学活动与学生发展之间存在双向互动的关系。通过教学活动，学生主体会运用自己的本质力量，利用各种手段，使教学客体按照自己的要求和需要发生结构与形态的变化，不断地使自己潜在的本质力量获得新生、增加和拓展。这种新生、增加和拓展了的本质力量又成为推动学生主体从事活动的持续力量，从而又永远不停地推进学生主体的活动。这样，在教学活动推进学生的发展的同时，学生的发展又反作用于教学活动，即在适应学生发展的过程中不断拓展和丰富学生的发展，给教学活动以新的动力和条件，由此不断地推动学生的发展。

根据活动与发展的相互依存律，我们在教学活动设计中应该特别重视活动与发展之间的相互制约、相互适应与相互促进问题。第一，根据学生的活动特点与发展规律有针对性地设计教学活动。对于每个年龄阶段的学生，其活动的方式和特点以及身心发展的规律都是不同的，因而要求教学活动必须首先适应学生的活动要求和发展规律。第二，让活动走在发展的前面。根据活动与发展的相互依存律，教学活动不能只是适应学生的发展，而且还要促进学生的发展。用赞可夫的话说，就是要让活动为学生的发展开路，让活动发生在学生的"最近发展区"，从而发挥教学活动对学生发展的促进功能。第三，打破和建立活动与发展之间的平衡。根据发生认识论的观点，儿童的心理发展就是在儿童与周围环境之间从不平衡到平衡的不断运动中实现的。如果说活动对学生发展的适应是要达到教学活动与学生发展之间的平衡，那么，活动对学生发展的促进则是要促成教学活动与学生发展之间的不平衡。面对这种不平衡状态，学生主体会通过同化和顺应两种途径，重新恢复和建立新的平衡，从而实现学生的新的发展。

（二）（活动对发展的）条件匹配律

活动与发展之间的第二条规律是：教学活动对学生发展的条件匹

配律。

在教学条件下，学生的发展何以可能？或者说，学生得以发展的基础和来源是什么？一般的回答便是"教学活动"。实际上，活动之所以是学生发展的基础和来源，关键在于活动为学生发展提供了相应的条件。这就是活动对发展的条件匹配律。根据前面的分析，学生个体的发展至少需要具备三个方面的基本条件。一是学生主体与教学客体之间的对象性关系和对象性活动；二是学生主体与其他教学主体之间的交往、合作和交流；三是学生主体自身的能动性结构和主动性作用。而教学活动则分别从这三个方面，为学生的发展准备了必要的条件。

其一，借助教学活动的主体—客体向度，学生主体与教学客体之间的对象性关系和对象性活动得以建构起来。主体与客体之间对象性关系的建立和主体对客体的对象性活动的形成，是人的发展的基础和开始。在教学中，这里的主体是指处于一定教学条件和师生关系中的、从事着认识活动和实践活动的学生，客体是指进入学生活动领域的对象，即进入学生活动范围的课程。虽然课程的存在是学生活动的前提，但它并不能自动地成为活动的对象。课程成为学生的活动对象，取决于它是否进入学生的认识视野和实践视野，取决于学生自身的认识水平和实践能力，取决于学生个体是否具备了感知和思维它的能力以及这种能力的完善程度。所有这些条件，都是学生通过实践活动才能创造出来的。不仅是活动的客体，而且活动的主体也是实践活动创造出来的。在马克思看来，作为主体的人并不是抽象地栖息在世界以外的东西，也不是孤立地站在客观事物面前的人，而是以社会的方式从事着实践活动的人。换句话说，学生要成为主体，必须通过教学活动来实现，并只能通过教学活动来建立与教学客体之间的对象性关系和对象性活动。

其二，借助教学活动的主体—主体向度，学生主体与其他教学主体之间的交往、合作、交流得以实现。由于外部世界的复杂性以及人自身认识能力的有限性，每个学生个体对外部事物的认识可能是片面的、粗浅的和不完整的。要达到对外部事物的全面的、深入的和准确的认识和反应，每个学生个体都需要与教师和其他学生进行多向的交往、合作和交流。正是在这种多向的交往、合作和交流中，通过再建、再现、调整、修正、完善等社会建构过程，学生个体得以不断深化对外部事物的认识，完成认识的建构和内化，并通过不同媒介和表征形式，将主观建构的认识外化和客观化。那么，教学活动是如何实现学生主体与其他教学主体之间的这种交往、合作和交流呢？作为一种同时包含教师教和学生学两个方面的双边性活动，教学活动天然地具有社会交往和社会建构的性质，普遍地存在着教师与学生、学生与学生进行相互交往和共同建构的现象。这在我们前面对教学活动结构的系统分析中已经得到证实：教学活动涉及共同体、分工、规则等社会性要素，包含主体—主体这个基本向度，具有交往合作这个子系统。也就是说，教学活动总是一定师生交往中的活动，而师生之间的社会交往本身就是教学活动的存在形式。

其三，借助教学活动的主体—自身向度，学生主体的能动性结构及其主动性得以发挥出来。这里的能动性结构，就是笛卡儿所指的"绝对理念"和"自我意识"，康德所谓的人的"先天认识形式"和"综合功能"。用当代教育心理学的术语说，就是主体的认知结构。离开个体的已有认知结构，即使拥有丰富的客体刺激和新信息，学生还是无法认识和理解它们。因此，学生主体的能动性结构是他认识外界事物、实现发展的重要条件。此外，如果没有学生本身的需要和动机，没有学生个体的主动性作用，再丰富的客体刺激和外界信息，再完善的知识经验和认识结构，也会在学生个体的面前变成废纸一堆，或者白板一块。因此，学生自身的需要、动机等非智力因素以及与之相关的学生个体的主动性作用，也是学生得以发展的重要条件之一。然而，无论是笛卡儿的"绝对理念""自我意识"和康德的"先天认识形式""综合功能"，还是当代认知心理学家所强调的认知结构，所有这一切的根源则是实践与活动。同样，学生的需要、动机和主动性都不会凭空产生，它们与教学活动密切相关，并与教学活动产生着双向互动的过程：学生的需要、动机推动着教学活动，教学活动又在满足需要、动机的过程中改造着原有的需要、动机，产生出新的需要、动机，从而给教学活动以新的动力，由此不断推动着学生的主动活动。

正是通过这种条件匹配，教学活动不仅为学生的发展提供了可靠的基础和来源，而且还使学生的发展具有了现实的可能性。依据教学活动对学生发展的条件匹配律和前面的相关分析，我们在教学活动设计中应特别注意教学活动与发展目标之间的条件匹配问题：一是教学活动对于学生认识发展的条件匹配。其中，学生主体对教学客体的对象性活动是学生认识发展的基础和源泉；师生之间的人际交往是学生认识发展的必需条件；个体自身的已有经验是学生认识发展的前提条件；个体自身具有调节作用的平衡过程是学生认识发展的内驱力；个体自身的主动建构是学生认识发展的基本保证。二是教学活动对于学生社会性发展的条件匹配。其中，完整丰富的交往关系是学生社会性发展的背景和基础；个体自身的认知发展水平是学生社会性发展的前提条件；活动与交往的亲身参与是学生社会性发展的关键环节；观察学习与替代强化是学生社会性发展的重要途径；自我强化与自我调节是学生社会性发展的支配性因素。三是教学活动对于学生个性发展的条件匹配。其中，完整、丰富的对象性活动是学生个性发展的实现中介；普遍、全面的人际交往是学生个性发展的实现基础；适当、必要的自由自主是学生个性发展的实现前提；个体的内在需要和自我意识是学生个性发展的实现动力。

（三）（活动对发展的）交互整合律

活动与发展之间的第三条规律是：活动对发展的交互整合律。

教学活动与学生发展之间既不是单纯的适应关系，又不是单纯的促进关系；既不是确定的因果关系，又不是严格的线性关系，而是一种交互整合的关系。教学活动对学生发展的交互整合，是指各种类型的教学活动以及教学活动的内容、过程、形式、结果等各个方面，都会在一定程度上同时作用于学生发展的不同方面和不同方面的发展。这就是教学活动对学生发展的交互整合律。

根据大量的教学实践经验，教学活动对学生发展的这种交互整合作用主要表现在以下三个方面。其一，不同类型的教学活动同时对学生发展的不同方面产生作用。比如，以实物为对象的操作活动和实践活动，虽然主要和直接地影响学生的感知能力、操作能力和实践能力，但它同时又是学生认识发展和自我意识形成的基础；以书本知识为对象的认识活动，虽然主要和直接地影响学生的认知发展和思维发展，但它同时又为学生的道德发展和社会性发展提供间接经验的指导；以他人为对象的交往活动，虽然主要和直接地影响学生的社会性形成和交往能力的发展，但它同时又是学生认识发展的必要条件，而且还是学生自我意识和个性发展的重要途径。其二，不同类型的教学活动共同作用于学生的全面发展。在一般情况下，教学活动都会包含感知活动、操作活动、实践活动、认识活动、交往活动等不同类型。这些不同类型的活动之间相互配合、相互协调，共同作用于学生的认识发展、实践发展、社会性发展和自我发展，从而促进学生的全面发展。其三，教学活动的各个方面共同作用于学生的发展。学生在教学活动过程中所发生的主体与客体之间的对象性关系、主体与主体之间的交往关系和主体与自身之间的反身关系，在教学活动过程中所接触到的外界事物的结构、形态、属性、特点以及它们之间的相互关系，等等，所有这些方面都会反映在学生的发展中，并形成以它们为内容的知识结构、能力结构和情意结构。

教学活动对学生发展的这种交互整合作用，根本的原因就在于教学活动是一个包含多种要素、多个向度、多个子系统和多重转化过程的、动态的生成的系统。根据前面我们对教学活动结构的系统分析可知，教学活动既包含主体、需要、目的等目的性因素，又包含客体、行为、操作等对象性因素，还包含共同体、规范、分工等社会性因素；既包含主体—客体向度和与之相关的感知活动、操作活动、实践活动和认识活动，又包含主体—主体向度和与之相关的交往活动，还包含主体—自身向度和与之相关的自我认识、自我反思、自我评价和自我调节活动；既包含行为操作、认知加工、交往合作和调节监控四个子系统，同时又包含活动、行为与操作之间的相互转化、主体与客体之间的双向对象化、外部活动的内化与内部活动的外化以及个体的主动建构和师生之间的社会建构几个内部转换过程。这样，教学活动的各个要素、各种关系、各种关系中的活动、各个子系统以及各种转换过程，就会同时、共同地作用于学生发展的不同方面和不同方面的发展。

根据教学活动对学生发展的交互整合律，我们在教学活动设计中应该特别注意发挥教学活动对学生发展的交互整合作用。第一，保证教学活动的结构完整。教学活动的每个要素、每种成分和每个实现单位都会对学生的发展产生重要的影响，因而结构完整的教学活动对学生发展的交互整合作用更为明显。第二，丰富教学活动的基本类型。不同类型的教学活动会同时对学生发展的不同方面产生影响；反之，不同方面的发展又可以通过多种类型的教学活动来实现，因此，丰富、多样的教学活动将会促进学生的多方面发展。第三，展开教学活动的完整过程。前面已经指出，教学活动包含多种相互转化的内部过程。充分地展示和打开这些内部转换过程，将会对学生的发展产生一种全面、完整的综合性影响。

（四）（活动与发展的）相关对应律

活动与发展之间的第四条规律是：活动与发展之间的相关对应律。

活动与发展之间存在着明显的相关对应性（陈佑清，2005）。美国的课程论专家泰勒（R. W. Tyler）指出："为了达到某一目标，学生必须具有使他有机会实践这个目标所隐含的那种行为的经验。"（泰勒，1994）在这里，泰勒实际上揭示出了学习活动、学习经验与学生发展目标之间的相关对应性。无独有偶，教育哲学家彼得斯（R. S. Peters）在分析发展概念时也谈到了学习经验与学生发展的相关对应性问题。他说："……人的发展并非与人在不同经验方式中的发展相异的，相反，人的发展以人在不同经验方式中的发展为前提"，一般所说的聪明、诚实、有创造性等品质，"它们只有在各种具体的经验方式中才能得以锻炼"。（R. S. Peters，1970）多元智力理论的创立者加德纳（H. Gardner）则更为微观、具体地分析了不同活动与人的不同智能的这种相关对应性。在他看来，人的语言智能、音乐智能、逻辑—数学智能、空间智能、身体动作智能和人格智能（包括内省智能和人际智能）六种智能存在和表现在人的不同行为和活动中。

归纳起来，教学活动与学生发展之间的这种相关对应性主要表现在以下三个方面。其一，教学活动的具体类型与学生发展的具体内容相对应。具体地说，以实物为对象的操作活动或实践活动发展的是学生的操作技能和实践能力，以书本知识为对象的认识活动发展的是学生的认识能力，以人为对象的交往活动发展的是学生的社会性和交往能力，以自我为对象的自我活动发展的是学生的自我意识和自我教育能力。其二，教学活动的形式与学生发展的形式相对应。马克思认为，人的多方面活动与人的丰富个性密切相关，人的片面发展则与人的活动的片面性直接相关。我们有理由相信：完整的教学活动导致学生的完整发展和全面发展；丰富的教学活动造就学生的丰富个性。同时，大量的经验表明：教学活动的灵活性与学生的生动、活泼发展直接相关，而主导性活动在学生某一方面的发展中起着主导性作用。其三，教学活动的性质与学生发展的性质相对应。马克思指出，全面发展的个人首先应该是独立自主、自由自觉和创造性充分发挥的人。这其实是在向我们说明：人的自主发展、自由发展和创造性发展，必须首先以其活动的独立自主性、自由自觉性和创造性为前提。

教学活动与学生发展之间之所以存在这种相关对应性，主要缘于以下两个原因。第一，不同对象的活动以及主体对活动对象的作用不同，相应地产生了对学生发展的不同影响。一般说来，以主体变革客体为主的操作或实践活动通常运用的是一些物质性工具，并以外部活动的形式表现出来，因而主要影响的是主体的操作能力和实践能力；以主体反映客体为主的认识活动通常运用的是语言、符号等精神性工具，并借助大脑内部的智力操作来完成，因而主要影响的是主体的认知能力和思维能力；以主体占有客体满足主体需要的欣赏审美活动和以主体检测客体为主的评价活动直接与主体的需要、兴趣、情感、态度和价值观相关，伴随着大量的体验、欣赏、鉴别、判断、评价等内部过程，因而主要影响的是学生的情感、态度和价值观；主体以其他主体为对象的交往活动通常以语言为中介，对话、交流与合作是基本形式，因而主要影响的是学生的社会性和交往能力；而主体以自身为对象的自我活动则是主体对自我的反思、评价、体验、监控和调节，因而主要影响的是学生的自我意识和个性发展水平。

第二，不同的活动对象以及不同对象的活动对主体的反作用不同，相应地产生了对学生发展的不同影响。一般地说，教学活动的对象无非四种：实物、知识、他人和自我。相应地，教学活动主要有实物活动、知识活动、交往活动和自我活动四种形式。其中，实物和实物活动主要涉及主体的注意力、观察力和动手能力，直接作用于主体的感官、感觉和感知，因而是主体发展的奠基性活动；知识和知识活动主要涉及主体的概念、判断和推理，直接作用于主体的认知结构和思维能力，因而是主体认识发展的主要途径；他人和他人的交往活动主要涉及主体与他人的交流与对话、对他人的认识、理解、宽容、接纳与信任、与他人的竞争与合作以及对群体和社会的认识等，直接作用于主体的社会认知、社会情感和社会行为，因而是主体社会性发展的主要途径；自我和自我活动主要涉及主体的自我认识、自我体验和自我调节等，直接作用于主体的自我意识，因而是学生自我发展的主要途径。

根据教学活动与学生发展之间的相关对应律，我们在教学活动设计中应该特别注意教学活动与教学目标之间的对应问题。第一，根据不同的教学目标（发展目标）设计相应的教学活动。比如，要培养学生的实际能力，就必须通过具体的操作活动和实践活动来完成；要培养学生的社会适应性，就必须为学生展开全面、充分的交往关系和交往形式；要培养学生的情感、态度与价值观，就必须以体验活动、审美活动和评价活动为基础。第二，设计完整、丰富、灵活的教学活动实现学生的全面发展和自由发展。根据教学活动与学生发展之间的相关对应性，要实现学生全面、生动、活泼的发展，就必须为学生设计出完整、丰富和灵活多样的教学活动。第三，根据主导性的教学目标（发展目标）设计主导性的活动。比如，要重点培养学生的阅读能力和阅读素养，就应该为学生设计出阅读这一主导性活动；要重点培养学生的科学精神和探究能力，就应该为学生设计出实验活动、探究活动等主导性活动。第四，通过学生的主动活动和自主活动来培养学生的自主性、能动性与创造性。学生的自主性、能动性与创造性以其活动的独立自主性和自觉能动性为前提。无论哪种活动，如果没有学生的主动参与、自主选择和自觉行动，就无从培养学生的自主性、能动性与创造性。

（五）（活动对发展的）双重效应律

活动与发展之间的第五条规律是：活动对发展的双重效应律。

教学活动的发展效应是人们对教学活动及其结果与学生发展关系的一种价值评价，它涉及的是教学活动的合理性问题，即教学活动到底对学生的发展具有什么样的效应、意义和价值。从教学活动及其结果对学生的发展效应来看，教学活动具有积极与消极的正负双重效应。一般认为，作为学生的一种特殊的存在形式，作为一种有目的、有计划、有组织的教育活动，作为一种人类所特有的理性安排和自觉行动，教学活动是一种促进学生认识和改造客观世界，同时改造、完善和发展自身的肯定的积极力量。但是，反思我国的教学活动，特别是面对应试教育与素质教育的深层矛盾，我们可以看到，教学活动极大地增长了学生的知识和理性，但是又在一定条件下导致了学生的片面发展和畸形发展。这表明：教学活动既有积极的正效应，又有消极的负效应。这就是教学活动对学生发展的双重效应律。

所谓教学活动的正效应，是指教学活动的过程及其结果既符合教学客体的规律性，又符合学生主体的目的性；既符合学生主体的内在需要，又符合外部社会的整体利益；既有短期的积极效益，又有长期的肯定价值。这样的教学活动，对教学活动的主体和整个社会，都具有积极的意义和肯定的价值，是真正属于人的、有利于学生自身发展的活动，因而是一种正面的发展效应。从总体上看，教学活动对学生发展的正面效应是一定社会、一定历史时期教学活动基本的主导方面。否则，这个社会就不会支持和鼓励这样的教学活动，而教学活动本身也难以支撑和维持它的存在和发展。

所谓教学活动的负效应，是指教学活动的过程及其结果成为有害于学生自身发展的消极因素，形成了不利于学生自身发展的环境。其实质是，教学活动的过程及其结果不但不对学生主体本质力量进行积极肯定，而且反过来压制、束缚、限制和否定学生主体的本质力量，不利于学生主体的存在与发展，从而也不利于整个社会的生存与发展。教学活动对学生发展的这种负效应主要表现在三个方面。（1）教学活动未能取得预期的发展成效，反而还压制和阻碍了学生的发展。由于受到主客观条件的限制，人们在开展教学活动时未能做到合规律性与合目的性的统一，因而教学活动未能取得预期的发展成效，反而还造成学生的消极发展。如为了片面地追求升学率而过度强化学生的机械学习和死记硬背，由此造成学生实际能力的匮乏和丰富个性的缺失。（2）教学活动取得了预期的成果，而且其成果也是有益的、积极的，但它却是通过不合规律、不合目的、不合理、不正当的途径、手段和形式取得的。如为了获得教学活动在结果上的实效性，教师采取加重学生课业负担，对学生施以"题海战术"，随意压制学生的多方面需求和多方面兴趣，由此造成教学活动在过程和手段上的不合理性，从而影响着学生个性的自由发展与和谐发展。（3）教学活动的成果在短期内是有益的，但从长远来看却是无益的。如教师为了局部利益和眼前利益，在教学活动进行过程中单纯地注重学生的认识发展，甚至只注重学生的认知发展，由此直接或间接地引发和导致了学生的心理失衡、精神匮乏、道德滑坡和创造性流失等问题，不仅破坏了学生个性的平衡和发展，而且有害于整个社会的整体利益和长远发展。

在一定意义上，教学活动就是学生主体的本质力量的发展、运用、发挥和展现；教学活动的过程就是学生主体以其本质力量为媒介和手段对教学客体的物质力量的利用过程，也就是学生主体的本质力量和教学客体的物质力量相互利用、相互转化的过程。当学生主体的本质力量与教学客体的物质力量达到有机、协调的统一，就能取得积极的、肯定的活动结果，从而使教学活动具有正效应；反之，当学生主体的本质力量与教学客体的物质力量处于对立、冲突的时候，就会取得消极、否定的活动结果，从而使教学活动具有负效应。在笔者看来，所谓学生主体的本质力量与教学客体的物质力量的有机、协调的统一，简单地说，就是教学活动的合规律性与合目的性的统一。事实上，由于我们在理论上尚未完全弄清楚教学活动对于学生发展的多方面功能及其形成机制，没有真正发现和揭示出教学活动对于学生发展的实际效应及其作用规律，同时在实践中又没能真正确立起以学生发展为目的的教育理念，结果是教学活动的负效应普遍地存在于实际的教学活动之中，并成为近些年来人们高度重视和努力解决的重要课题。

依据教学活动的双重效应律，我们应该对教学活动的正负双重效应具有强烈的自觉意识，并使这种自觉意识渗透到教学活动与学生发展问题的理论研究与应用设计之中，进而通过深入的理论研究和实践探索，为学生建构出既合规律性又合目的性的教学活动，努力抑制教学活动的负效应，不断生成教学活动的正效应。

　　综上所述，相互依存律、条件匹配律、交互整合律、相关对应律和双重效应律是学生在教学活动基础上实现发展的五条基本规律，它们分别从存在方式、实现条件、作用过程、表现形式和实际效应五个方面，表征了活动与发展之间的相互依存关系、条件匹配关系、交互整合关系、相关对应关系和双重效应关系。深入地研究活动与发展之间的这几种关系及其规律，将为教学活动的应用设计提供更为可靠的理论基础。

第五章

课堂教学中活动设计的思路与方法

在前面，我们系统地分析了活动的本质内涵与多样化类型、活动的要素、结构与属性、活动的发展功能及其形成机制，揭示了学生发展的活动机制，发现和概括了活动与发展之间的五条规律。在本章，我们将把这些理论认识成果转化应用于具体的教学实践，总结和归纳课堂教学中活动设计的思路与方法。

一、活动目标的分析与确定

目标是活动的一个重要维度。活动目标是活动设计的出发点和归宿。活动目标设计得是否科学、合理，直接影响到教学活动是否能沿着预定的、正确的方向进行。下面，将从活动目标设计的依据、活动目标的取向与类型以及活动目标的构成与关系三个方面，对活动目标设计的思路与方法进行讨论。

（一）理解活动目标设计的依据

活动目标的设计需要考虑四个方面的依据：一是教材的内容、性质及任务；二是学生的学习与发展需求；三是社会的要求；四是活动本身的功能。关于教材的内容、性质及任务，我们将在后面专门讨论。这里着重从学生的学习与发展需求、社会的要求和活动的功能三个方面，对活动目标设计的依据进行分析。

1. 理解学生的学习与发展需要

课堂教学中的活动设计主要是学生学习活动的设计。学生在课堂教学中的学习主要是一种以直接经验为基础的间接经验学习。学生需要学习的间接经验从领域上看，可以分为关于客观世界的经验、关于社会世界的经验和关于主观世界的经验。学生关于客观世界的经验学习，就是要掌握关于客观世界的知识，形成对客观世界的感知能力、认识能力、实践能力、判断能力、审美能力和创造能力。学生关于社会世界的经验学习，就是要学会认识他人、认识社会，学会与他人交流、合作，形成社会责任心与使命感。学生关于主观世界的经验学习，就是要在学会认识自己、评价自己、反思自己和调节自己的基础上，形成自己独特的个性。显然，学生需要学习的对象主要包括四类：实物、知识、他人（社会）与自我。通过对这些对象的学习，学生需要发展出自己对实物的注意力、观察力与动手能力，对知识的认知能力、思维能力与运用能力，对社会的认知能力、与他人交流与合作的能力以及对自我的认识、反思、评价与调节能力。

课堂教学中的活动设计说到底是要解决学生的发展问题。学生的发展需要可以从三个方面来理解：（1）作为类的存在，学生需要发展他的类本质，即作为人类的活动及活动能力的发展；（2）作为群体的存在，学生需要发展他的社会本质，即他的群体性和社会性的发展；（3）作为个体的存在，学生又需要发展他的个体本质，即他的个性的发展。在一定意义上，学生在类本质、社会本质和个体本质三个方面的发展综合起来就是学生的全面发展。其中，学生类本质力量的发展包括两个方面的内容：一是活动内容和性质方面的发展，即学生的自主性、能动性与创造性的发展，其实质是学生主体性及其内在本质力量的充分发挥；二是学生在活动形式方面的发展，即从事活动的种类、范围与能力，其实质是学生从事活动的丰富性和完整性。关于学生的社会本质和个体本质的发展内容，我们在前面已有详细分析，这里就不再赘述。需要指出的是，学生全面发展的实质和最根本的内涵不是全部能力无一遗漏的发展和所有个性的无差异的均衡的发展，而是学生个性丰富而自由的发展。

2. 理解当代社会对学生发展的要求

中国社会正在经历历史上最为深刻的转型，这种转型在宏观上集中表现为社会经济结构的急剧调整，在微观上则要求人的思维方式和行为方式要发生根本的转变，反映在教育上就是要着力培养具有创新意识、实践能力和社会责任感的新型人才。根据《基础教育课程改革纲要（试行）》（2001）的精神，教师需要在活动目标的设计上着重考虑以下几个方面的社会要求：（1）培养学生具有适应终身学习的基础知识、基本技能和方法；（2）培养学生搜集信息、处理信息和获取新知识的能力；（3）培养学生发现问题、分析问题和解决问题的能力及交流合作的能力；（4）培养学生的科学精神、科学态度、创新意识、实践能力和探究能力；（5）培养学生的社会责任心和使命感。

3. 理解活动的功能

作为学生发展的实现机制，活动对学生的发展具有多重功能和作用。活动目标的设计，需要理解活动本身所具有的这些发展功能，以实现活动对于学生发展的功能最大化。

活动的三个向度表明，活动是一个包含多种转换过程和发展功能的系统。（1）在主体—客体向度，学生与实物或知识相互作用，分别形成了五类基本的活动形式和发展功能：一是学生感知、认识实物或知识的认识活动，发展的是学生的感知能力、认知结构和思维能力；二是学生改造和实践实物或知识的实践活动，发展的是学生的实践能力和问题解决能力；三是学生占有实物或知识满足自身需要为主的审美活动，发展的是学生的审美能力；四是学生检测和评判实物或知识的评价活动，发展的是学生的批判和判断能力；五是学生质疑和探究实物或知识的创造活动，发展的是学生的探究能力与创新能力。（2）在主体—主体向度，学生与教师或同伴相互作用，形成了学生与他人的交往活动。交往活动涉及学生和他人的交流与对话、对他人的认识、理解、宽容、接纳与信任、与他人的竞争与合作以及对群体和社会的体认。这不仅有利于学生的知识建构和认识发展，而且有利于学生合作意识与合作技能的发展，因而是教学条件下学生社会性发展的主要途径。（3）在主体—自身向度，学生与自己相互作用，形成了学生自我认识、自我体验、自我反思、自我评价与自我调节的活动。这些活动直接作用于学生的自我意识，因而是学生在教学条件下学生自我发展和个性发展的主要途径。活动的所有这些功能，可以归纳为四个基本的方面，即知识建构功能、能力生成功能、社会性发展功能和自我发展功能。

（二）确定活动目标的取向与内容

确定活动目标，不仅需要分析目标的基本类型，而且首先要明确目标的基本取向。明确活动目标的价值取向，有利于增强教师的反省意识，提高活动设计的自觉性与合理性。

1. 确定活动目标的基本取向

活动目标的基本价值取向可以分为四种：普适取向、行为取向、生成取向和表现取向。

普适取向的活动目标是以抽象的、一般的、普遍的形式来陈述的目标。其依据往往是某种经验、哲学观、伦理观、意识形态或社会需要而引出的一般教育宗旨或原则，因而常常具有普遍性、模糊性和规范性等特征。普适取向的目标能够适用于各种活动情境，方便教师对其做出各种富有创造性的阐释和实践。其缺点在于目标界定不清晰、随意性大、难以操作和衡量。

行为取向的活动目标是以具体的、可操作的行为的形式来陈述的目标，它指明活动后学生身上所要发生的行为变化，因而具有明确性、具体性与可操作性等特点。行为取向的目标常常建立在某种学习理论的基础之上，因而便于观察和测量。行为取向的目标只强调那些能够观察得到的外部行为要素，就有可能忽视学生在活动中更为高级的心理过程，如情感、态度、价值观、理解、审美、评价、创造性思维等。更重要的是，行为取向的目标倾向于将学生的完整活动过程分门别类地加以对待，这又有可能破坏学生活动和自身发展的完整性。

生成取向的活动目标是在具体的活动情境中随着活动过程的展开而自然生成的目标。相比较而言，行为取向的活动目标是在活动过程之外或活动开始之前就预先确定的目标，生成取向的活动目标则是具体活动情境与活动过程本身的产物，因而过程性与生成性是生成取向目标的最根本特征。生成取向目标的这种过程性与生成性，决定了它又特别关注学生在活动过程中兴趣、需求的变化和能力、个性的形成。于是，生成取向的活动目标在带来活动的情境性、丰富性、开放性与创造性的同时，也对教师的教学智慧和工作强度构成了挑战。

表现取向的活动目标是指学生在从事某种活动后所得到的结果，它关注的是学生在活动中表现出来某种程度上首创性的反应的形式，而不是事先规定的结果。典型的表现取向的活动目标如"考察和评估《老人与海》的重要意义""在一个星期里读完《红与黑》，讨论时列出对你印象最深刻的五件事情""参观动物园，讨论在那里看到的最有趣的几件事"（施良方，1996）。显然，表现取向的活动目标强调学生的自主性与能动性，有利于培养学生的发散思维和独创性。但是，表现取向的活动目标也存在过于模糊、不便操作的缺陷，而且也很难保证学生掌握他们必须掌握的学科内容。

从普适取向的活动目标和行为取向的活动目标发展到生成取向的活动目标，再发展到表现取向的活动目标，大致体现了教学活动对学生自主性、能动性与创造性的不断追求，代表了教学活动设计的发展方向。需要注意的是，这四种取向的活动目标各有自己的优势和局限。在设计活动目标时，我们应该根据具体情况综合运用这四种取向的活动目标。

2. 确定活动目标的类型

基础教育新课程标准将课程目标分成知识与技能、过程与方法、情感态度与价值观三个领域。教师在确定活动目标的类型时，还可以结合具体情况，分别从活动领域、活动对象、学生发展领域以及新课程的三维目标要求几个方面进行。这里，我们着重从活动对象和学生发展领域来讨论活动目标的类型。

（1）根据活动的具体对象确定活动目标的内容。教学活动的对象主要有四种：实物、知识、他人和自我。相应地，以学生感知实物或知识为主的活动主要涉及学生的感官、感觉和感知，因而需要侧重培养学生的注意力、观察力与感受力。以学生反映和认识实物或知识为主的认识活动通常运用的是语言、符号等精神性工具，并借助大脑内部的智力操作来完成，因而需要侧重培养学生的认知能力和思维能力。以学生操作、运用和改造实物或知识为主的实践活动，需要侧重培养学生的动手能力、实践能力和问题解决能力。以学生占有实物或知识满足自身需要为主的审美活动和以学生检测实物或知识为主的评价活动直接与学生的需要、兴趣、情感、态度与价值观相关，伴随着大量的体验、欣赏、鉴别、判断、评价等内部过程，因而需要在培养学生审美、判断能力的基础上，侧重培养学生的情感、态度和价值观。以学生批判和探究实物或知识为主的创造活动涉及学生的质疑意识、问题意识、批判意识和发散思维等高级心理过程，因而需要侧重培养学生的探究能力与创造能力。以学生与教师或同伴交流、合作为主的交往活动通常以语言为中介，主要涉及学生与他人的交流与对话、对他人的认识、理解、宽容、接纳与信任、与他人的竞争与合作以及对群体和社会的认识等，直接作用于主体的社会认知、社会情感和社会行为，因而需要侧重培养学生的社会性和交往交流能力。而学生以自身为对象的自我活动主要涉及学生的自我认识、自我体验和自我调节等，直接作用于主体的自我意识，因而需要侧重培养学生的自我意识和个性。

（2）根据学生的发展领域确定活动目标的内容。布鲁姆等人将学生的发展识别为三大领域：认知领域、动作领域和情感领域，创立了教育目标分类学。在这里，笔者将借助布鲁姆教育目标分类学修订版（安德森等，2008）（见表2），根据学生在认知领域的发展目标，来讨论活动目标的内容设计。

布鲁姆教育目标分类学修订版将认知领域的发展目标按知识与能力两个维度分类。在知识维度，知识被分为事实性知识、概念性知识、程序性知识和反省认知知识四种类型。在能力维度，能力由低级到高级依次被分为记忆、理解、运用、分析、评价与创造六种水平。由于每一种知识的掌握都可分为上述六种水平，所以四种知识类型乘以六种能力水平，总共构成 24 个目标单元。每一个目标单元所指的就是某一类知识的某种掌握水平。值得注意的是，布鲁姆教育目标分类学修订版要求对教学目标、教学活动和教学评估均按上述 24 个目标单元进行分类。这就为我们的活动目标设计提供了一个具有操作性的思路。

表2　布鲁姆认知目标分类学结构（修订版）

知识维度	能力维度					
	记忆	理解	运用	分析	评价	创造
事实性知识						
概念性知识						
程序性知识						
反省认知知识						

例如，如果某节课的总体目标是"学生应该学会使用电磁学定律（如欧姆定律）解决问题"。根据布鲁姆教育目标分类学修订版的分析框架，这节课的活动目标就可以依次置于分类表（见表3）。

表3　将活动目标置于分类表

知识维度	能力维度					
	记忆	理解	运用	分析	评价	创造
事实性知识						
概念性知识		目标1	总体目标	目标2	目标7	
程序性知识			目标3		目标6	
反省认知知识	目标4		目标5			

表例：

活动的总体目标="学生应该学会使用电磁学定律（如楞次定律和欧姆定律）解决问题"；

目标1=帮助学生对问题进行分类；

目标2=帮助学生选择合适的定律；

目标3=帮助学生实施恰当的程序；

目标4=帮助学生回忆反省认知策略；

目标5=帮助学生实施反省认知策略；

目标6=帮助学生核查他们的程序实施；

目标7=帮助学生评判解决方案的正确性。

（三）把握活动目标的构成与关系

理解了活动目标设计的依据和确定了活动目标的取向与类型之后，接下来需要解决活动目标的设计与表述问题。一般地说，课堂教学中的活动设计需要处理好活动目标的明确性、活动目标的完整性、活动目标的主导性与活动目标的层次性四个问题。

1. 活动目标的明确性

不管采取哪种取向的活动目标，都要求尽量明确具体。一般来说，普适取向的活动目标、生成取向的活动目标与表现取向的活动目标相对模糊，其界定也比较简单，只需遵循常规的语言规范即可，但行为取向的活动目标，其界定就必须包含四个要素。一是行为主体。行为取向的活动目标界定的是学生身上所有发生的行为变化，因而学生是行为主体。在实际运用之中，虽然行为主体可以省略，但从逻辑上判断行为主体应该是学生，如"能够熟练地阅读课文"，而"让学生掌握……""使学生学会……""教会学生……""培养学生……"等表述方式实际上是以教师作为行为主体的。二是行为动词，即要学生外显出来的行为表现，如"再认""解释""运用""辨别""评判""创作"等。三是行为条件。梅杰在他有关行为目标的经典著作中认为，布鲁姆等人常用的"知道""理解"等表述还不够明确具体，因为它们没有指出行为表现的条件。在他看来，"要学生知道正确使用逗号的规则"，这不是行为目标，因为他没有具体规定可观察到的行为，因而应把它改为"学生通过正确加上逗号来证实知道了五种逗号使用的规则"（施良方，1996）。四是表现程度，即学生对目标所达到的最低表现水准，如"给学生一篇文章，学生在五分钟内不靠帮助或参考书，能够识别出它的风格。"行为主体（audience）、行为动词（behaviour）、行为条件（condition）和表现程度（degree）四个要素简称为行为目标的 ABCD 模式。

2. 活动目标的完整性

根据活动与发展交互整合的规律，活动目标是一个上下贯通、有机联系的完整体系。活动目标的这种完整性表现在以下几个方面：（1）普适性目标、行为性目标、生成性目标与表现性目标并存；（2）认知领域的目标、动作技能领域的目标与情意领域的目标并存；（3）知识与技能类目标、过程与方法类目标和情感态度与价值观类目标并存；（4）知识建构类目标、能力形成类目标、社会性发展类目标与自我发展类目标并存；（5）各种不同层次、水平的活动目标并存。这就要求教师在设计活动目标时，需要设计出尽量完整、全面、灵活的活动目标，以有效地弥合学生在感性认识与理性认识、认识能力与实践能力、智力发展与非智力发展之间的断裂，从而使学生的认识发展成为一个建构意义、生成能力、发展情感和完善自我的完整过程。

3. 活动目标的主导性

虽然不同类型的教学活动都会同时对学生发展的不同方面产生作用，学生的不同方面的发展也需要多种类型的教学活动，但就每一个单独的教学活动而言，它无论如何也不可能兼顾学生所有方面的发展。因此，活动目标的设计还必须确定一个主导性的目标。否则，活动就会失去主要的方向，学生在核心能力方面的发展也会遭到破坏。实际上，任何一次活动都是抓住学生发展的某一个重要方面来设计和实施的。教师在设计活动目标时，要善于挖掘活动内容的内涵与性质，抓住学生发展的重要方面来设计活动的主导性目标：（1）以培养学生的感知能力为主，如对实物和文本的感知；（2）以培养学生的思维能力和认知能力为主，如概念性知识的学习；（3）以培养学生的实践能力和动手能力为主，如实验活动；（4）以培养学生的审美能力和评价能力为主，如诗歌的鉴赏；（5）以培养学生的探究能力和创新能力为主，如研究性学习；（6）以培养学生的交流合作能力为主，如英语课上的会话交流；（7）以培养学生的自我意识为主，如学生的自我反思和自我评价。

4. 活动目标的层次性

教学是一种循序渐进的活动，教学活动的设计就是要为学生打开一个从不会、学会到会学，从低级到高级的逐步发展过程。因此，活动目标的设计要与学生发展的进程相适应，体现出一定的层次性。根据学生的活动水平，活动目标可以分为感知水平、认识水平、实践水平、欣赏水平、评价水平和创造水平六个层次。根据学生思维介入的程度，活动目标可以分为感性水平、知性水平和理性水平三个层次。根据学生的认知能力，活动目标可以分为记忆水平、理解水平、运用水平、分析水平、评价水平和创造水平六个层次。根据活动目标本身的水平，活动目标又可以分为基础性目标、拓展性目标与探究性目标三个层次。理想的教学活动设计，就是要将学生从低级水平的发展推进到较高级的发展水平上来，而不是停留于一个同样的水平甚至是较低的水平。

二、活动内容的理解与处理

任何活动都是围绕一定的内容而进行的。在课堂教学中，内容可以是学生活动的对象，可以是学生活动的主题，也可以是学生活动的任务，但主要还是指教材中的知识内容。在这里，我们仅就教材中的知识内容，来讨论活动内容的理解与处理问题。

（一）突出活动内容的重点

任何活动的内容都有主次之分，重点与非重点之分。准确把握和突出活动内容的重点，才有利于学生在知识与技能、过程与方法、情感态度与价值观方面获得最为基本的发展。

1. 根据学科基本结构来突出重点

从一定意义上讲，语、数、外等学科构成了学生学习的主要领域。学科结构是深入探究和构建各门学科所必需的法则。学科结构由三部分组成：（1）实质结构，即指探究过程中要回答的各种问题，也就是指基本概念、原理和理论；（2）句法结构，即指各门学科中收集数据、检验命题和对研究结果做出概括的方式；（3）组织结构，即指说明一门学科不同于其他学科的基本方式，同时也表明了这门学科探究的界限。教师可以根据所教学科的基本结构来确定和突出活动内容的重点。但在实践中，我们比较习惯和善于从基础知识和基本技能即学科的实质结构方面去把握活动内容的重点，而很少从基本的思维方式、认知方式、研究过程、研究方法等方面去理解和把握活动内容的重点，其结果是学生只是掌握了学科的实质结构，而对所学学科的句法结构和组织结构了解甚少。

2. 根据学科一般能力来突出重点

所谓学科能力，通常有三个含义：一是学生掌握某学科的一般能力；二是学生在学习某学科时的智力活动及其有关的智力与能力的成分；三是学生学习某学科的学习能力、学习策略与学习方法。根据学科能力来确定和突出活动内容的重点，首先要揭示不同学科的特殊性，找出最能直接体现这种学科的特殊要求和一般能力。

与数学学科有关的能力，应首先是运算（数）的能力和空间（形）的想象力。同时，数学是人类思维的体操，数学的逻辑思维能力也应该是数学学科的一般能力。运算不仅是指数或数学运算，还包括各种数学式子及方程的变形，以及极限、微积分、逻辑代数的运算等；空间想象包括对空间观念的理解和对二维、三维空间几何图形的运动、变换和位置关系的认识，以及形象结合、代数问题的几何解释等。这两种能力的核心和基础是数学的逻辑思维能力，它包括数或数学的概念、判断、推理等基本思维形式及比较、分类、概括、类比、归纳与演绎、分析与综合等思维方法。运算、空间想象和数学中逻辑抽象思维，共同构成数学能力的一般能力系统。

与语言有关的语文、外语两种学科能力，听、说、读、写四种能力是其特殊的表现，这应看做语文能力与外语能力的一般能力。任何一种语言，听、说、读、写互为前提。在听、说与读、写的关系中，听、说是口头语言的理解与表达；读、写是对书面语言的理解和表达。在听、读与说、写的关系中，听读是说写的前提，说写也是听读的前提。听、说、读、写四种能力，共同构成语文能力或外语能力的一般能力系统。正因如此，《全日制义务教育 普通高级中学英语课程标准（实验稿）》才特别强调指出："……使学生掌握一定的应用基础知识和听、说、读、写技能，形成一定的综合语言运用能力。"

3. 根据教材的内容与性质来突出重点

根据布鲁姆认知领域教育目标分类学修订版，教材的内容与性质可以从知识与能力两个维度加以理解。知识维度包括事实性知识、概念性知识、程序性知识与反省认知知识四种类型，能力维度包括记忆、理解、运用、分析、评价与创造六个层次。其中，每一类知识和每一个能力层次又可以识别为若干亚类型（教育部基础教育司，2002）[26-28]（如表4和表5所示）。

表4　知识维度的主要类别与亚类

主要类别与亚类	例　子
A 事实性知识——学生通晓一门学科或解决其中的问题所必须知道的基本要素	
Aa 术语知识	机械的词汇、音乐符号
Ab 具体细节和要素的知识	主要自然资源、可靠的信息来源
B 概念性知识——能使各成分共同作用的较大结构中的基本成分之间的关系	
Ba 分类或类目的知识	地质学年代周期、商业所有权形式
Bb 原理和概念的知识	毕达哥拉斯定理、供应与需求定律
Bc 理论、模型和结构的知识	进化论、国会结构
C 程序性知识——如何做什么，研究方法和运用技能、算法、技术和方法的标准	
Ca 具体学科的技能和算法的知识	用于水彩作画的技能、整数除法
Cb 具体学科的技术和方法的知识	面谈技术、科学方法
Cc 决定何时运用适当程序的标准的知识	用于确定何时运用涉及牛顿第一定律的程序的标准；用于判断采用特殊方法评估商业代价的可行性的标准
D 反省认知知识——一般认知知识和有关自己的认知的意识和知识	
Da 策略性知识	把写提纲作为掌握教科书中的教材单元的结构的手段的知识；运用启发式方法的知识
Db 包括情境性的和条件性的关于认知任务的知识	特殊教师实施的测验类型的知识，不同任务有不同认知需要的知识
Dc 自我知识	知道评判文章是自己的长处，而写文章是自己的短处；自己知识水平的意识

表 5　能力维度的主要类别与亚类

能力	替代名称	定义与例子
记忆		从长时记忆系统中提取有关信息
再认	识别	从长时记忆系统中找到与呈现材料一致的知识，如再认美国历史上重要事件的日期
回忆	提取	从长时记忆系统中提取相关知识，如回忆美国历史上重大事件的日期
理解		从口头、书面和图画传播的教学信息中建构意义
解释	澄清、释义、描述、转换	从一种呈现形式（如数字的）转换为另一形式（如语言的），如解释重要演讲或文件的含义
举例	例示、具体化	找出一个概念或一条原理的具体例子，如给出各种美术绘画类型的例子
分类	类目化、归属	确定某事物属于某一个类目（如概念或原理），如将描述过的心理混乱的案例分类
概要	抽象、概括	抽象出一般主题或要点，如为录像磁带上描写的事件写一则简短的摘要
推论	结论、外推、内推、预测	从提供的信息得出逻辑结论，如在学习外语时，从例子中推论出语法原理
比较	对照、匹配、映射	确定两个观点、客体等之间的一致性，如比较历史事件与当前的情形
说明	构建、建模	建构一个系统的因果模型，如解释法国 18 世纪重要事件的原因
运用		在给定的情境中执行或使用某程序
执行	贯彻	把一程序运用于熟悉的任务，如多位整数除以多位整数
实施	使用	把一程序运用于不熟悉的任务，如将牛顿第二定律运用于它适合的情境
分析		把材料分解为它的组成部分并确定部分之间如何相互联系以形成总体结构或达到目的
区分	辨别、区别、集中、选择	从呈现材料的无关部分区别出有关部分或从不重要部分区别出重要部分，如在数学文字题中区分有关与无关数量
组织	发现一致性、整合、列提纲、结构化	确定某些要素如何在某一结构中的适合性或功能，如组织某一历史上描述的证据使之成为支持或反对某一特殊解释的证据
归属	解构	确定潜在于呈现材料中的观点、偏好、假定或意图，如根据文章作者的政治观点确定他的观点

能力	替代名称	定义与例子
评价		依据标准做出判断
核查	协调、探测、监测、检测	查明某个过程或产品的不一致性或谬误；确定过程或产品是否有内在一致性；查明某种程序在运行时的有效性，如确定科学家的结论是否来自观察之数据
评判	判断	查明产品和外部标准的不一致性，确定某产品是否具有外部一致性；查明某一个程序对一个问题的适当性，如判断两种方法中哪一种对于解决某一个问题是最适当的方法
创造		将要素加以组合以形成一致的或功能性的整体；将要素重新组织成为新的模式或结构
生成	假设	根据标准提出多种可供选择的假设，如提出假设来说明观察到的现象
计划	设计	设计完成某一任务的一套步骤，如计划写一篇历史题目的论文
产生	建构	发明一种产品，如为某一特殊目的建筑住处

根据教材内容所包含的知识类型与能力层次要求，即 4 种知识类型乘以 6 种能力水平，总共构成 24 个活动单元。再根据各种知识类型和能力层次的亚类型，又可以构成更为具体精细的活动单元。这样，教师就可以根据教材内容在不同活动阶段的性质和要求，确定出不同活动阶段的内容重点。例如，某一个活动单元的目标是要让学生将牛顿第二定律运用于一个新的情境，那么，这个活动单元的内容重点就是原理性知识（牛顿第二定律）的执行（贯彻）和实施（使用）。再如，某一个活动单元的目标是要让学生分析出文章中作者的思想观点，那么，这个活动单元的内容重点就是事实性知识（可靠的信息来源）的归属（解构）。

4. 根据活动的目标来突出重点

活动的目标常常表现为活动的主题、要解决的问题或要完成的任务。教师可以根据不同活动的主题、要解决的问题或要完成的任务来确定和突出活动内容的重点。首先，根据活动的主题来确定和突出活动内容的重点，即选择一个内涵比较丰富有一定价值的主题，围绕这一主题去组织、研究和学习与此相关的内容。其次，根据活动要解决的问题来确定和突出活动内容的重点，即按照问题的逻辑线索选择和组织活动内容。最后，根据活动要完成的主要任务来确定和突出活动内容的重点，即按照不同活动单元或活动阶段要完成的主要学习任务来选择和组织活动内容。例如，某一节语文阅读课要让学生分别完成"认读""解读""赏读""判读"和"创读"五项阅读任务，那么，教师就可以根据不同阅读活动的不同任务来确定和突出活动内容的重点：在"认读"阶段，重点内容就是学会生字、生词、生句等；在"解读"阶段，重点内容就是文章的篇章结构、段落大意和中心思想等；在"赏读"阶段，重点内容就是文章中的美学元素；在"判读"阶段，重点内容就是作者的写作思路、写作方法和写作风格等；在"创读"阶段，重点内容则是可供学生批判和质疑的内容，包括文章的逻辑、语言、作者的观点、思路与方法等。

（二）沟通活动内容与生活的联系

教学与生活本来就有着天然的联系，人为地割裂教学与生活的内在关系，不但会使教学失去其存在的根基，而且还会使学生的所有学习变得毫无意义。因此，教师在理解和处理活动内容时，需要确立一个"生活"的维度，自觉沟通活动内容与生活的联系。

1. 与生活联系的目的

在很早以前，人类没有一个专门的教学活动领域，先辈们的生产、生活经验只需要通过实际的生产、生活过程传递给后辈们即可。在那时，生活与教学浑然一体。生活就是教学，教学就是生活。随着人类生产、生活需要和知识经验的大量增长，先辈们的知识经验需要借助一种专门的教学活动来传承。于是，教学从人类完整的生活世界中分化出来，并成为一个专门的课题化领域，由此也决定了教学与生活在一定程度上的分离状况。当然，由于教学自身的性质和任务，它毕竟不能等同于生活，反而应该与生活保持一定的距离，需要高于生活、引领生活和超越生活。然而，教学的根基在哪里？教学的出发点和最终目的又在何处？一致的答案便是：生活。所有的教学活动，唯有在生活中才能找到自己的基础、根据、原型、内容和意义。特别是在教学活动严重脱离生活的当下，加强活动内容与学生生活的联系，更具有特别的意义，其目的就在于克服教学与生活的分裂状况，将教学活动从对生活世界的遗忘与失落中唤醒，释放教学活动对教学根本意义和最终目的的思考能力，从而使教学活动真正成为参与学生生活世界的创造与发展，让学生能够解决生活实际问题的解放性力量。

2. 与生活联系的维度

沟通活动内容与生活的联系，可以从以下几个维度进行。（1）时间维度。根据生活的时间维度，教师可以从过去的生活、当下的生活与将来的生活三个方面进行。其中，过去的生活是指先辈们和学生自己经历过的生活状况，当下的生活是指社会和学生个体当下的生活情形和状况，将来的生活是人类或学生自己可能面临的生活情形和状况。（2）空间维度。根据生活的空间维度，教师可以从整个人类的生活、本民族、本社会的生活、社区的生活、家庭的生活和学生个体的生活六个方面，去沟通活动内容与生活的联系。（3）内容维度。根据生活的内容维度，教师可以从学生个体的直接经验与间接经验两个方面，去沟通活动内容与生活的联系。直接经验与间接经验又都包含学生个体的物理经验、社会经验和自我体验三种经验形式。（4）取向维度。根据生活的取向维度，教师可以从学生的现实生活与理想生活、日常生活与非日常生活两个方面，去沟通活动内容与生活的联系。

3. 与生活联系的层次

沟通活动内容与生活的联系，可以在不同的程度和水平上进行。根据活动内容与生活的紧密程度，可以将活动内容与生活的联系分为五个层次。（1）复制，即将生活的原型及其成分原封不动地复制到教学活动之中，比如在学习"Go Shopping"这一话题的会话活动时，教师将顾客到商店购物的生活情境完整地复现出来。（2）裁剪，即根据教学活动和学生学习的实际需要，将生活的原型及其成分加以裁剪、分割和取舍，而不是原封不动地将生活的所有成分都复制到教学活动之中。（3）浓缩，即将生活的原型及其成分进行压缩，只保留生活原型中最具有基本性、基础性和范例性的框架和成分，而舍弃那些对学生知识建构和能力形成关系不大的部分。（4）重组，即根据教学活动和学生学习的特殊需要，在深入分析生活原型及其成分的基础上，对其做出精心的调整和改造，以克服生活原型的某些不足。（5）结构化，即借助生活原型及其成分的引入和运用，帮助学生在语言和符号的水平上，抽取生活原型中的核心成分和普遍事理进行理论建模，从而使学生达到一种组织化、概括化和结构化的认识水平。

4. 与生活联系的方式

沟通活动内容与生活的联系，教师可以采取以下几种方式：

（1）寻找生活原型，挖掘生活经验。任何学科的知识在生活中都可以找到它的原型。为学生复制和再现一个真实的生活原型，不仅可以有效地挖掘学生的生活经验，而且还有利于激发学生的学习兴趣和学习动机。例如，学生在学习《乘法分配律》时，再现一个"逛鞋店"的情境：鞋架上摆设有白袜 3 元，黑袜 7 元，白鞋 37 元，红鞋 63 元，蓝鞋 100 元，让每个学习小组的同学购买同一款式的鞋子和袜子各一双（每个学习小组均为 6 人）并用两种方法算一算每个小组一共付多少钱？又如，$143-75-25=143-（75+25）=143-100=43$ 可配上购物的生活原型。再如，$245+99=245+100-1=345-1=344$ 可配上"付整找零"的生活原型。

（2）激活学生生活经验，培养问题意识。例如，在学习《三国鼎立》时，教学活动中可通过播放电视剧《三国演义》的场景片段和主题曲，或由学生对《三国演义》中的有关人物、故事情节进行介绍，或让学生收集日常生活中有关三国时期的一些谚语如"说曹操，曹操就到""三个臭皮匠，顶个诸葛亮""周瑜打黄盖，一个愿打一个愿挨""过五关斩六将"等形式来激活学生的已有经验。面对这些谚语，学生就会自然地发出一些问题，"三个臭皮匠，为什么就顶个诸葛亮""为什么说曹操，曹操就到""是过哪五关斩哪六将"？

（3）利用学生生活经验，促进知识建构。当各小组的同学通过商量、购买、计算后，呈现出六种不同的购买方案：①$3×6+37×6$ 或（$3+37$）×6；②$7×6+37×6$ 或（$7+37$）×6；③$3×6+63×6$ 或（$3+63$）×6；④$3×6+$

100×6 或（3+100）×6；⑤7×6+100×6 或（7+100）×6；⑥7×6+63×6 或（7+63）×6。最后，学生借助自己的生活经验自主归纳出乘法分配律的意义就是自然的事情了。

（4）丰富学生生活经验，促进体验学习。在活动内容的理解与处理时，教师可以借助丰富多彩的生活，为学生提供尽量广泛的活动经验。通过学生在活动中操作、观察、猜测、思考、验证、感悟、体验，从而不断地获得和形成各种丰富的活动经验积累。例如，在《几何形体体积总复习》实践活动时，教师首先为每个学习小组各分发一瓶未装满的"益力牌"矿泉水。然后让每个小组估测一下瓶里有多少水，议一议瓶里到底装多少水，量一量瓶里到底装有多少水，算一算每个瓶里水的体积是多少，看一看用底面积乘以高求体积的长方体、正方体、圆柱体有哪些共同特征，说一说上下两个底面完全相等、直上直下的直柱体的体积可以如何算，试一试三棱柱、五棱柱、六棱柱、八棱柱、半圆柱的体积计算办法是什么。

（5）提升学生生活经验，完善认知结构。例如，社会时事热点问题是指现今社会或国家政治生活中的一些大事，如社会改革、民族关系、科教兴国战略、生态环境的保护问题等。许多学生对社会时事方面的热点问题大多是耳熟能详的，把历史知识与社会时事热点问题有机地联系在一起，一方面可引导学生关注社会，增强学生对国家、民族的历史责任感和历史使命感，另一方面可进一步加深学生对所学知识的理解，完善学生的认知结构。如在学习"和同为一家"时，就可结合我国的民族区域自治政策、各民族平等和共同发展的原则来组织课堂教学，使学生更清楚地认识到中国自古以来就是一个统一的多民族的大家庭，各民族之间和睦相处，共同缔造了中华民族的文明。

（6）拓展学生生活经验，促进知识迁移。沟通活动内容与生活的联系，教师还可以将学生在教学活动中所获得的知识经验向实际的生活拓展，引导学生去分析和解决生活中的实际问题，培养学生的实践运用能力和问题解决能力。例如，教师在小学二年级学生理解了"可能性"这一数学思想后，让学生去分析和回答生活中的可能性问题，如"明天的天气情况可能会怎样""如果你和同学用抛硬币的方式打赌，可能的结果是什么"

"如果没有了太阳，地球上的我们可能会怎样""如果我们不认真学习，将来的人生可能会怎样"。

（三） 加强活动内容之间的联系与整合

根据活动与发展之间的交互整合规律和相关对应规律，教师在设计和组织教学活动时，应该加强活动内容之间的联系与整合，着力培养学生综合分析问题和解决问题的能力。实际上，人们的生活是综合的，生活中的问题是综合的。人们在解决实际问题时所需要的知识与能力也是多方面的，现实生活需要每个人都能综合运用知识和能力来解决各种实际问题。

1. 联系与整合的范围

活动内容之间的联系与整合，涉及不同的范围：一是已有知识经验与新获得的知识经验之间的联系与整合，即在具体知识点上的联系与整合；二是某一个单元中知识经验的联系与整合；三是整个学科中知识经验的联系与整合；四是某个领域内各相关学科知识经验的联系与整合；五是学生整合知识结构的联系与整合。在这些范围内活动内容之间联系与整合的效果可以分别从以下几个变量得到说明：知识的概括性程度与可利用程度；知识的巩固性与稳固性程度；知识的清晰性程度；已有知识与新知识之间的关联性程度和可区分程度。

2. 联系与整合的维度

活动内容的联系与整合可以从以下几个维度进行：

（1）学问性知识与体验性知识的联系与整合。学问性知识就是人们通常所指的学科性知识。与学问性知识相对应的知识是体验性知识，或者称为生活性知识。生活性知识的学习不像学问性知识那样，重复反复的假说和演绎的推理、实验的过程，而是重复直接感受和经验的积累过程。

（2）单一学科性知识与跨学科性知识的联系与整合。跨学科知识的最基本特征，就是它的学科交叉性、多学科性和跨学科性。它承认事物联系的整体性与相互作用的复杂性，由此而产生了它的理论和方法的综合性与普遍性的特征（熊梅，2001）。

（3）内容性知识与方法性知识的联系与整合。内容性知识一般是指关于"这是什么""什么是什么"的知识。方法性知识是关于学习者怎样获得知识和技能的方法，主要包括信息收集与交流的方法、调查和访问的方法、统计测量的方法、发表和讨论的方法等。

（4）普遍性知识与情境性知识的联系与整合。普遍性知识的要义在于知识的"普遍的可证实性"以及建立于其上的"普遍的可接纳性"。普遍性知识要求人们在获得知识的过程中摒弃任何社会和文化情境，从而保证知识的客观性和普遍性。情境性知识则强调任何知识都是存在于一定的时间、空间、理论范式、价值体系、语言符号等文化因素之中的；任何知识从生产、传播、获得到应用，都离不开这种特定的情境；离开特定的情境，既不存在任何的知识，也不存在任何知识的任何意义。

（5）明确知识与默会知识的联系与整合。明确知识是指通过言语、文字或符号可以加以表达和传递的知识，书本知识和理论知识就是明确知识。默会知识就是人们通常所说的"只可意会，不可言传"的那部分知识。波兰尼详尽分析了这两种不同性质的知识的差别。他说，与明确知识相比，默会知识具有三大特征。第一，不能通过语言进行逻辑说明。默会知识又称"前语言知识（pre-verbal knowledge）"或"不清晰的知识（inarticulate knowledge）"，明确知识又称为"语言知识（verbal knowledge）"或"清晰的知识（articulate knowledge）"。第二，不能以规则的形式加以传递。不能明确陈述的知识自然不能通过教育、媒体在人与人之间以明确的规则形式加以传递，而只能在活动中或通过"学徒制"的方式获得。第三，不能加以"批判性反思"。波兰尼认为，明确知识是人们通过明确的"推理"过程获得的，因而也能够通过理性过程加以反思和批判；而默会知识则是人们通过身体感官或理性的直觉而获得的，因而不能够通过理性过程加以批判和反思（POLANYI M，1957）。

3. 联系与整合的方式

活动内容的联系与整合，根据其程度和层次，可以采取三种方式。（1）分化与集中。分化是指将知识内容按照从一般到特殊的逻辑顺序，逐步细化和复杂化，集中则是指将知识内容按照从个别到一般的逻辑顺序，向上归纳、提炼和总结。（2）承前与启后。承前是指将新的知识内容与学生已有的知识经验联系起来，让学生在新旧知识的联系中去获取新知识。启后则是沟通学生已有知识经验或新获得的知识经验与将来学习之间的联系，以为学生的后续学习做好铺垫。（3）综合与贯通。综合是指通过学生的组织化、概括化过程，将学生的知识经验纳入一个整体的结构之中。贯通是指通过学生的分析、比较、归纳、演绎等精加工过程，增强知识内容之间的相关与融合。

根据具体的操作策略，活动内容的联系与整合又可以采取四种具体的方式。（1）补充，即指以提高国家课程和地方课程的教学成效而增加相关的内容和材料。（2）删减，即指根据国家课程标准的要求和学生的学习需求，适当删减部分活动内容。（3）拓展，即指对国家课程的范围进行适当的拓宽，以更好地使学生获取知识、掌握技能和内化价值观。（4）整合，即指通过对原有课程目标、内容等进行增删、拓展以及对组织方式的改变，使之在内容和结构上产生有机的联系。具体地讲，教师可以通过增加内容之间的相关性、以实际问题为核心、围绕一个内涵丰富而且有价值的主题以及将活动内容进行分解或分层等方式，来整合活动内容。

（四）挖掘活动内容的人文内涵

活动内容不仅是学科知识的汇总，更重要的是它包含着十分丰富而深刻的人文内涵。挖掘活动内容的人文内涵，帮助学生理解其中的人文内涵，使学科教学活动在扎实的基础知识和基本技能基础上进一步延伸到思想、方法和精神等文化的层次，这对学生深入地理解学科的基本概念和基本思想，培养学生的情感、态度与价值观，具有非常重要的意义。

1. 挖掘内容中所蕴含的学科思想

随着新课程改革的推广，培养学生的能力，特别是学生的创新能力，越来越引起教育工作者的高度重视。教学活动由原来的教师教什么，学生学什么，逐渐向自主、合作、探究的学习过程转变，也就是说教学活动应该而且必须成为在教师的组织引导下，学生通过自主、合作、探究知识，发展潜能，形成科学的世界观、人生观和价值观的过程。因此，各门学科应该重视学科思想和方法的渗透，如果一个人具备了相应的学科思想，获得了学科研究的方法，就会具备创新的能力和终身学习的动力。实际上，各个学科在自身的发展过程中都与哲学、文学、艺术、历史等其他学科有着密切的联系，因而蕴含着丰富的学科思想和方法。学科思想方法是对学科知识内容和所使用方法的本质的认识，它是从某些具体学科认识过程中提炼出来的一些观点，在后继研究和实践中被反复证实其正确性之后，就带有了一般意义和相对稳定的特征。

一百万有多大——以学科思想来建构知识体系

"只要不考试，就总有复习不完的内容。"这是许多教毕业班老师的切身感受。是否真的有那么多知识需要我们去复习、去记忆？与此相对应，某些著名教师所教的学生在初二就可以参加中考，而且成绩还很优秀！这是为什么？二者的区别到底在哪里？谁牵住了学科的思想这根红线，谁就能举重若轻地组织教学；谁缺乏对学科思想的研究，谁就只能陷在学科知识的汪洋大海中，眼前总有讲不完的知识和习题。任何一个学科都有其思想体系，虽说学科知识是庞杂的，但都隶属于不同的分支，各分支又归属于某主干。认识到其中的规律，再教知识或学知识，才能纲举目张。更重要的是，只有成体系的知识和技能，才能成为解决实际问题的方法。学习科学文化知识的目的就在于更好地解决生活和生产中的实际问题。与以往相比，现在考试的方向侧重于考查学生的思维和实际应用能力。因此，我们日常的教学重点应该在带领学生学习知识的同时，着重理解和掌握本学科的思想和方法体系。

数学七年级上册中有一个活动课《一百万有多大》，其中有"一百万粒米有多重、一百万步有多长、一百万元钞票有多大体积"等几个问题。教材的思路是，先测量其中的一小部分，如先测量一步有多长，然后乘以相应的倍数，就能得到一百万的概念。一个学生在课堂最后的总结时就说："本节课我学会了一种测算一个大数有多大的方法，就是先得出其中一小部分的量，再扩展到那个数的本身。"而教者竟无所动，把它当做了普通的感受。其实这才是本节课最有价值的教学思想和方法，掌握还能知道一千万、一亿有多大，教材安排此节内容的目的也不应该就是只知道一百万有多大吧。不少人都知道"教教材"和"用教材"有区别，但往往只是停留在对概念的认识上，跟实际的操作还有一段距离，并没有深刻理解和把握对教材对本学科的思想和方法体系。这样，即使学生发现了奥秘，教师也难以予以强化，从而导致学生对知识的掌握缺乏深刻的领悟，学了皮毛丢了本质。学生只知道漫无边际的知识而不知道体系，也就无法内化到自己的能力体系中。我们应特别反对单调的复习方法，语文、英语按册复习，数理化按章节复习，这只是以学科知识来构建体系的，不是以学科思想来组建认知和方法体系的，因而不得不陷入题海之中（陈平，2005）。

2. 挖掘内容中所蕴含的思维方式与行为方式

学科思维方法是在学科知识和能力体系构建过程中形成并不断完善的。学科思维方式包含两个层面：一个是各个学科共同的思维方式，如归纳与演绎、分析与综合、假设与验证、具体与抽象、逻辑与历史，这些思维方式又称为辩证思维法；一个是各门学科由于其不同的研究对象和研究方法而具有的特殊思维方式。

数学学科的思维方式

数学被人们称为思维的体操，它将客观事实转化为抽象的数字、符号、图形图像关系，并运用这些非文字语言中抽象的逻辑关系进行运算得出结论，数学和音乐都被称为"上帝"的语言，其中的思维方法是学习其他学科必备的，也是对辩证思维方法的详细阐释和补充。中学数学中常见的思维方法有：恒等、不等、换元、数形结合、函数、数列和极限、排列和组合、优选等方法。每一种数学思维方法都有其对应的辩证思维方法，运用于解决问题时，是程序式的思维模式，又是数学方法或解题方法，而我们掌握并且有效运用这些数学思维方法进行思考必然使思维品质大大提高。恒等、不等、函数、数列、排列和组合的思维方法是利用某些物理量或数学符号之间总是满足一定的逻辑关系进行思考的方法，这些思维方法大多有较明确的思维模式，一般为线型思维方法，它们在物理、数学和化学等学科中的大量使用能提高思维的流畅性、有序性、逻辑性等基础性思维品质；换元法的使用能提高思维的适应性、灵活性；排列组合与数列极限对提高思维的有序性和广阔性有好处；概率和统计、数形结合、排列组合、数列极限、优选法的使用可提高思维的深刻性、整体性、综合性等发展性思维品质；而讨论法则是属于发散型的思维方法，能使思维的各个方面的品质都得到提高，特别是对提高思维的广阔性、深刻性、创造性的作用不可小觑。

在学科课堂教学活动中创设问题情境，让学生学会学科思维方法，并反思获得方法的过程，在学习与反思中活化思维，是形成良好的思维品质，提高教学活动质量的有效途径。各个学科在帮助学生掌握基础知识和基础技能的基础上，尤其需要重点培养学生的学科思维方式，并将它应用于日常的学习与生活中。例如，关于"统计"的学习，不能把统计作为计算统计量的学习，而是要让学生比较系统地参与收集数据、整理数据、分析数据、从数据中提取信息、进行估计、作出推断的全过程，并让学生在经历的过程中，感受和体验用样本来估计总体，即从局部来推断整体的思考方式，学会收集数据的一些基本方法，体会统计思维与确定性思维的差异。

3. 挖掘内容中所蕴含的情感、态度与价值观

情感、态度与价值观既是基础教育新课程的三维目标之一，又是各门课程人文内涵的重要组成部分。《基础教育课程改革纲要（试行）》（2001）明确指出：制定国家课程标准要依据各门课程的特点，结合具体内容，加强德育工作的针对性、实效性和主动性，对学生进行爱国主义、集体主义和社会主义教育，加强中华民族优良传统、革命传统教育和国防教育，加强思想品质和道德教育，引导学生树立正确的世界观、人生观和价值观；要倡导科学精神、科学态度和科学方法，引导学生创新与实践。这要求教师要根据自己所教学科的实际特点，挖掘学科中所蕴含的情感、态度与价值观等文化因素。

我们习惯上将中小学的各门学科以科学的称谓加以理解，于是有了自然科学、社会科学与人文科学的学科分类方式，学生学习的当然就全部是

科学的知识。这本无可厚非。然而，长期以来，我们更多的是从知识、技巧、技能、技术的层面去理解科学和学科，自然就特别强调知识的掌握、技能的形成和解题技巧的训练。在笔者看来，科学和学科至少需要从三个层面同时加以理解。（1）作为知识、技能、技巧和技术的科学。这是对科学和学科的表层意义的理解。在这种意义上，学生需要掌握学科的基础知识、基本技能和解题的技巧。（2）作为过程与方法的科学。这是对科学和学科的中层意义的理解。科学不仅是一种知识、技能、技巧和技术，更重要的是一种科学的过程与方法。（3）作为态度与精神的科学。这是对科学和学科的深层意义的理解。从深层的意义上讲，科学和学科的实质既不是科学的知识、技能、技巧和技术，也不是科学的过程与方法，恰恰在于科学的态度与精神。

面对我国与西方发达国家在很多方面的差距，或许可以说我们与西方发达国家在经济上的差距是 20 年，在技术上的差距是 50 年，如此等等。试问：我们与西方发达国家的最重要的差距究竟是什么？最深层的原因便是我们缺乏一种科学的态度与科学的精神，缺乏一种理性与实事求是的态度，缺乏一种问难、质疑、批判、创新和勇于挑战、不断超越的精神。正是在这种意义上，才要求教师在活动内容的理解与处理时，深入挖掘其中的科学精神与人文内涵，使学生在掌握知识、形成技能、领会过程与方法的基础上，形成一种科学的兴趣、态度与精神。

三、活动情境的分析与创设

人类的所有活动都是在一定的情境中展开，没有不受情境限制的活动。离开了情境，活动就失去了时间、空间和背景这一存在基础。而活动反过来赋予情境以存在的价值和实质性的意义。根据学习的活动—情境观点，个体参与实践活动、与情境互动既是意义建构的根本途径，又是学习得以发生的根本机制。因此，活动与情境存在相互依存的关系，活动的分析与设计，就意味着需要对活动情境的创设问题进行讨论。

（一）情境的要素与结构

《现代汉语词典》将情境解释为"情景、境地"。德国一位学者有过一句精辟的比喻：将 15 克盐放在你的面前，无论如何你难以下咽；但当将 15 克盐放入一碗美味可口的汤中，你就在享用佳肴时，将 15 克盐全部吸收了。情境之于知识，犹如汤之于盐。盐需溶入汤中，才能被吸收；知识需要融入情境之中，才能显示出活力和美感，才能被学生理解和掌握（余文森，2007）。为了理解活动情境的要素与结构，我们先看看在教学活动中创设情境的一则案例（李吉林，2005）。

"小胖迷路"——模拟的情境

在《要是你在野外迷了路》一课的教学活动中，课前先让学生观察，比较朝南、向北大树枝叶的稠密与稀疏。课堂上当教到"要是碰上阴雨天，大树也会来帮忙……"时，考虑到儿童丰富的感知，首先引导儿童回忆先前观察所见情境，并生动地描绘情境："一个阴雨天，雏鹰旅行队的小胖迷了路，太阳躲在云里，怎么办？……"接着请学生分别扮演迷路的小胖和大树公公。大树公公戴着一个绿色的高高的头饰，向南而立，头饰的南半边插着稠密的树枝，北半边插着稀疏的树枝。孩子们一见欣喜若狂，不知不觉置身于情境中，仿佛自己就是迷了路的小胖，仔细观察大树公公，请大树公公帮忙。而大树公公不仅做出了明确的回答，还提出了"为什么我的枝叶南面稠、北面稀？"老师随即出示 AB 两种句式：

"因为_____，所以_____。"

"_____是因为_____。"

在上述案例中，教师在创设教学情境时首先引导儿童回忆先前观察所见情境，将情境的创设建立在学生已有经验的基础上，为学生提供了一个模拟的情景，即"小胖迷路"，激发学生的兴趣和好奇心，有了探究的需要和动机；案例给学生提出的任务即是帮助小胖找路，有了明确的要解决的问题，学生的努力探究同样也就有了方向；为了帮助学生完成任务，老师请学生分别扮演迷路的小胖和大树公公，"大树公公戴着一个绿色的高高的头饰，向南而立，头饰的南半边插着稠密的树枝，北半边插着稀疏的树枝"，因而给学生提供了丰富的信息和完成任务所需的条件；"孩子们一见欣喜若狂，不知不觉置身于情境中"，积极主动地感知、操作、体验、交流、探究、实践，学生掌握了靠太阳辨别方向的知识，句式和思维的训练贯穿其中，问题解决的过程同时也是知识建构和能力迁移的过程。

　　从分析的角度看，教学中的活动情境可以识别为一个由需要—动机圈、任务—案例圈、条件—信息圈和认知—实践圈有机结合而成的四重结构，如图 10 所示。其中，需要—动机圈主要涉及活动的背景和情景，与学生的经验、兴趣、需要有关。任务—案例圈主要涉及活动要完成的主要任务、要解决的主要问题和要讨论的主要话题，并提供这些任务、问题和话题的个案或实例，因而与活动的目的有关。条件—信息圈主要涉及可供学生活动所用的各种信息、工具和资源，因而与活动的条件有关。认知—实践圈主要涉及感知、操作、体验、交流、探究、实践等活动过程，因而与学生的知识建构和能力迁移有关。

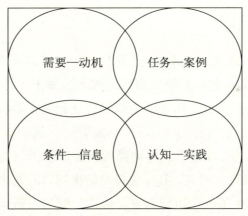

图 10　活动情境的结构示意图

　　活动情境的四重结构表明：情境既有情的方面，又有境的方面；既有目的与任务的要求，又有条件与工具的提供；既有认知的成分，又有实践的成分。一般而言，完整的活动情境通常是由背景（情景）、案例（实例）、任务（项目、问题、话题）、工具（信息、资源、手段）以及与它们相联系的需要（兴趣、动机）、目标和条件组成。其中，背景（情景）、案例（实例）以联系学生的已有生活经验，激发学生的兴趣和动机为准。任务（项目、问题、话题）必须服从活动的目标。工具（信息、资源、手段）是达到活动目标的条件。因此，完整的活动情境并不是一个简单的背景和情景，而是一个具有多种要素、多种成分的立体结构。

（二）情境的功能与作用

作为有效学习活动的根本实现机制，情境在学生的学习活动中发挥着四个方面的功能和作用，即激发学习动机、形成问题意识、支持知识建构和促进能力迁移。从根本上讲，活动情境对学生学习活动的这些功能来源于它的四重结构。活动情境的这种四重结构，使它成为联结情与境、直接经验与间接经验、动机与目的、感性与理性、认识与实践的"交错点"。换句话说，活动情境可以从需要与动机、任务与案例、条件与信息和认知与实践四个方面，为学生的有效学习创造必要的条件。

1. 激发学习动机

为引出周长的概念，教师在课上先让学生通过多媒体播放的航拍片跟着大头儿子和小头爸爸一起游览南通的濠河，画面中小头爸爸问大头儿子："濠河是南通的象征，听说濠河风景管理处的叔叔为了要把濠河装扮得更美丽，打算沿濠河每隔 10 米装一盏射灯，他们需要准备多少盏灯呢？"这样，教师就以儿童喜爱的动画人物游南通濠河为切入口，创设了一个与周长有关的现实情景，让学生提出解决问题的设想"我首先要知道濠河有多长"，产生了一个迫切需要了解周长的学习需求和动机，从而自己尝试提出"周长"这一数学名词。

新颖生动的东西能激发人的兴趣，形象具体的事物容易唤起人的情绪。活动情境由于直接与学生的生活经验相联系，避免了活动内容的单调枯燥，有利于引起学生的学习兴趣，调动学生的学习积极性。更重要的是，活动情境通过问题情境的创设，在活动内容与学生求知心理之间制造一种"不协调"，把学生引入一种与问题有关的情境的过程，容易引发学生的好奇与思考，能够满足学生了解和理解的需要，要求掌握知识的需要以及系统阐述问题并解决问题的需要，从而成为激发学生学习动机的有效手段。

2. 形成问题意识

加涅曾经指出，教育课程的重要的最终目标就是教学生解决问题——数学和物理问题、健康问题、社会问题及个人适应性问题。但是，培养学生的问题解决能力，首先则是培养学生的问题意识，教会学生发现问题和提出问题。美国教育家与哲学家杜威在其名著《如何思维》一书中，最早将问题解决的思考过程从逻辑上分为五个步骤：（1）困惑、挫折感或意识到困难的状态；（2）确定疑难究竟在什么地方，包括不太具体地指出所追求的目的，需要填补的缺口或要达到的目标；（3）提出问题的种种假设；（4）如有必要，联系检验这些假设，并对问题重新加以阐述；（5）进行验证，证实、驳斥或改正这个假设。活动情境正是通过问题情境的创设，首先使学生意识到困惑、挫折和困难，进而去确定问题的关键之所在，从而把学生引入一个发现问题和提出问题的过程。这个过程也就是"困惑、挫折、困难——认识问题的关键所在——发现问题和表征问题"的过程，从而使学生的注意、记忆、思维凝聚在一起，以达到培养学生问题意识的目的。

在上面的案例中，教师把小头爸爸的问题抛给学生，学生想要知道需要准备多少盏灯，首先就要知道濠河有多长，这样一个问题情境不仅让学生初步感知了周长，更让学生意识到困难，在发现和提出问题的过程中确定解决问题的关键，增强了问题意识。

3. 支持知识建构

知识不是有关绝对现实的知识，而是个人对知识的建构；学习不是知识的获得，而是知识的建构。从这种意义上讲，活动情境的创设，首先能满足学生个体独特的学习兴趣和需要，给予学生发展决策、自我监控、注意力调整等技能的机会，真正确立学生在知识建构中的中心地位。其次，活动情境重视学生的已有生活经验和学习的境脉，利用学生的已有经验来说明、解释和形成自己的知识，让学生在真实或接近真实的问题情境中去理解、分析和解决真实世界中的问题。再次，活动情境强调学习的社会中介意义，为学生创造更多的探索、解释和协商的机会，使理解得以深化。最后，活动情境还可以运用现代教育技术，为学生提供增强和拓展认知能力的机会，以支撑思维和交流的深化理解。

在上面的案例中，尽管已经提出了周长的概念，但此时学生的感受可能还不够深刻，于是教师让学生在教室里找一些有关周长的例子，相互指一指、说一说，以这些实物为载体来丰富学生的感受、积累学生的经验，联系常见物体来建立周长的概念，并体会数学与生活的联系。但是，现实中的物体严格说来都是立体的，而周长是针对面而言的，如何帮助学生在现实情境中清晰准确认识这一点呢？此时，教师借助多媒体出示"游览濠河"时出现的游泳池、网球场的画面，点击后隐去实物，只留下涂有填充色的两个平面图形，让学生认识到物体表面的周长其实都可以看做相应平面图形的周长，帮助学生从实物到平面图形建立完整的周长概念，强化认知。

4. 促进能力迁移

活动情境常常是基于学生的生活经验，是从生活原型中衍生而来的，因而可以尽可能地保证学生的学习情境与日后运用所学知识内容的实际情境之间的相似性。这种相似性越大，就越有助于学生知识与能力的迁移。教育心理学的研究表明：学生学习的情境如学习时的场所、环境的布置、问题的呈现方式、知识的获得方式、能力的生成方式等越与实际的生活情境和问题情境相似，学生就越能利用有关的线索，提高学习或问题解决中迁移的出现。此外，学生唯有在特定情境中去获得知识和形成能力，这种知识和能力才具有实用价值和实质意义，而越具有实用价值和实质意义的知识与能力，才越有利于学生在学习新知识和解决新问题时的积极迁移。

在上面的案例中，教师最后请学生和大家交流这一堂课的收获，并用电脑呈现游南通途中的一些生活镜头，创设生活情境，引导学生解决实际问题。数学只有回到生活中，才会显示其价值和魅力，也只有让学生回到生活中去自主选择最感兴趣的物体进行实际测量，才能既深化学生对周长的认识，又促进学生解决实际问题能力的迁移。

（三）情境的类型及特点

活动情境的各个要素和层面有不同的组合和表现形式，因而也就形成了活动情境的多样化类型。根据情境与学生生活经验的联系程度，活动情境可以分为真实的情境、"准真实"的情境和虚拟的情境三种类型。真实的情境一般是基于学生的生活经验，它具有生活原型的各个要素和成分。"准真实"的情境接近生活原型，但在某些要素和成分上又做了必要的加工和处理。虚拟的情境强调的不是"形真"，而是"神似"，通常是教师根据活动需要，运用各种手段虚构出来的情境。根据情境的不同功能和作用，活动情境可以分为以激发学生学习动机为主的情境、以培养学生问题意识为主的情境、以支持学生知识建构为主的情境和以促进学生能力迁移为主的情境四种类型。根据情境所涉及的主要任务，活动情境可以分为以问题为中心的情境、以项目为中心的情境和以话题为中心的情境三种类型。

习惯上，人们更多的是从情境的呈现方式去识别情境的类型和特点的。根据情境的呈现方式及特点，活动情境可以分为以实物为载体的情境、以符号为载体的情境、以事物的实际过程为载体的情境和以人的活动及其结果为载体的情境四种类型。其中，以实物为载体的情境包括以实际事物为载体、以实际事物的模型或形象为载体和以事件的典型案例为载体三种类型，直观性与真实性是这类情境的基本特征。以符号为载体的情境是指以语言、文字、声音为中介而创设的情境，因而具有一定程度的抽象性和想象性。以事物的实际过程为载体的情境常常在物理、化学和生物等学科的教学活动中使用，比如实验课上某种物理现象的运动过程、某种化学物质的内部反应过程、某个生理系统的循环规律等。这类情境由于将事物内部的复杂过程通过演示等手段呈现出来，因而也具有直观性的特点。以人的活动及其结果为载体的情境主要是借助人本身的行为、态度、表情、姿势等来创设的情境，如角色扮演、游戏等。这类情境由于是由教师或学生自己的行为和表现来创设，因而在很多时候更能起到言传身教、身体力行的作用。

（四）情境创设的思路与方法

如何创设活动情境？根据前面的分析，完整而理想的活动情境是一个由需要—动机圈、任务—案例圈、条件—信息圈和认知—实践圈有机结合而成的四重结构，具有激发学习动机、形成问题意识、支持知识建构和促进能力迁移四个方面的功能。这意味着，教师在活动情境的创设时需要在分析各个要素及其相互关系，充分发挥情境功能的基础上，同时做到"形真""情切""意远""理寓其中"。

1. "神似形真"：基于生活经验

活动情境的创设需要从学生的生活经验出发，尽可能真实，让学生在真实的情境和问题中享受知识的乐趣，寓枯燥的知识于充满乐趣与生机的情境之中，使学生真正感觉到自己是在学有价值的知识，真正体会到知识与生活的密切联系。例如，在教数学"认识三角形"一课时，让学生戴上直角、锐角、钝角三种不同类型的三角形头饰，以三角形家族成员的身份进行自我介绍，让学生在拟人化的环境中，生动形象地感受和理解三种三角形的异同，这种情境创设方便易行，为儿童感受形象提供了想象的余地（李吉林，2008）[46]。需要指出的是，活动情境并不是要完全机械地复制生活原型，而是要通过"神似"显示"形真"。

2. "情真意切"：激发情感

活动情境的创设需要做到"情真意切"，用生动形象的场景和真情实感作用于学生的心理，"以情动情"，激发他们的情感体验；"以情养情"，用情感架起沟通交流的桥梁，使整个活动过程都饱含师生的主动参与和情感投入。例如，李吉林老师在讲《桂林山水》时，她将自己曾经游览过的漓江风光再现在学生眼前，脸上带着丰富的民族自豪感，用热情洋溢的语言和语气告诉学生许多外国朋友不远万里来到桂林，因为桂林的山水天下第一。真切的情感一下子吸引了学生，他们主动学习课文，在教师假想的旅行中"行进"在祖国大地上，"饱览"着祖国山河的壮丽。

3. "意深境远"：拓展思维空间

活动情境不是简单的实物、图片和场景，而是有一定广度和深度的。相对于情境的有形因素，那些无形的因素往往对学生的影响更为深刻和深远。这种无形的因素就是一种意境和境界，一种可供学生积极思考和广泛联想的问题空间。李吉林老师在构建情境教育的理论体系时就受到中国传统的"意境说"的启发，主张情境要与多姿多彩的生活相通，使创设的情境能意境深远，为学生提供广阔的想象空间，使学生在想象、创造中加深对教材的感受和对事物本质的认识。例如，数学老师在"圆的周长"的教学时，为了让学生对圆和周长有更真切的感受，先让学生搜集"神舟"五号飞船的相关数据，并设计了这样的问题情境：飞船进入太空后，先沿一条椭圆形轨道飞行，在运行几圈后，调整到距离地球表面 350 千米的圆形轨道，与地球中心的距离约为 6 700 千米，飞船每秒钟飞行大约 7.8 千米，那么，"神舟"五号飞船绕地球飞行一圈需要多少时间呢？（李吉林，2008）[49] 这样的情境自然能激发学生展开积极的思维和广泛的联想。

4. "理寓其中"：透过现象看本质

无论是生动的场景、真实的案例、深远的意境和真切的情感，还是学生真实的感受、真切的体验和丰富的想象，最终都是为了让学生在感性认识的基础上，透过庞杂的现象，达到对教材内容的深层理解和对事物普遍事理的把握。因此，活动情境的创设需要将知识的本质和事物的事理蕴含其中。否则，这样的情境就会脱离具体活动的内容和目标，沦为一种形式和摆设。例如，小学美术课教"三原色"，不仅要让学生认识红、黄、蓝三种颜色，还要让他们懂得三种颜色可以演变成其他多种颜色，更要让学生认识色彩是丰富多变这一道理。明白了这一点，教师在上课时就会示范并让学生尝试，仅仅是黄和蓝两种颜色就能画出春天嫩绿的树、夏天碧绿的树及冬天苍翠的松柏树，等等（李吉林，2008）[51]。这样，学生获得的就不再是一个个孤立的知识点，而是丰满立体的包含现象和本质、与其他事物相互联系的知识系统。

四、活动类型的分析与设计

由于范围、领域、对象、目标和形式等方面的不同，教学活动具有多种类型。全面地分析和把握活动的这些类型及其功能、特点，将有利于提高教师教学活动设计的有效性。

（一）活动结构完整、全面

根据活动与发展的交互整合律和相关对应律，教学活动的各个方面共同作用于学生的发展，片面的教学活动导致学生的片面发展，完整、全面的教学活动才有可能实现学生的全面发展。因此，教师在设计教学活动类型时，首先就要保证各种类型的活动结构是完整的、全面的。

活动结构的完整、全面主要体现在以下几个方面。（1）活动要素的完整、全面。完整、全面的活动在横向上包含需要、动机、目的和条件等要素，在纵向上包含活动、实现活动的行为和实现行为的操作三个层级单位。（2）活动类型的完整、全面。完整、全面的活动应当包含两个方面，即外部活动与内部活动。外部活动主要包括感知活动、操作活动与言语活动，内部活动主要包括认知活动、情感活动与意志活动。（3）活动过程的完整、全面。完整、全面的活动，应当包含外部活动向内部活动的转化（即内化）与内部向外部活动的转化（即外化）、学生个体建构与师生社会建构的双向转化以及活动、行为与操作之间的双向转化等内部过程。

（二）活动形式丰富、灵活

根据活动与发展之间的交互整合律与相关对应律：不同类型的教学活动同时对学生发展的不同方面产生作用；不同类型的教学活动共同作用于学生的全面发展；教学活动的具体类型与学生发展的具体内容相对应；教学活动的形式与学生发展的形式相对应；教学活动的性质与学生发展的性

质相对应，因而要求教师设计出丰富、灵活、多样的活动形式，来促进学生全面、生动、活泼的发展。

设计丰富、灵活、多样的教学活动形式，教师可以根据活动的一般类型进行选择和运用。活动包含三个基本的向度，即主体—客体、主体—主体以及主体—自我。在主体—客体向度，教师可以设计以实物、知识为对象的系列活动，包括以主体感知实物（知识）为主的感知活动、以主体反映实物（知识）为主的认识活动、以主体操作及改造实物（知识）为主的实践操作活动、以主体占有和享受实物（知识）为主的审美欣赏活动、以主体检测实物（知识）为主的评价活动、以主体探究实物（知识）为主的创造活动六种活动形式。在主体—主体向度，教师可以设计教师与学生之间的交流合作活动和学生与学生之间的交流合作活动。在主体—自我向度，教师可以设计学生的自我认识、自我体验、自我评价与自我反思等活动形式。

（三）活动密度恰当、适中

为了促进学生全面、生动、活泼的发展，教学活动的形式应当尽量丰富、灵活、多样。但是，由于受到时间、空间的限制，教师又不可能把所有的活动形式都设计出来。这里就涉及一个活动密度是否恰当、适中的问题。如何保证活动密度的恰当、适中？教师可从以下几个方面去把握。

首先，根据活动的三个向度去把握活动密度。如前面所述，活动包含主体—客体、主体—主体和主体—自我三个向度。这三个向度分别指向实物（知识）、人和自身，分别对应的是对象性活动、交往活动与自我活动。其中，在主体—客体向度上所发生的对象性活动是整个教学活动的物质基础，在学生的发展中起着最为基础的作用。无论是学生的认识发展、实践发展还是社会性发展、个性发展，都必须以这类活动为基础。这意味着，教师在教学活动设计时，必须以指向实物或知识的对象性活动作为考虑的重点。

其次，根据活动的主导性目标去把握活动密度。每一个活动单元或活动片段都有自己的主要任务和目标，教师可以据此去确定活动的数量和密度。例如，侧重培养学生对知识的自主探究能力和对问题的解决能力，教师就可以根据杜威的"思维五步骤"去确定活动的形式、数量和密度。这五个步骤就是：（1）创设情境，让学生遭遇困惑、挫折和困难；（2）从情境中识别问题的关键之所在，进而发现和提出问题；（3）通过观察和自主探索提出问题解决的假设；（4）收集资料、动手实验、小组合作并进行理性的分析；（5）通过应用检验或修正假设。

再次，根据活动内容的性质去把握活动的密度。不同的学科和学科中不同性质的内容，在很大程度上决定着活动的不同性质和形式，这意味着教师也可以根据活动内容的性质去把握活动的数量、形式与密度。例如，语文阅读活动一般可以设计出"认读"活动（处理生字、生词和生句等）、"解读"活动（处理篇章结构、段落大意和中心思想等）、"赏读"活动（赏析文章的写作思路、写作风格和语言特点等）、"创读"活动（对作者的写作思路、写作风格、基本观点等进行评价、反思和批判，进而阐述自己的见解和观点）等几个活动片段。又如，英语语言活动一般可以设计出语言的输入、语言的感知、语言的理解、语言的训练和语言的生成（口语生成与书面语生成）等几个活动片段。

最后，根据活动的条件去把握活动的密度。根据活动与发展之间的条件匹配律，不同类型的活动需要一定的条件与此相匹配。因此，教师可以根据不同目标、性质的活动所涉及的基本条件，去把握活动的数量和密度。例如，以学生反映和认识事物为主的知识建构，就需要学生具备以下几个方面的条件：丰富的感知、感受和已有经验是前提；必要的动手、实践是基础；学生个体的主动建构和自我调节是关键；师生之间的交流合作是必备。据此，教师就可以基本上确定活动的数量和密度。

（四）活动切换自然、恰当

教师在分析和设计教学活动的类型时，除了活动结构要全面、完整，活动形式要丰富、灵活，活动密度要恰当、适中之外，还需注意活动与活动的切换要尽量自然、恰当。活动与活动的切换自然、恰当，包含三个方面的内容：一是活动之间具有相关性；二是活动之间具有层次性；三是活动之间具有整合性。

　　活动与活动之间的相关性主要是从横向的角度来说的，它是指各个活动按照某种联系有机地结合在一起，而不是简单地拼凑在一起。活动与活动之间的相关性具体表现为活动与活动之间的相互适应、相互制约和相互促进，以便不同类型的教学活动共同作用于学生的发展。这就要求教师需要根据学生的活动特点与发展规律来分析和设计各种教学活动。

　　活动与活动之间的层次性主要是从纵向的角度来说的，它是指各个活动按照学生认知结构从动作直观水平到具体形象水平再到符号抽象水平的发展规律组合在一起，从而呈现出逐级跃升的序列，而不是在一个水平面上简单地重复和训练。活动与活动之间的层次性具体表现为学生从外部物质活动发展到内部心理活动、从实物活动发展到自我活动、从记忆活动发展到探究创造活动、从感性水平发展到理性水平、从低级心理技能发展到高级心理技能、从基础性活动发展到拓展性和探究性活动等方面。

　　活动与活动之间的整合性是指各种活动之间既具有某种横向的联系，又具有某种纵向的联系，以便有助于学生获得一种统一的认识和发展。活动与活动之间的整合性又具体表现为活动目标与发展目标的整合、活动类型与发展内容的整合、活动形式与发展形式的整合、活动性质与发展性质的整合四个方面。

五、活动过程的分析与设计

　　活动过程的分析与设计是整个教学活动设计的核心环节和关键部分。可以说，教学活动在何种意义和水平上促进学生的发展，在很大程度上就取决于教学活动过程的科学性与合理性。为了提高教学活动过程设计的科学性与合理性，教师需要不断研究以下几个方面的问题：（1）研究学科，包括学科的性质、学科的结构、学科知识与学科能力的要素与构成等；（2）研究学习，包括学生学科学习的机制与特点、学生学科学习的方式与过程等；（3）研究发展，包括学生发展的一般规律、学生学科能力的形成与发展机制等；（4）研究教学，包括教学活动的本质属性与基本特征、教学活动的结构与功能、教学活动与学生发展之间的规律等。具体地说，教师在设计教学活动的过程时，需要反映出以下几个方面的要求。

（一）从实物活动到自我活动

根据皮亚杰和布鲁纳关于儿童的认知发展阶段论，学生的认知发展一般需要经历一个依靠具体事物和实际动作的直观认识过程，进而发展到摆脱具体事物和实际动作的形象思维阶段，最后才能发展到只依靠符号、概念、命题等的抽象思维水平。不仅如此，学生的认识还遵循一个从个别（个案）的认识、类的认识、关于社会和世界的认识再到关于自我的认识的发展规律。这意味着，教学活动应当尽可能地从实物活动开始，进而将学生推向自我认识的活动水平。

在教学中，活动的对象不外乎包括实物、知识、人和自我四种。相应地，教学活动包含实物活动、知识活动、交往活动与自我活动四种类型，分别涉及人与物、人与知识、人与人以及人与自我四种相互作用的过程。正是通过这四种相互作用的过程，学生才发展起来了自己的感受能力、认识能力、实践能力、社会交往能力和自我发展能力。其中，实物活动主要涉及学生的注意力、观察力和动手能力，直接作用于学生的感官、感觉和感知，因而是学生发展的奠基性活动。自我活动主要涉及学生的自我认识、自我体验和自我调节等，直接作用于学生的自我意识，因而是学生个性发展的主要途径。从最基础的能力发展到最终的个性发展，体现了学生发展的不同需求与层次，教学活动的过程设计因而应当遵循这一过程。据此，我们提出教学活动过程设计的第一个思路：从实物活动开始，通过知识活动与交往活动，促进学生的自我活动。

（二）从外部活动到内部活动

根据维果茨基的"内化"学说，学生在外部物质活动基础上形成的是低级心理技能，在内部心理活动基础上发展的是高级心理技能。但是，学生高级心理技能的发展，又必须以外部物质活动和低级心理技能的发展作为基础和前提。这意味着，教学活动首先需要从学生的外部物质活动开始，进而将学生推向内部心理活动的水平。

实际上，完整的教学活动包含外部活动与内部活动两种基本的活动形式，涉及外部活动的内化与内部活动的外化两个双向转化过程。正是通过外部活动向内部活动的内化和内部活动向外部活动的外化，才促进了学生的知识掌握、能力形成和情意发展。外部活动的内化是学生的外部感知、操作活动经过不断的概括化、言语化、简缩化，逐步形成概念的过程，是外部物质感性活动向内部心理活动的转化过程。内部活动的外化则是将内部过程在操作和言语水平上展开、呈现出来，它可以起到检查内化、巩固内化、深化理解、调整充实学生主体的认知结构等作用（裴娣娜，2005）[291-292]。据此，我们可以提出教学活动过程设计的第二个思路：从学生的外部活动开始，以内部活动作为重点，再以外部活动结束。

（三）从感知活动到创造活动

根据主体对客体（实物和知识）的作用程度，活动可以依次识别为七个不同的水平和层次：以主体感知客体为主的感知活动、以主体操作客体为主的操作活动、以主体反映客体为主的认识活动、以主体改造客体为主的实践活动、以主体享受客体为主的欣赏活动、以主体检测客体为主的评价活动、以主体探究客体为主的创造活动。这七个层次和水平的活动分别对应于学生的感知能力发展、动手能力发展、认知能力发展、实践能力发展、审美能力发展、评判能力发展和创造力发展。

需要指出的是，上述观点也得到了教育心理学的支持。皮亚杰早就指出，吸吮和抓握两种最基本的原始动作是儿童最初的活动形式。儿童后来所有活动及其能力的发展，都是这两种基本活动形式在更高层次上的丰富、拓展与深化。布鲁姆关于认知领域的目标分类学（修订版）则将创造作为学生认知能力发展的最高形式。据此，我们提出教学活动过程设计的第三个思路：从学生的感知活动开始，通过操作活动、认识活动、实践活动、欣赏活动和评价活动等多种形式，促进学生的探究性学习和创造力发展。

（四） 从记忆活动到创造活动

根据布鲁姆关于认知领域的目标分类学，学生的认知能力可以识别为六个不同水平的过程及能力，它们分别是记忆、理解、运用、分析、评价与创造。相应地，教学活动也可以划分为六个不同的层次和水平，即记忆水平的活动、理解水平的活动、运用水平的活动、分析水平的活动、评价水平的活动与创造水平的活动。

记忆是指从长时记忆中提取相关信息，包括再认和回忆两个能力层次。理解是指从口头、书面和图画传播的教学信息中建构意义，包括解释、举例、分类、概要、推论、比较和说明七个认知过程。运用是指在给定的情境中执行或使用某程序，包括执行和实施两种能力层次。分析是指把材料分解为它的组成部分并确定部分之间如何相互联系以形成总体结构或达到目的，包括区分、组织和归属三个认知过程。评价是指依据标准做出判断，包括核查和评判两个认知过程。创造是指将要素加以组合以形成一致的或功能性的整体；将要素重新组织成为新的模式或结构，包括生成、计划和产生三个认知过程。根据布氏及后人的这些研究，我们提出教学活动过程设计的第四个思路：从记忆水平的活动开始，将学生推向理解、运用、分析和评价的活动水平，进而提升到探究和创造的活动水平。

（五） 从感性活动到理性活动

按照学生思维发展的过程和水平，教学活动可以区分为感性水平、知性水平与理性水平三个层次。如前文所述，感性是指主体对认识对象的一种表面的、模糊的、没有理由的初级认识形式。知性是指主体对感性对象进行思维，把特殊的、没有联系的感性对象加以综合与连接，去初步地把握感性对象运动规律的认识能力。理性则是能够看清事态和物质的本质，并且有针对性地做出判断和决定的认识能力。

在教学活动的感性水平上，学生常常表现为人云亦云，盲目跟风，望文生义，略知一二却浅薄曲解，或在行为上无有定见，对事物认识的角度、广度和深度都很粗浅。在教学活动的知性水平上，学生能够在某类事物或现象的感性材料基础上进行比较、归纳和进行初步的抽象，并且逐渐透析概念义理，但仍然只可以自清而不可以解决别人的烦恼和纷乱。而在教学活动的理性水平上，学生能够抓住某类事物或现象的本质关系，并且自成系统，条理分明，思维逻辑毫不紊乱。比较而言，感性水平的教学活动主要指向的是具体事物或现象，知性水平的教学活动主要指向的是某类事物或现象的概念，而理性水平的教学活动主要指向的是某类事物或现象的规律。在很多时候，学生的认识发展需要经历一个从感性认识到知性知识，最后到理性认识的复杂过程。据此，我们提出教学活动过程设计的第五个思路：从学生的感性活动开始，经由知性活动，促进学生的理性活动发展。

六、活动策略及方法的选择与运用

教学活动的范围、水平和效果，除了与活动目标的分析和确定、活动内容的理解与处理、活动情境的分析与创设及活动类型的分析与设计几个方面密切相关之外，还在很大程度上取决于活动策略及方法的选择与运用。教师在选择与运用活动策略及方法时，首先需要明确三点。

1. 沟通各种策略及方法之间的联系。在过去，由于受到一种二元对立思维方式的影响，人们在选择与运用活动策略及方法时常常非此即彼，割裂了各种策略及方法之间的内在联系，具体表现为接受学习与探究学习之间的对立、自主学习与合作学习之间的对立、群体发展与个体差异发展之间的对立以及规范与开放之间的对立，等等。由此导致了学生发展的不平衡状况。这意味着，教师在选择与运用活动策略及方法时，需要确立一种整合性的思维方式，尽可能地沟通各种活动策略及方法之间的联系。

2. 从整体的观点理解各种策略及方法。任何一种活动策略及方法其实是一个由多种互动要素有机结合而成的系统，因而需要从系统、整体的观点去理解。例如，国家新课程改革方案所倡导的合作学习首先是一种教学思想和教学理念，因而需要将它渗透在一切教学活动之中。其次，合作学习还是一种基本的教学策略，它本身又包含了若干具体的思路、方法、技术和操作手段。最后，合作学习还是一种教学组织形式，它要求教学活动在时间和空间的安排上应该与班级授课、个性化的自主学习有所不同。

3. 教有法，无定法。教学活动并没有一个普遍、唯一的模式，也不遵循某种固定、严格的程序。此所谓"道可道，非常道"；"教有法，无定法"。所谓"教有法，无定法"，需要教师从三个方面去理解：一是深入地研究学生的学习和发展，将活动策略及方法的选择与运用建立在教学活动的规律之上；二是顺应当前世界教育改革的基本价值潮流，体现教学活动的自主、合作、探究、实践、体验和展现等特征；三是根据具体的情况合理地选择与运用，重点关注活动策略及方法的恰当性与实效性。

上述三点，是教师选择与运用活动策略及方法的三个方法论前提。以此为基础，教师需要重点理解和掌握以下几种活动策略：主体参与策略、自主学习策略、合作学习策略、探究学习策略、体验成功策略和差异发展策略（裴娣娜，2005）[243-289]。

（一）主体参与策略：不要只告诉我，让我参与进来！

参与，指学生在外部行为和内部思维上积极主动地参加各种教学活动。正是作为认识发展的主体的主动参与，体现了教学活动过程中科学实践观和主体能动性的统一。主体参与的目标是，通过构建学生的主体活动，完成认识和发展的任务，促进学生主体性的发展。首先是完成知识的社会建构，使学生深刻、灵活、扎实地掌握知识。学生主体参与的活动，不仅是构建、保持和应用知识的基础，而且是促使学生认识活动的发展，提供获得道德、审美价值经验的基础。借助于学生主体参与，学生真正掌握凝结在精神文化中的社会道德准则、理想、审美意识、情感、责任感、义务感，形成内在的价值目标，从而实现从道德认识向道德行为的转化，培养良好的个性和人格。其次，是在学生参与中促进学生主体性发展。活动，是主体性生成和发展的机制，人作为主体正是在活动参与中生成、在活动参与中发展的。通过主体的活动参与，还学生学习的主动权；通过主体的活动参与，拓展学生发展空间；通过主体的活动参与，引导学生自我挖掘自己的创造潜能，自我开发自己的创造力，自我培养自己的创造性学习力。

主体参与教学策略的实施，核心问题是学生主体参与状态、参与度问题。教学活动中，学生高的参与度主要表现在两个方面。一是能动性。不仅指学生有明确的参与目的，并以此制约活动的方向、进程以及对结果的解释，而且表现在较强的思维能力，特别是创造性思维能力及动手实践的能力。他们有自己的独到见解，敢于冒险，不断超越自我，从而反映出较强的创造性。而参与度低的学生则表现为等、听、看的观望态度，注意力不集中，消极模仿或进行重复性行为，被动地回答老师问题。二是全面性。全面性指一个学习群体中所有学生的主动参与。学生主体的参与度，不仅取决于学生自身的主体意识和活动能力，而且也取决于教师教学观念以及对教学内容、教学方法的整体把握。

要使学生积极主动地参与学习，要特别处理好以下几个关系，以排除影响学生主动参与的不利因素。一是教师讲授与学生接受的关系，文化知识的传递与文化知识的选择、应用、创新的关系。二是整体推进与个别化关系，既要保证班级整体教学的高质量、高水平，又要适应学生个体的差异性，注重学生个性发展，分层分类指导和推进，使每个学生都能积极主动参与。三是学生参与中合作与竞争的关系，形成学习共同体，以产生整体效应。当然，学生主动参与，关键还在于教师在教学中采用什么样的策略，比如营造民主、宽松、和谐的氛围，形成相互尊重、信任、理解、合作的人际关系；创设问题的情境；引导思路，展示思维过程，使学生有较高的思维活动的质和量；注意个别差异；从多方面培养学生主体参与的意识和不断提高他们主动参与的能力，等等。

（二）自主学习策略：让我来选择和行动！

建构主义学习理论认为，知识不是有关绝对现实的知识，而是个人对知识的建构，学习也不是知识的获得，而是知识的建构。由此，教学活动就是创设能提供认知工具，蕴含丰富资源，鼓励学生通过与环境的互动去建构个人意义的学习环境。但很多教育实践者却将太多的精力投入到试图将"客观"的、"现存"的知识以适合传播、传递的方式植入学生的头脑，其后果就是学生丧失了对于学习的兴趣和自主学习的机会，因而也就丧失了可持续的学习能力。这意味着，教学活动应该关注的是为学生的终身学习打下基础，创设一种能够使学生获得持续学习能力的自主学习环境。

在教育领域，卢梭在其《爱弥尔》中较早谈到学生的自主问题。在他看来，教育的根本目的乃是培养自然的人、自主的人和自由的人，认为自主是学生内在的一种能力，并强调学生在自主学习中的责任问题。在教育哲学中，康德真正为人的自由立法，充分肯定人的自主权利，认为自由的人服从一种内在的法律，即道德，道德上善是由自由的意志决定的，而不是由外部权威来定义的，道德上善是人自主选择的结果（康德，1960）。杜威则进一步发展了学生自主概念，主张在学生的社会参与中，在学生的主动作业中，在学生的问题解决过程中，在主体与客体的相互作用中去发展学生的自主能力。在他以后，各种心理学流派包括人本主义心理学、行为主义心理学、认知主义心理学和建构主义心理学，又从不同角度对学生自主的理论与实践进行了探讨。时至今日，国家新课程改革方案明确地将"自主"作为一种新的学习方式加以倡导。但是，学生的自主究竟意味着什么？学生究竟在何种意义上才是自主的？自主学习何以实现？这些问题都需要我们认真地思考与回答。

首先，自主是学生作为人的本质力量的集中体现。在马克思看来，自由自觉的劳动是人的根本特性，"劳动是人之为人的类本质"（袁贵仁，1996）。人在自由自觉的劳动中所表现出来的自主性、自觉性和自为性就是"人的本质力量"，人在自由自觉的劳动中所达到的自主、自觉、自为的境界，就是这种"人的本质力量"的体现。其中，人的自主性是"人的本质力量"的核心内容，是人的自觉性和自为性的前提和基础。马克思用"自主活动"概念来表达自主性范畴，认为人的自主性体现在人的"自主活动"之中。正是人的活动的自主性质使人的活动具有了自觉性、自为性和创造性的特征。在此意义上，人的自主活动也就是人的自由自觉活动。换句话说，学生的自主学习首先是一种自主的学习活动和自主的学习能力。

其次，自主是学生作为人的本性和存在方式。自主是人的本性。人在生存与发展的活动中不希望受到周围环境的约束和控制，相反，人总是表达着对环境的主动选择和自觉行动，人总是在主动选择和自觉行动中表现着自身的自主性、自觉性、自为性与创造性，这是人作为人区别于动物的最基本规定性。卢梭早就指出，人生而自由，自由自主是人的"天赋权利"。而萨特认为，自主选择和自由行动是人所不能选择的"命运"和"宿命"（1963）。在此意义上，自主是学生作为人的本性，也是学生作为人的自然权利。进一步地说，自主是学生作为人的存在方式和本能追求，自主是学生作为人的自我实现的最佳途径，而自我实现最充分地体现了人的本性和存在。正因如此，自主是学生作为人的存在方式，也是学生作为人的生存与发展的最佳方式。

最后，自主学习的实质就是学生按照自己的意志进行主动选择和自觉行动。在主体与客体（实物和知识）的关系中，自主学习意味着学生作为主体在认识实物和知识中充分发挥自觉能动性，主要表现为学生主体能够认识实物、知识的客观规律，并利用这些客观规律来达到自己的预期目的。在主体与主体的关系中，自主学习意味着学生作为主体在人际交往中享有平等的权利和资格，主要表现为学生作为主体所应享有的社会地位不被否定，所应享有的社会权利不被剥夺，从而能够充分自由地阐述、表达自己的情感和观点。在主体与自我的关系中，自主学习意味着学生主体按照自身所固有的内在本性去支配和选择自己的学习方式与发展方式，主要表现为学生主体按照自己的意志去实现自己本性的要求，去生存、活动并发展自身，而不必由于外部力量的强制而被动地进入某种违背自己本性和意志的存在状态和发展模式。

由此可见，自主学习首先是一种能力。自主学习的实施需要教师加强学习过程和学习方法的指导，培养学生良好的学习习惯和学习兴趣，不断地提升学生的学习能力。这种学习能力包括合理的知识结构、立体、多维、动态的思维方式、直观、领悟、求异、反思的思维气质，以及善于展现自己的潜在能力（裴娣娜，2005）[261]。自主学习同时又是一种权利和机会。自主学习的实施需要尊重学生的人格尊严，让学生拥有平等的交往、对话资格，让学生拥有充分表达自己观点和感情的权利，让学生拥有自由选择和自觉行动的机会。自主学习还是一种自觉自律的品质。自主学习的实施需要学生养成一种自觉自律的品质，让学生能够独立地支配、选择和管理自己的学习方式和发展方式，并对自己的选择和行动负责。这种自觉自律的品质体现在自主意识和自我调控能力两个方面。自主意识包括符合实际的自我评价、积极的自我体验以及自尊、自立、自强、自律等品质，自我调控能力则要求学生将自己作为认识的客体，不断对自己的学习动机、学习策略、学习结果等进行反思和评价，主动发现学习中即将出现或已经出现的问题，及时采取有针对性的措施加以解决（裴娣娜，2005）[261]。

（三）合作学习策略：让同伴帮助我超越自己！

合作学习策略将教学活动作为师生共同构建学习主体的过程，在充分尊重人格的基础上，通过多样、丰富的交往活动，不仅为学生提供一个自由和谐的教学环境，而且使教学认识成为一种社会文化活动，将主体间的社会交往纳入认识活动过程，承认教学认识活动的社会性，并作为学生认识发展中的一个重要内容。合作学习策略关注教学活动中体现出来的群体间人际关系和交往活动，积极建立群体合作学习关系。这就是：使教师在"权威、顾问、同伴"三种角色的选择中，使学生在"竞争、合作"两种关系的处理中，使师生在主动与受动角色扮演中形成相互促进的和谐关系。这种关系是一种相互接纳、相互理解的合作、民主、平等、和谐的人际关系。如果真正做到了让学生拥有轻松、宽裕，不仅有利于使学生获得集体意识和行为规范，提高自我教育的水平，实现个体与社会的沟通，同时也将极大地激发教师和学生的主动积极性与创造性，使师生都获得自我的充分发展。

合作学习策略的目标是，通过实践活动基础上的主体合作与交往，促进学生主体性发展和学生社会化进程。第一，通过合作学习，促进学生认识的发展。合作学习，不仅是一种学习形式，更重要的是一种教学思想和教学理念。教学中的社会交往，民主平等、合作融洽、相互尊重信任、共同参与的师生关系、生生关系，在学生的认识发展中起着重要作用。第二，通过合作学习，培养学生的社会适应性。包括强化学生的社会交往意识和社会角色规范，培养学生的任务意识、合作意识、责任感及团结合作精神，并获得一定的社会经验。第三，通过多向的合作、交往，促进学生主体意识和主体能力的发展。

合作学习的基本要素主要包括：对合作性目标结构的适度认同，成员间的积极互赖，个人责任，社交技能与合作意识，小组自评。其中尤其是目标认同，只有认同才能保证学生合作动机的真正激发，保证学生合作需要的真正内化，使小组确实作为一个"利益共同体"而存在。合作意识及良好合作技能是学生进行合作学习的基本素养。研究发现，在学习活动中学生的合作意识和合作技能行为主要表现为：倾听（尊重与信任）、交往（理解与沟通）、协作（互助与竞争）、分享（体验与反思），而且不同年级、不同学生还呈现出一定的差异性。

合作学习的核心问题是实效性问题。保证合作学习高的实效性，需要具备两个基本条件：一是培养学生的合作意识与交往技能；二是教师正确的教学观念。此外，教育实践工作者经过探索，积累了宝贵的经验：（1）小组合作学习的任务应有一定难度，问题应有一定的挑战性，这样有利于激发学生主动性与小组学习活动的激情以及发挥学习共同体的创造性；（2）处理好集体教学、小组合作学习的时间分配；（3）每个学生自主性学习的质量是合作学习实效性的基础；（4）小组研讨的民主性、超越性是保证合作学习实效性的关键；（5）适时引进竞争机制及激励性评价，使小组间通过竞争共同得到提高的同时，个人及小组群体分享成功的快乐。

（四）探究学习策略：让我来发现！

根据当代建构主义学习论的基本观点，知识不是客观的东西，而是主体的经验、解释和假设。知识不是预先存在于语言文字符号之内，而是要调动先前经验去发现和探究的，是解释和建构起来的。学习不是被动地接受东西，而是主动地生成自己的经验、解释和假设。教学不是传递东西，而是创设一定情境和支持，促进学习者主动建构知识和探究知识的意义。正因如此，国家新课程改革方案针对以往过于强调接受学习的弊端而提出倡导探究学习这一新的学习方式。

探究学习强调学生通过综合运用所学知识，在问题解决的过程中去获取知识，发展创新意识和实践能力；强调学生的主动探究，强调过程与方法，强调理性质疑、实事求是的科学态度和精神。与接受学习相比，探究学习的基本特点是：以增进学习者的创造才能为主要任务；以解决问题为主题；重视教学的非指导性与学生的自主选择；关注探究性的学习过程。应该说，探究学习有利于克服以往课堂教学中过分重视知识讲解与接受，过于强调模仿、死记硬背和机械训练的教学倾向，有利于学生在体验—探究—创新的架构下进行学习，从而更好地培养学生的过程意识、方法意识、创新意识与探究能力。

关于探究学习的实施策略，杜威和布鲁纳的研究为我们提供了很好的思想资源。早在 1910 年，杜威依据反省思维的五个步骤提出了一个基本的实践操作框架，并据此提出了一套探究教学的基本操作程序：创设情境—形成问题—提出假设—对假设进行逻辑推理—通过行动检验和修正假设。

在 20 世纪 60 年代，布鲁纳指出，学习不是将学习内容直接呈现给学习者，而是由学习者通过一系列发现行为发现并获得学习内容的过程。在他看来，"发现不限于那种寻求人类尚未知晓之事物的行为，正确地说，发现包括用自己的头脑亲自获得知识的一切形式"（Bruner，1961）[31]。只有亲自发现的知识才是真正属于个人的，才是自己的内在财富。据此，布鲁纳提出了发现学习，其核心思想是引导学生利用已有的知识经验或依据教师提供的结构性材料，在教师指导下通过阅读、观察、思考、讨论、实验等多种途径，自己提出解决问题的模型，学习如何对信息进行转换和组织，通过解决问题，发现事物变化的起因及内部联系，从而获得知识并发展能力。在此基础之上，布鲁纳还提出了发现学习的四条教学原则。一是动机原则，儿童对学习具有天然的好奇心和学习的愿望，问题在于教师如何利用儿童的这些天然倾向，激发学生参与探究活动，从而促进儿童智慧的发展。二是结构原则，即要选择适当的知识结构，并选择适合于学生认知结构的方式，使知识结构与学生的认知结构相匹配，才能促进学生的学习。三是序列原则，即要根据学生的发展水平、动机状态和知识背景来设计教学序列，按最佳顺序呈现教学内容。四是强化原则，即要让学生适时知道自己的学习结果，其核心是为学生提供矫正性知识即"结果的知识"。

最后需要指出，接受与探究，是学生认识活动的两种基本方式，二者往往相辅相成，绝不能用一者去取代另外一者。接受学习强调学生学习的知识，不仅要反映概念、原理的内在联系，而且要反映知识的生产者在探索、创造知识的过程中理论思维的过程及研究方法；不仅要反映既定的发展到一定成熟阶段的知识，而且要反映客观事物的多样性、丰富性和不确定性，追求开放的多种结论；学生不仅要将科学知识作为认识的条件，而且也要将自己作为认识的客体，不断对自己进行反思评价，不断进行自我认识、自我调节。教育心理学家奥苏贝尔指出，接受学习不能等同于机械学习与被动学习，只要教师所讲解的内容具有内在的逻辑与意义，又与学生的原有知识经验相联系，而且学生也有主动将自己的原有知识经验与新知识联系起来的心向，那么，接受学习也可以成为有意义的学习，同样可以促进学生认知结构改组和智能的发展。因此，我们不能简单地将接受学习与机械学习等同起来，不能简单地把当前我国课堂教学中存在的问题归结为接受式教学本身。

实际上，不同的年龄阶段、不同的教学阶段以及不同的学科教学和不同的教学任务等，都会影响探究学习的范围、水平和效果。同时，无论是接受学习，还是探究学习，其主旨都是促进学生的知识建构、能力形成和情意发展，只是各自所采取的过程和方式不同而已。因此，教师在教学活动中应该正确认识接受学习与探究学习各自的地位和作用，根据具体的活动内容、活动任务和学生的实际情况，将接受学习与探究学习有机地结合起来，从而将学生的认知与情感、指导与非指导、抽象思维与形象思维、能动与受动、外部物质活动与内部意识活动等因素加以协调、平衡，使教学活动成为一个完整的人的认识与发展过程。

（五）体验成功策略：看我的！

情绪体验是影响人的认知活动、行为表现及性格形成的重要因素，不断获得成功的体验是树立自信心的基础，是形成良好个性的基础，也是发展学生主体性的基础。长期以来，在传统不合理的教育观念、教育体制影响下，很多学生不是在体验成功，而是在反复体验失败，甚至从小一直充当"失败者"，导致学生的自我否定，灵性被扼杀。

近年来，随着我国教育改革的深入，广大教育工作者越来越认识到培养学生积极的情感体验，在教学中实现人文与科学的有机整合，是培养能面对 21 世纪科学与社会发展挑战的高素质人才的重要内容。而以促进学生主体发展为目的，体现现代教育特征的发展性教学，将体验成功作为现代教学的一个基本特征和一条基本教学策略，从而开拓了一个极具价值的研究领域。

体验成功教学策略的实质在于以改善学生自我观念、获得积极的情感体验为核心，提高学生的自我效能感。实施体验成功的教学策略，旨在促进学生认知发展和培养学生良好人格。人的发展，是主体与客体相互联系作用的过程，每个人都是在把自我作为对现实世界的认识和行动尺度的基本参照系，如果他自认为是一个好学生，他就会处处表现出一种好学生的样子；他自认为是一个不合格的学生，他也会处处表现出消极的态度。心理学的有关研究表明，从自我心理的角度看自己心目中的我，比真实的我更重要。正是积极的自我观念，作为一种巨大的能量，成为个人行为的动力和挖掘自身潜能的工具，促进良好个性形成的一把钥匙。

有学者指出，关于体验成功教学策略的实施问题，关键是在教学中如何体现以下基本命题：（1）看到每个学生都是特殊的个体，需要充分信任、尊重和关怀。在尊重差异的前提下，引导学生体验成功；（2）要给每个学生提供思考、创造、表现及成功的机会，引导学生在主动参与中自主地体验成功；（3）相信所有学生都能学习，都会学习。创设良好的环境，引导学生在合作与竞争中体验成功。尤其需要指出的是，关于体验成功的教学策略的探索，具有典型性代表的首推江苏南通市第二师范附小李吉林老师从 1982 年至今的"情境教学"改革实验（马樟根，2000）。实验借鉴中国传统文化和教育中的意境学说、人文主义语言观，以及西方现代科学研究成果，在长期教学实践摸索基础上构建了"情境教学系统"。情境教学系统的实质在于，创设优化环境，激发儿童相应的情感，做到知、情、意统一，以文启人，以情动人，以理育人的有机结合。

（六）差异发展策略：我就是不同！

差异，指学生个体之间稳定的个性特点的不同。差异是客观存在的，不同学生有不同的成就感、学习能力倾向、学习方式、兴趣爱好及生活经验。如何面对有差异的学生，最大限度地利用学生的潜能实施有差异的教学，引导并鼓励学生形成独特性，实现差异发展，是现代教学十分关注的问题。这里的"差异发展"，是相对于"平均发展"而言的，"差异发展"意味着学生在生理、心理、品德、价值观、审美、技能等各个方面都能得到不同的发展，是学生个性的全面发展。差异发展教学策略的实质在于，在个性差异中揭示学生作为单个个体的独特性，不仅使每个学生都得到发展，而且能更快地培养一批有鲜明个性特色的高素质人才。

按照学生个别差异形成的几个主要变量，教学活动中学生的个别差异可以分为以下几种主要类型。（1）学生自我意识的差异。自我意识是由自我认识、自我体验和自我控制组成的自我调节系统。自我意识集中体现在自我监控能力上。自我监控指"某一客观事物为了达到预定的目标，将自身正在进行的实践活动过程作为对象，不断地对其进行的积极、自觉的计划、检察、检查、评价、反馈、控制和调节的过程"（董奇　等，1996）。自我监控能力高的学生表现为：特别善于计划、安排自己的学习时间和内容，善于做笔记，有自己独特的学习方法和策略，更善于自我提问和自我检查。自我监控能力低的学生则不善于计划、不会安排自己的学习时间和内容，不善于做笔记，谈不上有自己独特的学习方法和策略，更不善于自我提问和自我检查。（2）学习态度的差异。学习态度，作为学生对学习对象的一种心理倾向，包括动机、情感、理想、意志及个性等因素。有的学生有强的积极的学习动机，远大的理想，意志坚强，情绪稳定，谦虚勤奋，富有开拓创新精神。而有的学生则表现为对学习的冷漠，缺乏理想，意志薄弱，情绪不稳定，骄傲懒惰，墨守成规。（3）学习风格的差异。学习风格涉及认知的、情感的和意志的三个方面的心理要素上的差异。（4）智力或能力的差异。学生对一定概念、原理的掌握以及与之相关的智力发展水平（如推理能力、理解能力、记忆力、信息加工能力、分析能力等）上呈现的差异。

　　为了促进学生的差异发展，在教学活动过程中，一要承认学生发展的差异性，不强求平均发展，不搞"填平补齐"，要让每个学生在原有基础上、在不同的起点上获得最优发展；二是承认每个学生发展的独特性，尽可能发现每个学生的聪明才智，努力挖掘他们的学习潜能和创造潜能，重视每个学生个性的形成与发展，不追求每个学生各方面的平均发展，而是使每个学生都能形成自己的特色和鲜明的个性。

七、活动有效性的分析与评估

　　应当承认，随着"活动"范畴的引入，教师从教学观念到教学行为都发生了深刻的变化。另一方面，随着"活动"从理念走向实践，教学活动的有效性问题又立即暴露出来，集中表现在两个方面：一是教师主要凭借经验、习惯、常识和情感等自在的因素设计教学活动，由此导致了教学活动设计的科学性不足；二是教师对教学中的"活动"范畴知之不多，注重形式，淡化内容的现象也不少见。如何避免教学活动设计中的经验主义和形式主义两种倾向，尽可能地提高教学活动的有效性？接下来我们对这一问题进行简要探讨。

（一）有效教学活动的核心内涵

　　教学活动的有效性是一个历史的范畴。在不同时期，人们对教学活动的有效性有着不同的理解与期望。在过去，人们对有效教学活动的评判主要是以基础知识和基本技能作为主要内容，关注点主要在于结果而不是过程，其目的主要是甄别和监督。进入 21 世纪的今天，中国社会的快速发展、经济结构的加速调整及其对创新型、高素质人才的迫切要求，以及多元文化和多种价值选择的并存和融合，使有效教学活动的内涵、要求和标准正在发生深刻的转变：（1）从单纯注重教学活动结果的实效性转向对教学活动过程的合理性与教学活动结果的实效性的同时关注；（2）从单纯注重体现"双基"的基础性目标转向对基础性目标、拓展性目标与探究性目标的兼顾；（3）以学生在知识与技能方面的发展为基础，重点关注学生在过程与方法、情感态度与价值观方面的发展。一句话，如何促进学生的有效学习与可持续发展，成为当前有效教学活动评价的主题。

何为有效教学活动？我们认为，有效教学活动首先是一个对象性概念。有效教学活动不是一个抽象的概念，它总是会通过具体的对象表现出来：（1）教学活动的水平和状态是优异的；（2）所培养出来的学生在发展水平和状态上是优秀的；（3）教学活动在功能发挥上能够最大限度地满足个体和社会的需要。其次，有效教学活动又是一个关系性概念。一种教学活动是否有效，一定是在与其他教学活动相比较的过程中才能得到鉴别、衡量和确证的。最后，有效教学活动还是一个属性概念。在当前，有效教学活动具有三个最基本的属性，即有效率、有效果和有效益。有效率、有效果和有效益既是有效教学活动的核心内涵与根本属性，又是判定教学活动有效与否的内在标准。

教学活动的有效率是指单位时间内产出和投入的比例，具体表现为好而快、精而多、宽而合。教学活动的有效果是指由教学活动引起的、发生在学生身上的及时反应和变化，常常可以通过师生关系与课堂气氛、学生的参与度、及时反应的正确率和双基目标的达成度等方面表现出来。教学活动的有效益是指相对较长时间内学生的学习质量与发展状况，常常表现为：形成了良好的学习习惯与学习兴趣；掌握了一定的学习过程和学习方法，具有较强的自主学习能力、信息的收集与处理能力和获取新知识的能力；具有较强的问题解决能力、实践应用能力、探究能力和交往合作能力；具有质疑、批判、反思和创新的意识，等等。

（二）有效教学活动的研究问题

何以提升教学活动的有效性？回顾我国近三十年来的课堂教学研究，人们对这一问题的探讨大致经历了三个阶段。

第一阶段：20世纪七八十年代。70年代，人们强调基础知识和基本技能的"双基"教学目标。80年代，人们开始关注学生的智能发展问题。从总体上看，人们在这一阶段讨论的主题是一堂规范的、完整的好课的标准。围绕这一主题，有效教学活动研究的主要问题是：如何在体现"双基"教学目标的基础上确定课堂教学目标；如何在研究知识结构的基础上组织和选择教学内容；如何依据青少年学生的认知规律和年龄特点设计教学进程；如何在兼顾科学性、思想性、系统性、可接受性、实践性、巩固性的基础上选择和使用教学方法；如何在注重"双基"考查的基础上改进考试评价方法。所有这些问题的探讨，反映了人们在改革开放初期对课堂教学的完整性和规范性的追求，在一定程度上保证了课堂教学有效性的达成。

第二阶段：20世纪90年代。随着教育领域对外交往活动的日益密切，国外各种教学论流派相继被介绍、引进国门，诸如"主体""活动""交往""生活"等范畴被引入课堂教学领域，课堂教学的目标、过程与方法也发生了深刻的变化。与此同时，国内不少学者和第一线教育工作者还展开了以课堂教学为核心的教育实验，包括主体教育实验、情境教学实验、成功教育实验、快乐教育实验、自学—辅导教学实验，等等，形成了若干有代表性的教学模式和教学策略。统观这一阶段，尽管人们关注的主题仍然是如何优化教学活动系统和提高教学活动质量，但人们开始重点关注学生的智力发展，关注"活动""交往"等范畴在课堂教学系统中的重要作用，关注需要、动机、兴趣、情感、态度等非智力因素在学生认知发展过程中的重要作用，开始强调学生对学习过程和学习方法的体验和理解。如果说20世纪七八十年代人们主要是在外层探讨教学活动的完整性和规范性，那么，90年代人们则开始从内部为教学活动的完整性和规范性寻求更深层次的理论依据，开始探讨教学活动的多种属性、多重过程、多重意义和内在规律等基本问题。

第三阶段：21世纪初至今。进入21世纪，人们关于有效教学活动的研究从视野、主题到方法又发生了深刻的变化：以哲学认识论、心理学等学科为基础，进而展开对教学活动进行社会学、文化学等学科的分析，从以往对教学活动规范性的关注转向对教学活动的实践性质、交往特质和文化属性的研究；从单纯注重教学活动结果的实效性转向对教学活动过程合理性与结果实效性的同时关注；从对教师教学观念和教学水平的分析，进一步分析教学活动的内在规律；从单纯评价教学活动的成败，进而揭示教学活动的基本特征。

我们认为，有效教学活动（有效率、有效果、有效益）的实质是合规律性与合目的性的统一。这意味着，有效教学活动必须坚持两个基本价值尺度：一是外在的尺度，即遵循教学活动本身的规律；二是内在的尺度，即尊重人的发展规律和发展目的。这同时意味着，提升教师教学活动设计的理论自觉性与实践合理性，提高教学活动的有效性，需要我们认真地思考与回答以下三个方面的问题。

一是研究学科，深入而准确地理解和认识学科。这类问题包括：学科的功能与性质；学科的实质结构、句法结构与组织结构；学科知识的类型、性质与特点；学科能力的结构与特征；学科课程的目标与任务等。

二是研究学习，深入而准确地理解和认识学生的学习。这类问题包括：学生学科学习的主要领域；学生学科核心能力的形成过程与机制；学生学科思维的方式与特点；学生学科学习的方式、过程、机制与特点；体现学科品味的学习策略及方法；学生学科学习的个体差异；学生已有经验的结构与类型等。

三是研究教学，深入而准确地理解和认识教学活动。这类问题包括：教学活动内容的理解与处理；学生已有经验的分析与运用；教学活动目标的分析与确定；教学活动情境的分析与创设；教学活动类型的分析与设计；教学活动过程的分析与设计；教学活动策略及方法的选择与运用等。

（三）有效教学活动的评估标准

讨论有效教学活动的评估标准，需要注意三点：（1）有效教学活动的评估标准重在为教师提供一个分析和设计教学活动的基本框架，因而需要强调评估标准的导向性；（2）有效教学活动的评估标准必须体现学生学习、发展和教学活动本身的内在规律，因而需要强调评估标准本身的有效性；（3）有效教学活动的评估标准必须符合教师教学活动设计的现实情况，因而需要体现出一定的针对性和开放性。

根据我们前面的研究，有效教学活动是一个包含多种要素、转换过程和发展功能的生成性结构。在要素方面，有效教学活动设计包含基本理念的分析与设计、活动目标的分析与确定、活动内容的理解与处理、活动情境的分析与创设、活动类型的分析与设计、活动过程的分析与设计、活动策略及方法的选择与运用等要素。在过程方面，有效教学活动设计必须体现出合规律性与合目的性的统一。在发展功能方面，有效教学活动设计必须以有效率、有效果和有效益作为判断标准。基于以上这些考虑，我们尝试性提出一个有效教学活动设计的评估标准（见表6）。

表6 有效教学活动评估标准（供参考）

评价项目	评价要点	分值（M_i）	评价等级（K_i）				
			A	B	C	D	E
			1.0	0.8	0.6	0.4	0.2
基本理念（10分）	主体：我不是器物，而是人！	2分					
	活动：让我参与！	2分					
	建构：让我来发现！	2分					
	交往：让同伴帮助我超越自己！	2分					
	差异：我就是不同！	2分					
活动目标（10分）	主导性目标明确、具体	4分					
	三维目标完整、全面	3分					
	基础、拓展与探究三级目标层次分明	3分					
活动内容（12分）	重点突出、难点把握准确	4分					
	与生活联系紧密	3分					
	内容之间的联系与整合性强	3分					
	学科思想与人文内涵挖掘得当	2分					
活动情境（8分）	"情真意切"：激发学习动机	2分					
	"意深境远"：培养问题意识	2分					
	"理寓其中"：促进知识建构	2分					
	"神似形真"：促进能力迁移	2分					
活动类型（6分）	活动结构完整、全面	2分					
	活动形式丰富、灵活	2分					
	活动密度恰当、适中	2分					

续表

评价项目	评价要点		分值（M_i）	评价等级（K_i）				
				A	B	C	D	E
				1.0	0.8	0.6	0.4	0.2
活动过程（18分）	符合学生的认知特点与发展规律		7分					
	过程清晰、完整，且具有层次性		6分					
	活动切换自然，且具有内在一致性		5分					
活动策略及方法（8分）	策略及方法的选择多样、运用灵活		2分					
	策略及方法的选用恰当、有效		2分					
	体现自主、合作、探究、体验等特征		2分					
	多媒体手段运用恰当，操作熟练		2分					
活动成果（20分）	有效率（6分）	快而好：轻松快捷	2分					
		少而精：精讲精练	2分					
		宽而合：融会贯通	2分					
	有效果（7分）	关系融洽，气氛愉悦而充实	2分					
		参与度高，思维活跃	2分					
		"双基"目标达成度高	3分					
	有效益（7分）	学习习惯良好，积极性高	1分					
		具有较强的自主学习能力	1分					
		具有较强的问题解决能力	2分					
		具有较强的交往合作能力	1分					
		具有质疑、批判和创新意识	2分					
特色及创新（8分）	教学基本功扎实，富有教学机智		2分					
	在某些方面有所突破、创新且有实效		3分					
	形成了符合自身特点的教学风格		3分					

参考文献

中文部分

安德森，等. 2008. 学习、教学和评估的分类学——布鲁姆教育目标分类
　　学修订版[M]. 皮连生，译. 上海：华东师范大学出版社.

阿尔蒂亚·森. 2002. 以自由看待发展[M]. 任赜，于真，译. 北京：中国
　　人民大学出版社.

奥苏贝尔，等. 1994. 教育心理学：认知观点[M]. 余星南，宋钧，译. 北
　　京：人民教育出版社.

北京市基础教育课程教材改革实验工作领导小组. 2005. 新课程下专题课
　　例研究（2004—2005）[M]. 北京：首都师范大学出版社.

陈会昌. 1994. 儿童社会性发展量表的编制与常模制订[J]. 心理发展与教
　　育（4）.

陈平. 2005. 理出学科思想这根线[R]. 中国教育报（8）.

陈琦. 2002. 当代教育心理学[M]. 北京：北京师范大学出版社.

陈佑清. 2003. 活动发展效应的具体性[J]. 湖北大学学报：哲学社会科学
　　版（1）.

陈佑清. 2005. 论活动与发展之间的相关对应性[J]. 教育研究（2）.

杜殿坤. 1993. 原苏联教学论流派研究[M]. 西安：陕西人民教育出版社.

董奇，等. 1996. 自我监控与智力[M]. 杭州：浙江人民出版社.

杜威. 1935. 民本主义与教育[M]. 邹恩润，译. 北京：商务印书馆.

杜威. 1991. 我们怎样思维·经验与教育[M]. 姜文闵，译. 北京：人民教
　　育出版社.

杜威. 1994. 学校与社会·明日之学校[M]. 赵祥麟，等，译. 北京：人民教育出版社.

戴维·H. 乔纳森，等. 2002. 学习环境的理论基础[M]. 郑太年，等，译. 上海：华东师范大学出版社.

费尔巴哈. 1984. 费尔巴哈哲学著作选集：下卷[M]. 荣震华，李金山，译. 北京：商务印书馆.

费雷泽. 1987. 金枝[M]. 徐育新，等，译. 北京：中国民间文艺出版社.

格·里·富尔曼诺夫. 1987. 历史唯物主义——普通社会学原理[M]. 左少兴，译. 北京：北京大学出版社.

韩庆祥. 1993. 论马克思主义的个人社会性思想[J]. 浙江学刊（2）.

韩庆祥. 1992. 论人的个性及其全面发展的规律[J]. 北京大学学报：哲学社会科学版（1）.

韩庆祥，邹诗鹏. 2001. 人学：人的问题的当代阐释[M]. 昆明：云南人民出版社.

欢喜隆司，等. 1998. 陶冶与训育的统一[M]. 东京：东京风间书房.

教育部基础教育司. 2002. 全日制义务教育英语课程标准解读[M]. 北京：北京师范大学出版社.

康德. 1960. 实践理性批判[M]. 关文运，译. 北京：商务印书馆.

夸美纽斯. 1984. 大教学论[M]. 傅任敢，译. 北京：人民教育出版社.

列昂捷夫. 1980. 活动·意识·个性[M]. 李沂，等，译. 上海：上海译文出版社.

李秉德. 1991. 教学论[M]. 北京：人民教育出版社.

列德涅夫. 1984. 普通中等教育内容的结构问题[M]. 诸慧芳，等，译. 北京：人民教育出版社.

卢梭. 1978. 爱弥尔（上卷）[M]. 李平沤，译. 北京：商务印书馆.

李吉林. 2005. 李吉林与情境教育[M]. 北京：北京师范大学出版社.

李吉林. 2008. 情境课程的操作与案例[M]. 北京：教育科学出版社.

李松林. 2005. 课堂教学行为分析引论[J]. 教育理论与实践（4）.

中央编译局. 1960. 马克思恩格斯全集[M]. 北京：人民出版社.

中央编译局. 1972. 马克思恩格斯全集[M]. 北京：人民出版社.

中央编译局. 1979. 马克思恩格斯全集[M]. 北京：人民出版社.

中央编译局. 1992. 马克思恩格斯选集[M]. 北京：人民出版社.

马克思. 1983. 资本论[M]. 北京：中国社会科学出版社.

马斯洛. 1987. 动机与人格[M]. 许金声，译. 北京：华夏出版社.

马樟根. 2000. 李吉林与情境教育[M]. 北京：人民教育出版社.

裴娣娜. 2005. 现代教学论[M]. 北京：人民教育出版社.

瞿葆奎. 1988. 教育学文集：教学[M]. 北京：人民教育出版社.

瞿葆奎. 1991. 教育学文集：课外校外活动[M]. 北京：人民教育出版社.

瞿葆奎. 1992. 社会科学争鸣大系：教育学卷[M]. 上海：上海人民出版社.

皮亚杰. 1981. 发生认识论原理[M]. 王宪钿，等，译. 北京：商务印书馆.

皮亚杰. 1982. 儿童的心理发展[M]. 傅统先，译. 济南：山东教育出版社.

皮亚杰，英海尔德. 1986. 儿童心理学[M]. 吴福元，译. 北京：商务印书馆.

沈德立，白学军. 2006. 高效率学习的心理机制研究[J]. 心理科学（1）.

孙杰远. 2003. 论学生社会性发展[J]. 教育研究（7）.

施良方. 1996. 课程理论：课程的基础、原理与问题[M]. 北京：教育科学出版社.

宋宁娜. 1996. 活动教学论[M]. 南京：江苏教育出版社.

邵瑞珍. 1987. 教育心理学[M]. 上海：上海人民出版社.

中国科学院哲学研究所西方哲学史组. 1963. 存在主义哲学[M]. 北京：商务印书馆.

石中英. 1996. 关于教育活动的理论思考[J]. 北京师范大学学报：社会科学版（2）.

田慧生，李臣文. 2000. 活动教育论[M]. 北京：教育科学出版社.

泰勒. 1994. 课程与教学的基本原理[M]. 施良方，译. 北京：人民教育出版社.

王本陆. 2001. 教学认识论三题[J]. 教育研究（11）.

王策三. 2002. 教学认识论[M]. 北京：北京师范大学出版社.

吴式颖. 1999. 外国教育史教程[M]. 北京：人民教育出版社.

吴式颖. 2003. 外国教育史教程[M]. 北京：人民教育出版社.

王义军. 2002. 从主体性原则到实践哲学[M]. 北京：中国社会科学出版社.

熊梅. 2001. 当代综合实践活动课程开发的理论基础[J]. 教育研究（3）.

伊凡·埃维克. 1990. 教育家简介：列夫·S. 维果茨基[J]. 全球教育展望（5）.

杨耕，陈志良. 2000. 马克思主义哲学研究[M]. 北京：中国人民大学出版社.

袁贵仁. 1996. 马克思的人学思想[M]. 北京：北京师范大学出版社.

约翰·罗尔斯. 2000. 政治自由主义[M]. 万俊人，译. 南京：译林出版社.

仰海峰. 2006. 形而上学批判——马克思哲学的理论前提及当代效应[M]. 南京：江苏人民出版社.

杨开诚. 2005. 以学习活动为中心的教学设计理论[M]. 北京：电子工业出版社.

姚梅林. 2003. 从认知到情境：学习范式的变革[J]. 教育研究（2）.

亚里士多德. 1983. 形而上学[M]. 吴寿彭，译. 北京：商务印书馆.

余文森. 2007. 有效课堂教学的基本要素[J]. 教育发展研究（7-8B）.

叶秀山. 1982. 前苏格拉底哲学研究[M]. 北京：生活·读书·新知三联出版社.

叶秀山. 1986. 前苏格拉底及其哲学思想[M]. 北京：人民出版社.

张法琨. 1990. 西方三哲教育名著述评[M]. 北京：教育科学出版社.

张华. 2000. 课程与教学论[M]. 上海：上海教育出版社.

赵慧军. 1997. 活动理论的产生、发展及前景[J]. 东北师范大学学报：哲学社会科学版（1）.

张焕庭. 1979. 西方资产阶级教育论著选[M]. 北京：人民教育出版社.

赞可夫. 1985. 教学与发展[M]. 杜殿坤，等，译. 北京：人民教育出版社.

钟启泉，黄志成. 1993. 美国教学论流派[M]. 西安：陕西人民教育出版社.

钟启泉. 2005. 教学活动理论的考察[J]. 教育研究（5）.

佐藤正夫. 1996. 教学论原理[M]. 钟启泉，译. 北京：人民教育出版社.

张天宝. 2001. 试论新型教与学关系的建构[J]. 教育研究（10）.

赵祥麟，王承绪. 1981. 杜威教育论著选[M]. 上海：华东师范大学出版社.

张文新. 1999. 儿童社会性发展[M]. 北京：北京师范大学出版社.

英文部分

BRUNER J. 1961. The Act of Discovery[J]. Harvard Educational Review, (31).

DEWEY J. 1976. The School and Society[M]. Boydston：The Southern Illinois University Press.

DEWEY J. 1980. Democracy and Education[M]. Boydston：The Southern Illinois University Press.

GARDNER H. 1985. The mind's new science[M]. NY：Basic Book.

LAVE J, WENGER E. 1991. Situated learning：Legitimate peripheral participation[M]. Cambridge：Cambridge University Press.

POLANYI M. 1957. The Study of Man[M]. London：Routedg & Kegan Paul.

R S PETERS. 1970. Development, In P. H. Hirst & R. S. Peters（eds）, The Logic of Education[M]. London：Routledge and Kegan Paul Ltd.

后　记

　　八年以前，我在导师的引领下走进中小学课堂，那里的自由、开放特征与规范、秩序问题同时跃入我的眼帘，并让我深深感受到"活动"在学生发展中的重要作用。从那以后，我暗暗发誓要对教学条件下学生发展的活动机制问题进行研究。日后的研读发现：活动不仅是学生在教学条件下实现发展的基础，而且它本身还从内部为学生的多方面发展创造出了某些实现机制。我坚信：活动是一个包含多种互动要素和内部转换过程，具有多样化类型和发展功能的生成性结构。凭借它自身的二重属性，活动不仅对学生具有多种发展功能，而且还从内部创造出了相应的功能实现机制。活动不仅对学生具有某种发展效应，而且在活动与发展之间还存在某些规律性的联系。准确地理解和运用这些机制与规律，将帮助教师提高教学活动设计的理论自觉性与实践合理性。因此，如何从理论上深入地揭示教学条件下学生实现发展的这些机制和规律，是教学活动问题研究乃至整个教学论研究必须解决的一大课题。但是，历史上各种教学理论都以不同形式、从不同角度和侧面对其进行了大量的陈述和阐释。这要求我寻找新的理论视角、新的理论问题和新的理论方法去进行新的尝试。于是我不断追问自己：活动在学生发展中为什么如此重要，活动究竟是依靠哪些机制实现了学生的发展，教学活动与学生发展之间有没有某些带有规律性的联系？

　　当我兑现我的誓言开始启动研究时，才发现学生发展的活动机制既是一个教学论问题，又是一个教学哲学和教学社会学问题，这对我的学养和毅力又构成了巨大的挑战。因此我想说，如果没有导师裴娣娜教授和田慧生教授多年以来以他们开阔的学术视野拓宽我的眼界，以他们深厚的理论修养提升我的学养，以他们高尚的人格魅力感召我的人格，本书的选题、研究和结稿都将成为不可能。正因如此，我唯恐辜负了导师对我的热切期望。

知识生产实际上是文化生产场集体劳动的成果。在此，我必须感谢众多师友的指导帮助。我必须感谢华国栋研究员、高峡研究员、曾天山研究员、郝志军研究员，他们从不同角度点拨和启迪，让我得以更加顺利地完成研究。我必须感谢于发友博士、燕学敏博士、郭卉博士和全体同门学友，与他们的交流讨论让我受益良多。最后，我必须感谢教育科学出版社的李芳老师以高度的责任感和专业性为本书所做的大量细致、烦琐的工作。正是由于以上各位的帮助和支持，本书才得以呈现在读者面前。

李松林

2012 年 11 月于成都

出 版 人　所广一
责任编辑　李　芳
版式设计　贾艳凤
责任校对　贾静芳
责任印制　曲凤玲

图书在版编目（CIP）数据

发展之源与教学之方：学生发展的活动机制及其教学应用／李
松林著 . —北京：教育科学出版社，2013.7
ISBN 978 - 7 - 5041 - 7268 - 6

Ⅰ . ①发… Ⅱ . ①李… Ⅲ . ①教学活动—研究 Ⅳ . ①G424.2

中国版本图书馆 CIP 数据核字（2013）第 004488 号

发展之源与教学之方——学生发展的活动机制及其教学应用
FAZHAN ZHI YUAN YU JIAOXUE ZHI FANG——XUESHENG FAZHAN DE HUODONG JIZHI JI QI JIAOXUE YINGYONG

出版发行　教育科学出版社

社　　址	北京·朝阳区安慧北里安园甲 9 号	市场部电话	010-64989009
邮　　编	100101	编辑部电话	010-64989235
传　　真	010-64891796	网　　址	http://www.esph.com.cn

经　　销	各地新华书店		
制　　作	北京大有图文信息有限公司		
印　　刷	保定市中画美凯印刷有限公司		
开　　本	169 毫米×239 毫米　16 开	版　　次	2013 年 7 月第 1 版
印　　张	16.25	印　　次	2013 年 7 月第 1 次印刷
字　　数	243 千	定　　价	36.00 元